RABINO HAIM CASAS

Introducción al judaísmo

ℙ

ALMUZARA

Editorial Almuzara • Espiritualidad
Director editorial: Antonio Cuesta
Editora: Ángeles López
Corrección: Carmen Moreno
Maquetación: Joaquín Treviño
Ilustraciones cedidas por: © Museo Sefardí.
Ministerio de Cultura y Deporte

www.editorialalmuzara.com
pedidos@almuzaralibros.com - info@almuzaralibros.com

Editorial Almuzara
Parque Logístico de Córdoba. Ctra. Palma del Río, km 4
C/8, Nave L2, nº 3. 14005 - Córdoba

Imprime: Gráficas La Paz
ISBN: 978-84-11312-76-9
Depósito legal: CO-475-2023
Hecho e impreso en España - *Made and printed in Spain*

Índice

Introducción

Cuando en el año 2012 comencé mis estudios rabínicos en el Leo Baeck College de Londres no cabía en mí de entusiasmo. Por fin, tras años de estudio e investigación autodidacta, iba a ingresar en una institución académica de prestigio que me enseñaría todo lo que tenía que saber sobre el judaísmo. Durante cinco años estudié Hebreo bíblico, Arameo, Torá, Talmud, *Midrash*, Liturgia, historia, Psicología… y un sinfín más de asignaturas. Al programa académico había que sumarle la pastoral y las prácticas junto a rabinos de prestigio en sinagogas del Reino Unido, Francia y Suiza, así como un semestre de estudios intensivos en Israel. Al lector podría parecerle que tantos años de formación serían más que suficientes para obtener el conocimiento necesario y ejercer mi rabinato con total seguridad en mí mismo, mis cualidades y mi conocimiento. Sin embargo, meses antes de mi ordenación en la West London Synagogue el miedo y la ansiedad se apoderaron de mí. Cinco años de estudios me habían abierto la puerta a la rica diversidad del judaísmo, a un inmenso legado imposible de conocer en su totalidad en una sola vida. A mi entusiasmo inicial por haber logrado entrar en un programa que yo pensaba me enseñaría todo lo que un buen rabino debía saber, le siguió la ansiedad de estar a punto de ostentar el título de rabino y maestro en Israel cuando, sin embargo, me quedaba tanto por aprender… Ni cinco años en la mejor de las universidades ni una vida entera son suficientes para conocer la profundidad de la historia, la espiritualidad y el saber judíos.

Este libro, por lo tanto, no promete el conocimiento completo de la tradición, sino ser una guía que acompañe en la apasionante tarea de descubrir el judaísmo en toda su riqueza y diversidad. Quiere ser una ayuda para que el lector pueda identificar aquellos aspectos de la cultura judía que le eran desconocidos hasta entonces, para que tras su lectura pueda avanzar en ellos con mayor profundidad. Cada uno acaba encontrando aquello que le apasiona. Cuando preparo a mis estudiantes para la celebración de la Bar/Bat Mitzvah siempre les pido lo mismo: «Tienes que encontrar aquello que te entusiasme». Como rabino y profesor, este es mi principal deber. No se trata de imponerles un yugo, sino ayudarles a que descubran su propio judaísmo; el que ellos aman y que desean que los acompañe toda su vida. Para algunos será la espiritualidad; para otros, la historia, filosofía, la cocina o la música. Lo importante es que cada uno encuentre dentro de esta herencia espiritual y cultural de casi 4.000 años aquello que le hable al corazón.

El judaísmo tiene su origen en la cuna misma de la civilización cuando, según la tradición *Avram Ha-Ivri,* en la ciudad Ur, allá por el 1850 a. e. c., en la antigua Mesopotamia, hoy Irak, destruye los ídolos que había fabricado Terah, padre de Abraham, e inicia su camino hacia el monoteísmo. El término *Ha-Ivri,* del que deriva el calificativo «hebreo», significa literalmente «aquel que está en el otro lado». Abraham creía en un solo Dios, mientras que el resto de su entorno adoraba a multitud, es por ello por lo que quedó «al otro lado», en soledad. Esta marca nos ha acompañado durante los últimos 4000 años. El hebreo comparte su humanidad con el resto de los hombres y mujeres, pero sus creencias, valores e historia lo han convertido en la quintaesencia del «otro»: tan parecido y diferente.

Ha-Ivri hace también alusión al carácter errante de Abraham y sus descendientes. *Lej-lejá,* «parte por ti mismo», leemos en el *Génesis*: «Parte por ti mismo y abandona tu país, la tierra que te vio nacer, la casa de tu padre, y ve al lugar que yo te mostraré»[1]. El hebreo es aquel que deja su tierra, su casa, su zona de confort, e inicia un viaje hacia lo desconocido. Abraham, el hebreo, emprende un camino que lo llevará desde la actual Irak a territorios de Siria, Líbano, Israel, Palestina y Egipto. No podemos entender el judaísmo hoy sin este viaje de siglos que ha llevado al pueblo hebreo a vivir entre civilizaciones tan diversas.

En casi 4000 años de desarrollo histórico, el pueblo judío y su religión han mostrado una notable adaptabilidad y continuidad. Es

---

1   Génesis 12:1.

firme y flexible a la vez. Por un lado, ha sabido mantener un fuerte vínculo con sus raíces y, por otro lado, ha hecho alarde de una creatividad única en la historia de las religiones. Pongo un ejemplo significativo que me gusta compartir con mis estudiantes. En el año 70 e. c., Roma destruye y saquea el Templo de Jerusalén. En la teología judía de la época, Dios residía en el *sanctasanctórum* del Templo. El modo en el que los israelitas se relacionaban con la divinidad era a través de ofrendas y sacrificios, en los que intermediaban los *cohanim*, los sacerdotes. Todo ese mundo desapareció de un día para otro. ¿Cómo iban los judíos a vivir la religión a partir de entonces si la piedra angular de su sistema religioso había desaparecido de un plumazo? Tal destrucción habría supuesto el fin de cualquier otra tradición religiosa. ¿Dónde quedaron las creencias egipcias una vez que sus pirámides y templos fueron sepultados por la arena? El judaísmo tuvo la capacidad de «reinventarse» (soy consciente de que a algunos de mis colegas ortodoxos no les va a gustar esta expresión), y de una religión basada en sacrificios se transformó en otra cuyo pilar es la palabra en sus dos más bellas manifestaciones: «el estudio y la oración». Los líderes ya no serían los *cohanim,* sacerdotes que heredaban de sus padres tal dignidad, sino los estudiosos de la palabra, la Torá: los rabinos. La religión se «democratizó», ya no importaba tanto nacer *Cohen*, Levi, o Israel, sino el estudio, el análisis y el debate de los textos sagrados. Ya no pediríamos perdón por nuestros pecados ofreciendo sacrificios de expiación, sino a través de la oración personal y comunitaria. La destrucción de todo un aparato teológico que había funcionado durante casi dos mil años no supuso el fin del judaísmo, sino su enriquecimiento cultural y espiritual.

En su encuentro con las grandes civilizaciones, desde la antigua Babilonia y Egipto, el mundo árabe y el islam, hasta la Europa cristiana y la cultura secular moderna, el mundo judío ha asimilado elementos de otras culturas y los ha integrado en su propio sistema cultural, social y religioso, manteniendo al mismo tiempo una tradición inquebrantable.

Cada periodo de la historia judía ha dejado tras de sí un elemento específico de una herencia que continuó influyendo en los desarrollos posteriores, de modo que la herencia total, en un momento dado, es una combinación de todos estos elementos sucesivos junto con los ajustes y adiciones.

El judaísmo de hoy es el resultado de ese encuentro con otras culturas e identidades a lo largo de la historia. No podemos entender la cultura hebrea sin los aportes de sus vecinos. Pero esta relación con otras culturas se ha dado en ambas direcciones. Especialmente en un país como España, en el que la presencia judía se remonta 2000 años y su cultura forma parte de las raíces identitarias.

Ningún libro puede abarcar la inmensa riqueza del legado judío. Este es solo el comienzo de una apasionante aventura, que te acompañará el resto de la vida. Tampoco quien lo escribe quiere asentar ninguna verdad absoluta o dogma. En la comunidad hebrea solemos bromear diciendo «donde hay dos judíos, hay tres opiniones». En estas páginas expreso mi visión del judaísmo, una visión amplia e inclusiva, que no es la única. Sobre la diversidad de opiniones en el judaísmo y nuestra actitud ante ella, la literatura rabínica:

> «La escuela de Shammai[2] dice que tal cosa es impura, mientras que la escuela de Beit Hillel la declara pura, uno la prohíbe y la otra la permite. ¿Cómo podemos saber entonces aquello que debemos hacer? Los sabios respondieron: "Haz en ti un corazón de muchas habitaciones y acoge las palabras de Shammai y las palabras de Hillel"»[3].

Este libro quiere ser como ese corazón de múltiples habitaciones abierto a las diversas formas de entender la identidad y la cultura judías. Una introducción a un mundo fascinante, a un pozo sin fondo del conocimiento, con la esperanza de allanar el camino hacia un viaje al descubrimiento de una tradición milenaria sin la que no podemos entender quiénes somos.

Hablaremos de la evolución del judaísmo en la historia, de todo aquello que ha aportado a otras culturas, y al mismo tiempo lo que estas han aportado al judaísmo. Descubriremos sus distintas tradiciones sefardíes, askenazíes, orientales, sus distintas corrientes de pensamiento, las fiestas del calendario hebreo y el ciclo de la vida. Efectivamente, es imposible que un solo libro abarque la riqueza de este legado.

---

2 Existen dos grandes escuelas de pensamiento en el periodo fundacional del judaísmo rabínico en el siglo I: la escuela de Shammai y la escuela de Hillel. Ambas escuelas suelen diferir en cuanto a su interpretación de la ley judía.

3 Tosefta Sotah 7:12. Traducción del autor.

Cuenta el Talmud[4] que un día un hombre se acercó al rabino Hillel para pedirle que este le enseñara toda la Torá mientras él permanecía firme sobre un solo pie. Hillel, con amabilidad, aceptó el desafío y le dijo: «No hagas a tu prójimo aquello que no quieres que te hagan a ti. Esa es toda la Torá, lo demás no es más que la explicación de este principio, así que ¡ve y estudia!». Un solo libro no puede enseñar toda la riqueza del judaísmo pero sí puede abrir las puertas a los valores, la espiritualidad, la historia y la cultura. Este libro quiere ser esa puerta, pero es usted, querido lector, quien tendrá que entrar por ella y decidir cuánto más desea profundizar.

Este libro quiere ser una *Sefirat haLev*, que podríamos traducir como «La cuenta del corazón»; toda una declaración de intenciones. La Kabalah entiende que lo divino, el *Ein Sof*, «el infinito», se manifiesta al mundo a través de diez emanaciones o *sefirot*. Cada una de ellas es un canal a través del cual Dios crea y da vida a todo lo que existe. Estas páginas no pretenden sentar cátedra y mucho menos ser dogmáticas, sino tan solo compartir con los demás el judaísmo que vivo y siento, el que brota de mi corazón... una *Sefirat haLev*.

---

4   B. Shabat 31a.

Una difícil tarea:
la definición del judaísmo

Maytal, Michael. Rabino hasídico (2003). Museo Sefardí. Ministerio de Cultura y Deporte.

En ocasiones, definir aquello que forma parte de nuestra realidad más cercana puede tornarse en la más difícil de las tareas. Los judíos y el judaísmo son parte de nuestra historia, de nuestra cultura, de nuestra sociedad. Con mayor o menor conocimiento, todos hablamos de ello. Los medios de comunicación, el cine, las series de televisión presentan con frecuencia una visión estereotipada del judío y sus costumbres. En ocasiones es una imagen que responde a prejuicios antisemitas; en otras es fruto de la ignorancia, e incluso hay algunos que tienen una concepción idealizada. Cada uno ha creado su propia imagen, también aquellos que nunca han visto a un judío. Pero ¿qué es el judaísmo?

Algunos dirían que es una religión. La más antigua de las tres grandes monoteístas. Pero al instante nos encontraríamos con el primer problema. Uno es judío simplemente por el hecho de nacer de una madre judía[5]. El factor fe no es relevante a la hora de establecer la afiliación religiosa del sujeto. No existe algo parecido al bautismo cristiano a través del cual unos padres, conforme a sus creencias, deciden la afiliación religiosa de su hijo. La circuncisión del varón no imprime carácter. Un varón judío no circuncidado sigue siendo judío: un judío incircunciso. ¿Podríamos definir al judaísmo como religión si es el nacimiento, y no el discernimiento y la elección personal, el hecho que otorga la identidad y pertenencia?

La religión ha jugado un papel fundamental en el desarrollo de la identidad del pueblo judío. La creencia en un Dios creador del universo, que en un momento dado se revela a un pequeño pueblo errante a través de la Torá y crea una relación especial con él, es la base de un sistema que va a ir moldeando progresivamente una identidad compleja en la que la religión es fundamental, pero no lo es todo. Entender el fenómeno religioso es vital a la hora comprender la identidad. La Torá como revelación divina, así como el Talmud y el resto de la literatura rabínica, lo ha moldeado. La Torá es conocida como *Etz Haim*, el árbol de vida, pues además de narrar los mitos fundacionales de un pueblo y de una creencia, y de proclamar determinados principios de fe, contiene una serie de regulaciones que afectan a la vida de cada

---

5   En la actualidad, los movimientos liberal y reformista aceptan la transmisión patrilineal de la judeidad.

individuo, a su manera de entender el mundo, las relaciones familiares y sociales, el cuidado de la naturaleza, el uso y disfrute de la propiedad, rituales y fiestas, las costumbres alimentarias e higiénicas, y un sinfín de aspectos fundamentales de la vida cotidiana. Desde este punto de vista, podríamos decir que el judaísmo es un modo de vida. La acción toma la delantera a la creencia, al dogma. Tal y como dijeron los israelitas al recibir la Torá en el Sinaí, *na'ase venishma*, «haremos y comprenderemos» (Éxodo 19:8).

Las diferentes ramas del judaísmo se han relacionado de modo diverso con la tradición religiosa. Los mandatos de la Torá y las normas del Talmud admiten distintas interpretaciones, que en unas ocasiones son complementarias, pero, en otras, pueden llegar a ser opuestas. A esta diversidad de interpretación de la ley hay que sumarle la fuerza de la costumbre como fuente de obligaciones religiosas. Unas mismas prácticas pueden estar a la vez admitidas, incluso, ser significativas para una comunidad, y, sin embargo, ser rechazadas por otra. El *minhag*, la costumbre, que en cada comunidad se ha desarrollado durante siglos es una de las fuentes del sistema normativo religioso. El modo de interpretar la Torá no es el mismo entre las dos grandes culturas hebreas, la corriente sefardí, de origen español, y la corriente askenazi, de origen centro europeo. A esto hay que sumarle las diferencias teológicas, que especialmente a partir de la Ilustración han surgido entre determinados grupos como pueda ser la corriente reformista. La experiencia religiosa del judaísmo es diversa, porque diversa ha sido la experiencia que de la existencia ha tenido cada una de sus culturas. De hecho, muchos viven la religión como una parte más de un todo llamado cultura, y no hay una sola cultura hebrea, sino muchas. Las tradiciones heredadas de generación en generación actúan como elemento catalizador del individuo con la historia, la familia, la comunidad. Las creencias y las tradiciones religiosas ocupan un papel de gran relevancia en la identidad judía, pero son partes de un todo junto con otros aspectos identitarios. Uno puede ser ateo o agnóstico y al mismo tiempo participar plenamente de su identidad. El judaísmo es uno y diverso a la vez; y no es una religión, aunque la religión sea parte de su esencia.

Si la transmisión de la judeidad se establece por nacimiento, ¿podríamos entonces concluir que se trata de una raza? Tampoco, pues muchos son los que durante siglos se han unido al pueblo de

Israel a través de la asimilación-integración y de la conversión. Tras siglos de presencia fuera de la tierra de Israel, el judaísmo ha dado la bienvenida a personas de las más diversas razas de la tierra. Por eso hay israelitas de rasgos asiáticos, árabes, africanos, caucásicos o europeos. Los israelitas de la época bíblica no tenían el concepto de conversión religiosa porque la noción de una religión separada de la idea de nación no tenía sentido para ellos. Las palabras «judíos» y «judaísmo» no existían. Abraham fue llamado *ivri*, «hebreo», y sus descendientes fueron conocidos como hebreos o israelitas (los hijos de Israel). También se les conocía como judíos, pero no en el sentido que la palabra tiene hoy, sino como gentilicio de aquel que es originario de Judea. En esta época, un *ger*, un extranjero, podía progresivamente integrarse en la sociedad israelita y llegar a formar parte de ella como uno más. El proceso de conversión que conocemos hoy es una creación rabínica mucho más tardía. Hoy día, la palabra *ger*, que en época bíblica hacía alusión a un extranjero que vivía junto con los demás hebreos, es la utilizada para denominar al converso que abraza la ley de Moisés e ingresa en la familia de los hijos de Israel.

El *ger*, extranjero o converso, ha formado parte de la realidad judía desde el momento más significativo de su historia, es decir, desde el relato del Éxodo de Egipto. Este episodio es tan fundamental que muchos consideran el momento fundacional del pueblo de Israel. Bueno, pues en este momento fundacional ya estaba presente la figura del no israelita que se une a la colectividad de los descendientes de Abraham.

El converso está presente en la historia del pueblo hebreo desde los albores de su fundación. En el momento de la salida de Egipto, referencia a una «multitud mixta» (Éxodo 12:38). ¿De quiénes se trataba? Los comentaristas medievales afirman que se trataba de una multitud formada por los israelitas y por todos aquellos no israelitas que se unieron al pueblo hebreo cuando este salió de Egipto. En un momento de tal relevancia como la entrega de la Torá en el monte Sinaí, nos encontramos tanto a hebreos como a gentiles unidos en diversidad. Todos ellos entraron juntos en la tierra de Israel, todos ellos construyeron los pilares de la identidad judía. El número de no israelitas que se sumaron no cesó de aumentar al entrar en la tierra de Canaán, muchos de origen hitita, amorreo, jebuseo… acabaron por integrarse en el Israel bíblico, origen de lo que hoy conocemos como pueblo de Israel.

Pero estas no son las únicas referencias en la Biblia hebrea a extranjeros que abrazaron la identidad israelita. El modelo de «converso perfecto» utilizado por los rabinos es el de Ruth, la moabita. Ruth era la nuera de Naomí. Cuando los hijos de Naomí murieron, esta decidió volver a su ciudad natal, Belén. Naomí prefería volver sola y que sus dos nueras, Orfa y Ruth, que no eran hebreas, se quedasen en Moab y rehiciesen su vida. Sin embargo, Ruth rechaza tal propuesta, ella quiere seguir a su suegra, la madre de su difunto esposo Mahlón. Es entonces cuando le dice a Naomí: «Donde tú vayas, yo iré. Donde tú vivas, yo viviré. Tu pueblo será mi pueblo y tu Dios será mi Dios» (Ruth 1:16). La declaración de Ruth ha sido vista tradicionalmente por la literatura rabínica como un acto de adhesión (conversión) perfecta al pueblo de Israel y sus creencias. Ruth fue para los rabinos el modelo a seguir por todos aquellos que querían formar parte del pueblo de Israel. Ruth marcha con Naomí y abraza el judaísmoi libre de todo interés y por puro amor. Naomí ya no tiene más hijos que ofrecerle como posibles esposos, es una mujer pobre y envejecida que decide volver a su ciudad natal para terminar sus últimos días. Ruth acompaña a su suegra a Belén. Allí, ambas mujeres se establecen e intentan sobrevivir como pueden. Es en esta lucha por la supervivencia cuando Ruth marcha a trabajar al campo de Boaz, un primo de Elimelec, el difunto marido de Naomí. Boaz y Ruth se casan y de este matrimonio nació Obed, que será más tarde abuelo del rey David. De la estirpe del rey David vendrá, según la tradición, el Mesías. Es decir, el Mesías es nada más y nada menos que descendiente de una mujer conversa: Ruth, la moabita. Con momentos de mayor o menor apertura al «otro» y con una continua tensión entre universalismo y particularismo, el pueblo hebreo siempre ha estado abierto a integrar al otro. Por ello, no me gusta hablar de etnia. Los judíos no son una raza, a pesar de haber sufrido el racismo de los demás.

El concepto de pueblo nos puede ayudar a entender qué es el judaísmo y las diferentes facetas de su identidad. Un pueblo se caracteriza por compartir un conjunto de elementos identitarios. Digo elementos porque toda identidad es compleja y sus componentes son diversos: historia, creencias, lengua, cultura, etc. Los individuos que forman parte de un pueblo participan en mayor o menor medida de esos elementos identitarios. Esta participación los lleva a adquirir conciencia de pertenencia a esa unidad que llamamos pueblo. La noción de «pueblo judío» integra la rica diversidad de la identidad judía.

En la difícil tarea de definir el judaísmo destaca la figura del rabino Mordejai Kaplan. Kaplan nació en Lituania en 1881, justo cuando comenzaba la gran ola de inmigración a Estados Unidos. Recibió una educación tradicional en Vilna y emigró junto con su familia a Estados Unidos en 1889. Sus prácticas familiares y personales continuaron siendo tradicionales, pero a medida que pasaba el tiempo, se iba desilusionando cada vez más con la teología ortodoxa y se interesaba más en enfoques no ortodoxos. Un nuevo prisma que entendía que el judaísmo no solo consistía en la ética y el ritual, sino que incluso abarcaba elementos seculares de la cultura universal, elementos que también influyeron en la fe y en la manera en la que el judaísmo ha confrontado la sociedad, el pensamiento y la ciencia de cada época.

En 1935, Kaplan escribió *El judaísmo como civilización*, un libro que se convirtió en la base del nuevo Movimiento Reconstruccionista y que todavía sigue inspirando el pensamiento hebreo. Él defendió la necesidad de una reconstrucción de los fundamentos religiosos a la luz de un nuevo enfoque que entendía el pueblo de Irael como una civilización religiosa. En su obra presenta al judaísmo como una civilización religiosa en evolución. Si bien la dispersión del pueblo hebreo por todo el mundo ha generado numerosas diferencias culturales entre las comunidades, en general, está unido por una civilización religiosa común; es por ello que los judíos deben trabajar por trascender esas diferencias que los dividen y poner el acento en su historia común, que es el cimiento sobre el que se construye el modo de vivir de todo hijo e hija de Israel, un modelo que respeta la diversidad del judaísmo y que existe en solidaridad con el resto de los pueblos de la tierra.

El judaísmo en la historia

DE LOS ORÍGENES DEL PUEBLO JUDÍO A LA DESTRUCCIÓN DEL SEGUNDO TEMPLO (1300 A. E. C. -70 E. C.)

Maqueta del Segundo Templo. Museo Nacional de Israel.

Según la tradición, el pueblo judío tiene su origen en una pequeña tribu de Ur de los caldeos, en el actual Irak, liderada por Abraham en torno al año 2000 a. e. c., en plena Edad de Bronce. Abraham es considerado el padre espiritual de las tres grandes religiones monoteístas: judaísmo, cristianismo e islam.

Tal y como relata el Génesis, cuando Abraham tenía 75 años, Dios le ordenó salir de su tierra y marchar hacia un lugar desconocido: «Al país que yo te indicaré» (Génesis 12:1). Allí, Dios convertiría a Abraham y a sus descendientes en un gran pueblo. De manera que Abraham emigró desde Jarán, en la actual Turquía, con su mujer Sara, su sobrino Lot, un grupo de sirvientes y seguidores y sus rebaños, hasta Canaán. La tierra de Canaán ocupaba lo que hoy conocemos como Jordania, Palestina, Israel, Líbano y el oeste de Siria. Abraham se estableció con toda su familia en el encinar de Siquem, cerca de la ciudad de Nablus en Cisjordania. Allí construyó un altar dedicado a Dios, en la tierra que le había sido dada para él y sus descendientes.

Un rasgo recurrente en la historia de Abraham es la relación estrecha que se establece entre él y un ente divino denominado «Yahveh», nombre formado por las letras hebreas *yod, hei, vav, hei* y que forman lo que en la tradición occidental conocemos como el tetragrámaton, *Hashem,* el nombre divino que en hebreo solemos leer como *Adonai*, mi señor. Abraham representa una ruptura con las antiguas tradiciones politeístas de la Antigüedad y el inicio del monoteísmo. Una relación con un solo Dios creador del universo que se hace cercano al ser humano e interviene en la historia. Abraham y Yahveh establecen una alianza entre ellos y las generaciones futuras. Esta marcará la historia y la identidad del pueblo hebreo, un pueblo pequeño, peculiar, diferente, desde sus orígenes denominado en la Torá *Ha-Ivri*, «aquel que está en el otro lado, el otro, el diferente, aquel que cruza de un lugar a otro». El pueblo hebreo será un el arquetipo del «otro», que desde sus orígenes será errante entre las demás naciones de la tierra. Un pacto que marca no solo la identidad y la historia, sino también la carne de todo varón a través del acto de la circuncisión que precisamente en hebreo recibe el nombre de *Brit Milah*, el pacto de la circuncisión. «Yo haré de ti un gran pueblo», esta es la promesa que Dios hace a Abraham a cambio de su fidelidad (Génesis 12:2). El pueblo judío es probablemente uno de los más pequeños en cuanto a su tamaño, aunque sin duda alguna ha marcado la historia. Abraham fue el padre de Ismael e Isaac, considerándose, según la tradición bíblica, fundador del judaísmo. Jacob, hijo de Isaac y nieto de Abraham, tuvo doce hijos que fundaron las doce tribus de Israel. El pueblo judío se considera descendiente de Judá y Benjamín, ambos bisnietos de Abraham. De la línea de Judá descendieron los reyes David y Salomón. Judíos, cristianos y musulmanes perciben en Abraham al Padre de los Creyentes. Quizás es esta herencia espiritual a la que se refiere el Génesis cuando decía que Dios haría de Abraham un gran pueblo.

Abraham tuvo a Isaac e Isaac a Jacob, quien a su vez tuvo doce hijos. José fue el undécimo de los doce y su madre fue Raquel. Jacob lo amaba más que a sus otros hijos y ello produjo la envidia de sus hermanos. Tal y como nos narra el relato bíblico, los hermanos de José deciden venderlo a una caravana de comerciantes que se dirigía hacia Egipto. José llega a Egipto como esclavo; sin embargo, sus habilidades tanto para la interpretación de los sueños como para la administración le convirtieron en uno de los hombres más poderosos del país. El establecimiento de José en Egipto y la posterior llegada de su padre y hermanos buscando refugio ante la hambruna que se había declarado en la tierra de Canaán es crucial en el relato fundacional del pueblo judío. Tras unos años de prosperidad en Egipto, los hebreos son esclavizados. Moisés, un esclavo hebreo abandonado en las aguas del Nilo y criado por la hermana del faraón, lidera la liberación del pueblo de la esclavitud y su salida de Egipto hacia la tierra que Dios había prometido a Abraham. En el camino hacia la tierra de Israel que durará 40 años, Moisés y el pueblo reciben en el monte Sinaí la revelación divina: la Torá y sus mandamientos. Para muchos, el relato de la salida de Egipto en torno al año 1300-1200 a. e. c. y la entrega de la Torá, constitución espiritual del judaísmo, es el momento fundacional a partir del cual podemos hablar de pueblo judío.

La llegada a la tierra de Israel fue liderada por Josué tras la muerte de Moisés en el monte Nebo, en la actual Jordania. Los israelitas liderados por Josué conquistaron Canaán tras la toma de Jericó. Las distintas tribus originarias de Canaán nunca llegaron a ser totalmente derrotadas y siguieron habitando las zonas más inhóspitas, de modo que podría decirse que tanto hebreos como cananeos continuaron cohabitando en el mismo espacio geográfico, hecho que dio origen a numerosos conflictos violentos, así como a un intenso intercambio cultural entre los distintos pobladores. Sin ir más lejos, uno de los vocablos para designar a Dios en hebreo es *Elohim*, que proviene del cananeo *El*, el padre de todos los dioses en la tradición cananea.

Tras la muerte de Josué, el liderazgo fue asumido por los Jueces. Este periodo comprendió desde la llegada de las tribus hebreas a Canaán a la instauración de la monarquía, es decir, entre los años 1200 y 1020 a. e. c. Los Jueces fueron una especie de caudillos que lejos de actuar como jefes supremos y unificadores de todas las tribus de Israel, solventaban problemas puntuales. Este periodo viene caracterizado por un cierto vacío de poder, por el desgobierno y la falta de cohesión, algo que suponía un problema frente a otros grupos cananeos como los filisteos, mucho mejor organizados y armados que Israel y que suponían una seria amenaza para la supervivencia hebrea. El último y más relevante de todos los jueces fue Samuel, el profeta, que logró cohesionar a las tribus a través de un fuerte liderazgo político y religioso. Hacia el final de su gobierno, Samuel fue persuadido por el pueblo para que eligiera un rey. Este primer rey fue Saúl, que tras un periodo inicial de éxito fue derrotado por los filisteos y fue sucedido en el trono por David.

Saúl inauguró un nuevo modelo de liderazgo, la monarquía. El segundo rey fue David, probablemente el más grande de todos los reyes de Israel. Frente a la división y falta de cohesión característica del periodo de los Jueces, David logró la unificación y el control de todas las tribus, conquistó Jerusalén y la convirtió en capital y centro del poder político y religioso. Además de ser un poderoso dirigente, ha pasado a la historia por ser el rey poeta a quien se le atribuye gran parte de la autoría de los Salmos de la Biblia. A su muerte, le sucedió su hijo Salomón, 970 a. e. c. Este heredó un gran imperio militar que extendía su influencia por todo el Medio Oriente. Salomón fue un rey culto a quien también se le atribuye algunos de los textos más importantes de la Biblia, entre ellos el Cantar de los Cantares. Pero por lo que realmente ha pasado a la historia ha sido por construir el gran Templo de Jerusalén. La mayor parte de su reinado se caracterizó por la paz, la prosperidad económica y por la influencia internacional del reino.

A la muerte de Salomón en el 931 a. e. c., la enemistad que ya existía entre el norte y el sur se agravó. El reino se dividió en dos: Israel, en el norte, que incluía diez tribus, y Judá, en el sur, que comprendía las tribus de Judá y Benjamín. Este será el comienzo de una época de crisis política, militar, económica, así como de un distanciamiento de los valores éticos del judaísmo, hecho que será condenado en numerosas ocasiones por los profetas de Israel. Isaías criticará la decadencia moral del pueblo de Israel y anunciará la destrucción y el exilio del pueblo como consecuencia de tal corrupción. «¿De qué me sirven vuestros sacrificios? Cansado estoy de holocaustos [...] aprended a hacer el bien; buscad el juicio, restituid al agraviado, haced justicia al huérfano, amparad a la viuda» (Isaías 1:11, 17).

A la par que los reinos de Israel y Judá decaían, nacían nuevos imperios que llegarán a dominar el Medio Oriente, incluyendo los reinos de Israel y Judá. Se trata de los imperios asirio y babilónico. En el año 721 a. e. c., Asiria conquistó el reino del norte, Israel, y sus ciudades fueron asoladas y las tribus dispersas. Tan solo sobrevivió Judá con las tribus de Judá y Benjamín, pero siglo y medio después Babilonia conquistó Jerusalén en el 586 a. e. c., destruyó el gran Templo de Salomón y deportó a la mayor parte de la población hebrea a tierras de Babilonia.

En el año 539 a. e. c., Ciro el grande, emperador de Persia, derrotó a los babilonios y promulgó un edicto autorizando y alentando a los judíos, exiliados por Nabucodonosor, a retornar a la tierra de Israel y reconstruir el Templo. El retorno a Jerusalén estuvo protagonizado por dos líderes, Esdras y Nehemías. Según los libros de Esdras y Nehemías, tan solo unos 50.000 judíos retornaron a Israel siguiendo el decreto de Ciro, mientras que la mayoría permaneció en Babilonia, dando origen a la comunidad judía más antigua del mundo fuera de Israel, comunidad que siglos después jugó un papel fundamental en el desarrollo del judaísmo rabínico.

Aquí no termina el contacto del pueblo hebreo con otras civilizaciones, que por un lado supuso una amenaza para su existencia, pero al mismo tiempo un enriquecimiento cultural sin igual. Tras retornar del exilio en Babilonia, los israelitas tuvieron que hacer frente a la invasión griega. En el año 336 a. e. c., Alejandro Magno llega al poder e inicia su conquista sobre el Imperio persa. En su camino hacia Egipto, Alejandro Magno sometió a toda la población de Judea. La cultura helenística influenciará enormemente al pueblo judío, de hecho, muchos asimilaron en esta época las costumbres griegas, iniciándose así una larga tradición helenística en el judaísmo. A la muerte de Alejandro Magno, un rey de origen greco-sirio tomó el control del Estado judío: Antíoco, que dirigió una intensa persecución en Judea llegando a ocupar el Templo de Jerusalén y a prohibir la práctica del judaísmo. Esto provocó la famosa revuelta macabea, que fue una rebelión judía y duró desde 167 hasta 160 a. e. c., liderada por Judá Macabeo y sus seguidores contra el poder greco-sirio. La reconquista de Jerusalén y la purificación y reconsagración del Templo el 25 del mes de Kislev dio origen a la muy popular fiesta de Janucá. La dinastía asmonea sucedió a los macabeos. Este periodo terminará con la invasión de Roma, en el 37 a. e. c., y con el control total de los territorios que históricamente habían pertenecido a los israelitas.

Roma convirtió Judea en una provincia más de su vasto Imperio. En ciertos momentos, Judea disfrutó de cierta autonomía, tal es el caso del periodo de Herodes Agripa entre los años 41 y 44. En general, la población judía no aceptó el dominio de Roma, lo que dio pie a numerosas rebeliones. Entre los años 66-70, se desarrolló la primera guerra judeo-romana que provocó el sitio de Jerusalén y la destrucción del Templo construido por Herodes. Esta primera guerra terminó con el sitio de Masada en 73-74. La victoria de Roma afianzó su poder sobre Judea. La destrucción del Templo de Jerusalén, lejos de hacer desaparecer la tradición religiosa del pueblo judío, provocó una progresiva transformación que daría origen al judaísmo rabínico, que dependía del estudio de la palabra y la oración personal comunitaria. Un judaísmo con un nuevo liderazgo, el de los rabinos. Las sucesivas persecuciones de Roma en la antigua Judea no lograron su desaparición, sino su dispersión por todo el mundo, iniciándose así la historia de la Diáspora: la dispersión del pueblo judío por los cuatro confines de la tierra.

DE LA FORMACIÓN DEL JUDAÍSMO RABÍNICO A LA CIVILIZACIÓN ISLÁMICA

La destrucción del Templo de Jerusalén fue algo más que la pérdida de uno de los más grandiosos edificios jamás construidos en la historia de la humanidad, fue un terremoto que zarandeó los cimientos del liderazgo y de la teología israelita. Desde los años en el desierto, la presencia divina, la *Shejiná*, había residido en el *Mishkán*, el tabernáculo, y posteriormente en el Templo. El pueblo se relacionaba con Dios a través de un complejo sistema de ofrendas y sacrificios dirigido por los sacerdotes, los *cohanim*, quienes ejercían un fuerte liderazgo sobre el pueblo. Todo este sistema social, político y religioso se derrumbó de la noche a la mañana cuando Tito destruye y saquea el Templo en el año 70.

Este fue un momento decisivo en la historia judía que marca la transición del periodo del Templo y los fariseos a un nuevo periodo, una nueva realidad: la de los rabinos. La palabra *rabbi*, mi maestro, ya se había utilizado con anterioridad de modo protocolario para dirigirse a un conocedor de las Escrituras. Sin embargo, a partir de

Hirszenberg, Samuel. *Estudio del Talmud*. Museo Sefardí. Ministerio de Cultura y Deporte.

la desaparición del Templo y su mundo este vocablo tendrá connotaciones distintas. En estos años comenzó a formarse un nuevo liderazgo en la ciudad de Yavneh, donde se estableció el patriarcado con su propia academia y corte de justicia. El patriarcado tomó el relevo al Sanhedrin del Templo como ente de poder religioso y político hebreo. Yavneh concentró a los más importantes sabios judíos, todos ellos capitaneados por Yohanan ben Zakkai. Pero los «nuevos» rabinos no eran simples maestros, sino líderes con autoridad, la cual emanaba de su conocimiento y de su autopercepción como integrantes de una cadena que les conectaba directamente con el momento de la revelación en el monte Sinaí. Leemos en el comienzo de uno de los tratados fundadores de la literatura rabínica, la *Mishná*: «Moisés recibió la Torá en el Sinaí y la transmitió a Josué; Josué, a los ancianos; los ancianos, a los profetas; los profetas la transmitieron a los hombres de la Gran Asamblea...» (Pirkei Avot: 1:1). La *Mishná* continúa con una lista de «parejas» hasta llegar a Hillel y Shammai, líderes de las dos grandes escuelas de pensamiento judío en el siglo primero y base del pensamiento rabínico naciente. ¿Qué pretendían los rabinos de la *Mishná* con esta cadena que les unía, nada más y nada menos, a Moisés y la Revelación en el Sinaí? Erigirse ante el pueblo como los depositarios de la Revelación, los garantes del judaísmo. Ante el vacío de liderazgo dejado por los *cohanim* tras la pérdida del Templo, los rabinos ocuparon su lugar, dando así comienzo al judaísmo rabínico que ha llegado hasta nuestros días.

La destrucción de Jerusalén, la anexión de Judea como provincia del Imperio provocó la salida sistemática de los judíos de Palestina. Tras el año 73, la historia hebrea sería la de una Diáspora que llevaría a los judíos por todo el Norte de África, Medio Oriente y Europa. Las persecuciones a las que la población judía se vio sometida provocaron duros enfrentamientos, entre los que hay que destacar la revuelta de Bar Kojba contra el poder de Roma. Esta fue una rebelión de los judíos de la provincia romana de Judea capitaneada por Simón Bar Kojba. La lucha tuvo lugar entre los años 132 y 136 y fue la mayor de tres revueltas judías. Por esta razón, también es conocida como la tercera guerra judeo-romana o la tercera guerra Judía. La dura represión que Roma ejerció contra los rebeldes no hizo más que acrecentar el número de judíos que abandonaban la tierra de Israel.

A comienzos del siglo II, la mayor parte de la población judía, ya muy mermada, no habitaba en Judea, sino que se concentraba en Galilea. Tras la revuelta de Bar Kojba, Yavneh dejó de ser el centro del liderazgo hebreo y este pasó a Usha, después, a Bet Shearim y Sephoris y, finalmente, a Tiberíades a mediados del siglo III. Este siglo supuso la consolidación del rabinato como nueva forma de liderazgo judío. Al mismo tiempo, Palestina comenzaba, al igual que el resto del Imperio romano, a decaer. A esta crisis naciente hay que sumar el avance del cristianismo a partir del edicto de Milán en 313, que declaraba al cristianismo *religio licita*, avance que se consolidó cuando se proclamó como religión oficial en Nicea en el 380.

Bajo estas duras circunstancias históricas nació y se desarrolló el judaísmo rabínico. La institución del patriarcado judío, que hasta entonces había dirigido las grandes líneas de la vida, fue abolido entre los años 415 y 429. El *Codex Theodosianus*, en el 438, y, en particular, el *Codex Justinianus*, entre los años 529 y 534, configuraron un marco legal desfavorable para los judíos. Es por ello por lo que no sorprende que los judíos de Palestina tuvieran muchas expectativas ante el periodo de dominación persa entre el 614 y el 628, sin embargo, grande fue la decepción. La situación no hizo más que empeorar con la vuelta de la dominación bizantina. La situación no mejoraría hasta la caída de Jerusalén a manos del islam en el año 638.

A medida que la situación de las comunidades israelitas se degradaba, en la antigua tierra de Israel florecía un nuevo centro del saber judío: Babilonia. Desde el exilio de los años 586-538 a. e. c., Babilonia había albergado una importante población hebrea. Muchos rabinos de Palestina decidieron establecerse allí conforme la vida en Palestina se hacía más difícil para ellos. Esto ocurrió especialmente a partir de la revuelta de Bar Kojba, entre el 132 y el 136. En Babilonia, los judíos encontraron la estabilidad suficiente para desarrollarse como comunidad. La estabilidad, seguridad y cierta autonomía de la comunidad judía en Babilonia favoreció el florecimiento de centros de estudio dirigidos tanto por rabinos locales como por rabinos llegados desde la tierra de Israel. El intercambio cultural entre estas dos escuelas se intensificó con la dominación árabe a partir del 640. Por primera vez en la historia, las dos comunidades hebreas mas importantes estaban bajo la misma administración política. La capital omeya era

Damasco, así que la región de Palestina estaba cerca del centro del poder político pero, después del 750, la Bagdad abasí se convirtió en la capital y Babilonia devino en el centro dominante en el mundo hebreo. Los grandes rabinos de las academias de Sura y Pumbedita, ambas en la actual ciudad de Bagdad, pasaron a ser los líderes representantes del judaísmo no solo en la región, sino en el resto de la Diáspora incluyendo Palestina. Babilonia se convirtió en el corazón espiritual e intelectual del pueblo de Israel en diáspora.

Desde mucho antes del comienzo de la Diáspora judía, allá por el año 70, el judaísmo ya había comenzado a extenderse por el mundo. En época fenicia, durante el reinado de Salomón, muchos comerciantes hebreos se establecieron en ciudades portuarias por todo el Mediterráneo. De esta época podría datar la primera llegada de hebreos a la Península Ibérica a ciudades como Málaga y Cádiz, aunque aún los investigadores no han podido probar esta sospecha.

A finales del primer milenio, el judaísmo se había extendido por todo Oriente Medio, Europa y Norte de África, aunque las grandes comunidades israelitas se encontraban en el mundo islámico. Tras su nacimiento, el islam se expandió rápidamente desde la península arábiga hasta España, en el oeste, y hasta el norte de la India, en el este.

El islam se extendió usando muy diversos medios. Su espiritualidad viajó a tierras lejanas en grandes caravanas o embarcaciones que atravesaban vastas redes comerciales por tierra y mar, y otras veces se impuso mediante la conquista militar y el fervor proselitista. El islam fue creando una red religiosa, política y cultural que unió a las ciudades más importantes del Medio Oriente, Norte de África y España. Curiosamente, en esas ciudades existían importantes núcleos de población hebrea, que creó su propia red cultural paralela favoreciendo el intercambio entre los más importantes eruditos hebreos y las grandes escuelas rabínicas de oriente y occidente. Judíos y musulmanes preservaron el saber y la ciencia del antiguo mundo clásico y lo incorporaron a su cultura, incluso, a su teología. A su vez, intelectuales de ambas tradiciones protagonizaron un diálogo único en la historia que los llevó a compartir su Edad de Oro del saber, la filosofía, la música, la poesía y la espiritualidad en ciudades como Bagdad, Alejandría, Fez o Córdoba. Una época, que sinhaber sido un paraíso para nadie, sí fue una fuente de inspiración para la humanidad.

LA EDAD DE ORO DEL JUDAÍSMO EN SEFARAD

La comunidad hebrea, ya dispersa por gran parte del mundo, vivió su mayor desarrollo y esplendor en la España medieval. Es lo que conocemos como la Edad de Oro (*the Golden Age*) de la cultura judía.

La presencia israelita en España se remonta muy atrás en el tiempo. Algunos asocian Sefarad, España en hebreo, con el Tarsis bíblico mencionado en los libros de Isaías, Jeremías, Abdías, Primero de los Reyes y Jonás. Para ciertos investigadores, Tarsis tendría que ver con la antigua civilización de los Tartessos situada en el sur de la Península Ibérica. Si esta hipótesis fuese correcta, la presencia de los judíos se podría datar en el mismo periodo que el reinado

Keter Damascus copiada en 1260 por Menahem bar Abraham ibn Malik.
Foto: Rebeca García Merino. Museo Sefardí. Ministerio de Cultura y Deporte.

de Salomón, que estableció numerosas alianzas con las potencias limítrofes. Especialmente estrecha fue la relación con los fenicios, quienes a su vez desarrollaron una intensa actividad comercial en la cuenca del Mediterráneo. Estos fundaron colonias desde el Medio Oriente hasta el estrecho de Gibraltar, que formaban entre sí una extensa red comercial que unía ambos extremos del Mediterráneo. Una de estas colonias fenicias fue Gades, la actual Cádiz, fundada en el año 1100 a. e. c. La estrecha relación entre los israelitas y los fenicios durante el reinado de Salomón deja abierta la posibilidad de la llegada de los primeros judíos a Sefarad ya en tiempos de los fenicios. Si esto fuera así, la Península Ibérica habría acogido a la comunidad judía más antigua de toda la Diáspora. Sin embargo, no han sido encontrados vestigios que puedan corroborar esta teoría.

Las pruebas materiales más antiguas que atestiguan la presencia hebrea en la península son dos inscripciones trilingües, en hebreo, latín y griego, halladas en Tarragona y Tortosa, cuya datación oscila entre los siglos II a. e. c., y el VI e. c. Las comunidades judías debían estar ya bien asentadas antes de la caída del Imperio, tal y como demuestran los testimonios aportados por el Concilio de Elvira celebrado a comienzos del siglo IV. La documentación de los distintos concilios de Toledo, ya en época visigoda, también aporta información de la comunidad judía de aquel tiempo, que, aunque siendo minoría, tenía cierta influencia y visibilidad en la sociedad. La situación de estas comunidades empeoró notablemente una vez que Recaredo se convirtió al catolicismo e inició la homogeneización religiosa de toda la península a partir del III Concilio de Toledo celebrado en el año 589. El yugo fue tal que la comunidad judía verá la llegada del islam a la península como una auténtica liberación.

La historia de las relaciones judeo-musulmanas se remontan al nacimiento del islam.

Ya existían comunidades judías en la península arábiga a principios del siglo VII, cuando un comerciante de La Meca llamado Mahoma comenzó a predicar una nueva religión monoteísta a sus compañeros árabes paganos. Los hebreos que vivían en Arabia hablaban árabe, estaban organizados en clanes y tribus, como sus vecinos árabes, y, en general, estaban asimilados a la cultura circundante. A pesar de su aculturación general, se los consideraba un grupo separado con su propia religión y costumbres distintivas. Los árabes paganos no solo estaban familiarizados con los judíos y sus prácticas religiosas, sino también con sus ideas, su ética y sus textos sagrados. Incluso algunos términos hebreos y arameos fueron absorbidos por los árabes que entraron en contacto cercano con los israelitas de la región. Desde los comienzos del islam, muchos musulmanes y judíos han compartido una misma lengua y cultura, así como una similar concepción de la divinidad.

A medida que el islam se extendía por el Medio Oriente y el Norte de África, se fue desarrollando una red política, comercial y cultural entre las ciudades más importantes del mundo islámico. Estas ciudades florecieron en lo económico y en lo cultural desarrollando una población muy heterogénea. El islam, por un lado, ofreció un marco cultural común a través de la arabización progresiva de los territorios bajo su dominio y, por otro, un sistema legal que protegía a aquellos que, si bien no eran musulmanes, profesaban una religión de las llamadas del Libro o abrahámicas. Para estas, el sistema legal islámico desarrolló la figura del *dhimmi* que protegía a todas aquellas poblaciones no musulmanas que no se convirtieron tras la conquista desde el siglo VII. Las religiones abrahámicas no musulmanas, es decir, judaísmo y cristianismo, eran merecedoras de protección a diferencia de aquellas tradiciones consideradas idólatras. Vastas poblaciones de judíos y cristianos quedaron sometidas al islam tras la conquista árabe. Estas pudieron conservar su culto y, hasta cierto punto, su forma de gobierno y sus propias leyes gracias al estatuto *dhimmi* que les brindaba amparo.

Desde Oriente Medio hasta Al-Ándalus nació una red de ciudades islámicas entre las que floreció el comercio y la cultura. No solo intercambiaban mercancías, sino sabiduría. La prosperidad económica y la relativa paz y seguridad que esta red ofrecía favoreció el desarrollo de importantes comunidades hebreas, muchas de las cuales estaban presentes en estas ciudades con anterioridad al nacimiento del islam. El desarrollo fue tal que en los siglos IX y X la mayor parte de los judíos vivían en tierras del islam. Uno de los grandes centros del saber hebreo fue Bagdad. La comunidad judía de esta región databa de la época del exilio impuesto por Nabucodonosor en Babilonia en los siglos VI y V a. e. c. En las cercanías de Bagdad, en las ciudades de Sura y Pumbedita, se fundaron en el siglo III e. c. las más importantes escuelas de pensamiento rabínico. El establecimiento de Bagdad como capital del Califato abasida, en el siglo VIII e. c., no hizo más que afianzar estos territorios de la antigua Babilonia como el centro intelectual y espiritual del judaísmo. Sin embargo, en el siglo X, un nuevo centro del saber del pueblo de Israel comenzó a hacer sombra a Bagdad: Córdoba.

La creación del Califato omeya en la ciudad de Córdoba por Abderramán III en el 929 proyectó a la ciudad andaluza como el nuevo centro político, militar, religioso y cultural del islam. La comunidad de Córdoba, cuyos orígenes se remontan probablemente a la Qurtuba romana, se convirtió en el centro del saber judío junto a la gran Bagdad.

En el esplendor de la comunidad judía andalusí jugó un papel fundamental el famoso jienense Hasday Ibn Shaprut, que ocupó un puesto fundamental como hombre de Estado en la corte de Abderramán III y Alhakén II y usó su poder e influencia para hacer de Córdoba el hogar de los más importantes rabinos, pensadores y poetas judíos de aquel momento. A él se le atribuye la fundación de las escuelas talmúdicas de Córdoba y Lucena, las más importantes de su tiempo, y la llegada a Sefarad de intelectuales como el gran poeta Dunash Ben Labrat. Nacido en Fez y formado en Bagdad, fue el responsable de la gran transformación de la poesía hebrea al introducir en esta la métrica y el estilo de la poesía clásica árabe. Las innovaciones de Dunash Ben Labrat inauguraron en Al-Ándalus un periodo en el que se produciría la mayor y más importante producción poética hebrea de toda la Edad Media. Los poemas escritos por Ibn Ezra, Yehuda HaLevi e Ibn Gabirol, entre muchos otros, siguen hoy acompañando la liturgia de las sinagogas y las celebraciones judías en todo el mundo.

Quizás la más grande figura que haya dado el judaísmo hispano haya sido la de Maimónides. Tan importante que el proverbio hebreo dice: «Mi Moshé ad Moshé lo kam ke Moshé» (de Moisés a Moisés no ha habido otro Moisés). El primer Moisés sería Moshé Rabenu, aquel que recibió la Torá en el Sinaí; el segundo, Moshé Ben Maimón, Maimónides, el sefardí, aquel que nos enseñó a entender la Torá a la luz de la razón. Maimónides hizo compatible dos tradiciones que hasta entonces se habían presentado como opuestas e incompatibles: el pensamiento aristotélico y la fe judía en la Torá. Su importancia fue tal que transformó la manera de entender el monoteísmo y su influencia alcanzó no solo al judaísmo, sino también al cristianismo a través de la figura de santo Tomás de Aquino, fuertemente inspirado por la obra de Maimónides.

El esplendor del judaísmo andaluz no quedó restringido simplemente a aquellos territorios de la España musulmana, sino que a partir del siglo XII el saber del judeo-andalusí se extendió también por el centro y el norte de la Península Ibérica. Al-Ándalus fue invadido en el 1147 por los almohades, una tribu bereber originaria del sur de Marruecos. Los almohades trajeron consigo una interpretación fanática del islam que provocó que tanto la minoría hebrea como la cristiana fueran perseguidas y prácticamente fueran borradas del mapa andalusí. En esta época, muchos israelitas de la zona musulmana de la Península Ibérica emigraron hacia los reinos cristianos del centro y del norte. Estos judíos que llegaban a la España cristiana traían consigo todo el saber andalusí, todo el esplendor de las grandes escuelas de Córdoba y Lucena. Ciudades como Toledo, Zaragoza o Barcelona recibieron a muchos de estos refugiados. Reinos cristianos como Castilla y Aragón, que se encontraban en expansión hacia el sur, acogieron con benevolencia a esta población judía que sería de vital importancia para la demografía, las arcas reales, la artesanía, la administración pública, la medicina y la cultura en general. La persecución almohade destruyó los grandes centros del saber hebreo del sur de Sefarad, pero no logró apagar la luz del judaísmo hispano, lo empujó hacia territorios de Castilla y Aragón, favoreciendo en estos el florecimiento de una nueva Edad de Oro de la cultura sefardí. Ciudades como Toledo toman el relevo a Córdoba como nuevos centros del saber hebreo. De la España cristiana surgirán grandes pensadores, poetas y filósofos hebreos que van a continuar realizando grandes aportaciones a la historia del judaísmo universal. En esta época comenzará a desarrollarse las grades escuelas de la Kabalah medieval en Sefarad con sus dos máximos exponentes, la tradición catalana y la tradición castellano-leonesa, en la que cabe destacar a Moshé de León, autor del texto más importante del misticismo judío: el Zohar.

El esplendor de la Edad de Oro de Sefarad fue tal que no podemos entender el judaísmo de hoy sin el aporte de los grandes sabios de Córdoba y Toledo. Gran parte del discurso rabínico, de la literatura y de la liturgia aún vigentes en las sinagogas de todo el mundo tienen sus raíces en España. En España se cimentaron las bases que hicieron posible los grandes aportes del pueblo de Israel a la humanidad.

LOS JUDÍOS EN EUROPA HASTA EL SIGLO XVIII

Los orígenes de la presencia judía en Europa se remontan al siglo II a. e. c., época en la que se asentaron los primeros hebreos en la ciudad de Roma. La mayor parte de las evidencias históricas de la presencia de esta comunidad en la ciudad de Roma son restos arqueológicos e inscripciones funerarias, algo que dificulta poder profundizar en el conocimiento de esta comunidad y tener así una imagen sobre su vida cotidiana y sus relaciones sociales, culturales y económicas con su entorno. A partir del declive de Roma, pueblos procedentes del Norte de Europa acabaron por controlar las mayores extensiones de territorio del antiguo Imperio. De entre estos pueblos cabe destacar los visigodos, que llegaron a controlar importantes zonas de Francia y España. Desde los primeros siglos de la era común hasta el siglo XV, el mundo hebreo se extendió desde Oriente hasta Europa Central, llegando a tener una presencia especialmente importante en los territorios del Sacro Imperio Romano Germánico.

Fuertes, Antonio. *Judíos estudiando en la Sinagoga*. Foto: Rebeca García Merino. Museo Sefardí. Ministerio de Cultura y Deporte.

Estas comunidades desarrollaron su propia tradición judía, la tradición askenazi, diferente de la sefardí que florecía en el Sur de Europa y el Norte de África.

Tras la destrucción de Jerusalén en el 70 e. c., cientos de miles de judíos fueron llevados como esclavos a Roma, desde donde posteriormente emigraron a otras tierras europeas. Los hebreos que emigraron a la Península Ibérica y sus descendientes son los denominados sefardíes, mientras que los que emigraron a la Renania alemana y a Francia son los askenazíes. Los judíos europeos contribuyeron a la dinamización de la vida económica y cultural de toda Europa, unos eran artesanos, otros comerciantes, médicos y sabios consejeros. El pueblo de Israel floreció allá donde hubo paz y prosperidad. La vida judía en la vieja Europa no era fácil, sin embargo, en muchas ciudades las comunidades prosperaron convirtiéndose así en focos de intercambio cultural y económico, que enriquecieron a las sociedades que les albergaban. Uno de esos lugares fue Alemania, donde los hebreos habían llegado desde la Italia romana. Especialmente próspera llegó a ser la comunidad en la región de Colonia. Durante el periodo carolingio, en el siglo IX, los judíos desempeñaron un papel fundamental en el desarrollo económico europeo gracias a la red comercial que estos crearon y que unía Alemania con el Medio Oriente. La comunidad disfrutaba de una independencia que le permitía mantener sus propias leyes y costumbres. Esta prosperidad animó a israelitas de otros lugares a emigrar y establecerse en el Imperio carolingio, convirtiendo así a Francia y Alemania en uno de los más relevantes centros del saber judío en la Diáspora.

A partir de los siglos IX y X, se van fraguando dos grandes centros de influencia en Europa. Un centro era Francia y Alemania y el otro, Al-Ándalus. Las comunidades de Europa central y las comunidades andalusíes, conectadas con las comunidades judías de Oriente a través de la red cultural que el islam había tejido a lo largo de todo del Norte de África, aunque compartían los mismos principios y valores religiosos, desarrollaron sus propias tradiciones dentro del judaísmo. Se trata de dos grandes corrientes culturales, cada una de las cuales forjó su propia lengua, literatura, rituales, cocina, lengua e, incluso, su propio humor y manera de ver el mundo. En Europa central, la tradición askenazi y en la Península Ibérica, la sefardí. Ambas tradiciones reflejaban la cultura propia de su lugar de origen, la askenazi, la cultura propia de Alemania y Europa central; la sefardí, la cultura propia de España y Portugal. La primera ejerció su influencia desde centro Europa a Europa del Este y Rusia; la segunda, desde la Península Ibérica hasta el Norte de África, cuenca del mediterráneo y Medio Oriente.

Al igual que ocurrió con el mundo sefardí en la España medieval, las comunidades askenazíes de Europa dieron grandes figuras al judaísmo: rabinos, pensadores, poetas y cabalistas, sin los que no podríamos entender el judaísmo de hoy. Cabe destacar a rabbi Shlomo ben Itzhak, conocido el mundo judío por su acrónimo RaShI. Fue rabino, exegeta, talmudista, poeta, abogado, nacido hacia 1040 en Troyes, Francia, y fallecido el 13 de julio de 1105 en la misma ciudad. Como otros muchos rabinos en la Edad Media, rabbi Shlomo ben Itzhak se ganaba la vida con un oficio que nada tenía que ver con su labor rabínica, era viticultor, lo que no le impidió ser el más importante comentarista de la Biblia hebrea y del Talmud babilónico. Su obra es fundamental para la correcta interpretación tanto de los textos bíblicos como talmúdicos. Nueve siglos después, RaShI sigue siendo el principal referente de la exégesis hebrea. Las principales ediciones de la Biblia y del Talmud, incluidas las más recientes, contienen sus comentarios e interpretaciones. Sin duda alguna, ha sido una de las figuras rabínicas medievales más influyentes de la historia, Traspasa las fronteras del judaísmo, de modo que su comentario bíblico ha inspirado a su vez a otros comentaristas no judíos, así como a importantes traductores, entre los que cabría destacar a Martín Lutero, quien se sirvió de los comentarios de este gran rabino al texto bíblico a la hora de realizar su propia traducción de las Escrituras.

La relativa paz y seguridad de la que disfrutaban los hebreos en Europa se vio quebrantada con el comienzo de las primeras cruzadas. Los israelitas fueron acusados de ser un pueblo deicida, los asesinos de Cristo y los enemigos de la Iglesia. Eran también, según la prédica antisemita de aquel tiempo, el origen de los mayores males que asolaban a la sociedad medieval. A ellos se les achacaba la pobreza y la miseria, productos de la usura del judío avaro. A ellos se les responsabilizaba de la peste negra que arrasaba toda Europa, ya fuera por ser esta un castigo, por permitir a los reinos cristianos vivir en su seno a aquellos que habían asesinado a Jesucristo, ya fuera porque los hebreos mismos envenenaban las aguas de las que bebían los cristianos. Todo esto provocó numerosos pogromos que asolaron las juderías de medio continente. Finalmente, muchos fueron los países que los expulsaron, desde Inglaterra en 1290 hasta España en 1492.

La vida de la comunidad israelita en Europa no fue fácil. En 1267, el Ayuntamiento de Viena los obligó a usar un sombrero distintivo, además de una insignia amarilla. Más adelante, en toda Alemania fueron acusados de cometer crímenes para usar en sus rituales sangre humana, este libelo de sangre provocó la muerte de 68 judíos en Múnich, otros 180 fueron quemados vivos en la sinagoga, después de otra turba en Oberwesel. En 1290, debido a la presión política, el rey inglés Eduardo se expulsó a todos los judíos de Inglaterra. No se les permitió sacar más bienes que los que pudieran llevar consigo. La mayoría fue a Francia, pagando su pasaje-trampa que llevó a muchos a ser asaltados y arrojados por la borda. Más tarde, Felipe IV de Francia ordenó que todos ellos fueran expulsados de su territorio y que sus propiedades fueran subastadas. Unos 125.000 judíos se vieron obligados a marcharse. Similar a las acusaciones hechas durante la Peste Negra. Fueron acusados de alentar a los leprosos a envenenar los pozos cristianos en Francia. Se estima que cinco mil hebreos fueron asesinados antes de que Felipe IV reconociera su inocencia. El papa de origen francés Clemente VI intentó, sin éxito, protegerlos de las falsas acusaciones a las que estos se veían sometidos y de la prédica antisemita de ciertos líderes religiosos. Tal intento fue en vano y más de doscientas comunidades fueron atacadas. La precaria situación de la comunidad en Francia no hizo más que empeorar con el tiempo y diversas ciudades los expulsaron. Finalmente, Carlos IV, en 1394, expulsó a todos, a quienes se les dio un breve plazo para vender sus propiedades y marchar al exilio. No hubo más judíos en Francia hasta el 1700, cuando huyendo de persecuciones en el Este, muchos se asentaron en las regiones de Alsacia y Lorena.

En 1348, cientos fueron quemados y muchos fueron bautizados en masa en Basilea. Los residentes cristianos de la ciudad convirtieron la sinagoga en una iglesia y destruyeron el cementerio israelita. En 1385, el emperador Wenceslao arrestó a quienes vivían en la Liga de Suabia, un grupo de ciudades libres en Alemania, y confiscó sus libros. Más tarde, los expulsó de Estrasburgo tras un debate comunitario. En 1391, Ferrand Martínez, archidiácono de Écija, inició una campaña contra los judíos españoles, matando a más de 10.000 y destruyendo numerosas juderías. La campaña se extendió rápidamente por toda España, excepto Granada, y destruyó comunidades en Valencia y Palma de Mallorca. El rey Pedro I ordenó que no dañaran a los judíos restantes y que las sinagogas no se convirtieran en iglesias. Luego, anunció su cumplimiento de la bula del papa Bonifacio IX, que protegía a los hebreos del bautismo por la fuerza. Extendió Benedicto XIII, que prohibió el estudio del Talmud en cualquier forma, se obligó a las comunidades a escuchar sermones cristianos en sus sinagogas y se restringió al máximo todo tipo de costumbre judía. La situación mejoró algo con el papa Martín V, que restableció parte de sus derechos. Este mismo papa, en 1422, emitió una bula recordando a los cristianos que el cristianismo se derivaba del judaísmo y advirtiendo a los frailes de que no incitaran el odio contra ellos, pero la bula fue retirada el siguiente año.

A pesar de esas dificultades, los judíos continuaron practicando, refinando y evolucionando sus costumbres religiosas y sociales, incluido el desarrollo del idioma *yiddish*, una mezcla de alemán medieval con hebreo, auténtica joya de la cultura askenazi. También desarrollando la vida cultural y económica de aquellas ciudades que les acogían y alguno de ellos llegó incluso a trabajar en la corte Sacro Imperio Romano Germánico.

A finales del siglo xv, la Inquisición se estableció en España y la situación no fue mucho mejor en gran parte de Europa. Afortunadamente, muchos encontraron refugio a comienzos del siglo xvi en la actual Polonia. Es por ello por lo que, a mediados del siglo xvi, la comunidad hebrea de Polonia se había convertido en la más numerosa de Europa. Los reyes ofrecieron seguridad y un marco legislativo que les permitía realizar todo tipo de negocios y poseer explotaciones agrícolas. A cambio, los judíos se convirtieron en algo parecido a una clase media que proporcionaba riqueza y dinamismo a la economía polaca. La comunidad israelita de Polonia alcanzó gran autonomía. Esta tenía la competencia de elegir a sus representantes que ocupaban un lugar en el consejo judío supremo de las Cuatro Tierras (Wielkopolska (Gran Polonia), Małopolska (Pequeña Polonia), Wołyń (Volhynia) y Ruś (Rutenia)). Este consejo se reunía para decidir todos aquellos asuntos que afectaban a la vida comunitaria. Su capacidad de decisión sobre temas tales como la vida religiosa, la ley judía, cuestiones civiles y la educación era muy amplia.

Pero Europa del Este, con la comunidad hebrea polaca a la cabeza, tampoco quedó libre del odio antisemita. En el año 1648 tuvo lugar un cruel ataque liderado por cosacos ortodoxos originarios de Ucrania, alentados a su vez por grupos de católicos fanáticos de Polonia. Durante los comienzos de la segunda mitad del siglo XVII, comunidades enteras fueron arrasadas en Polonia, Lituania, Ucrania y Bielorrusia. A esta destrucción, provocada por estas persecuciones, hay que sumarle la crisis que supuso para las comunidades el movimiento liderado por el falso mesías judío Shabtai Tzvi. La difícil situación que vivián las comunidades de la época era el campo adecuado para el surgimiento de falsos movimientos mesiánicos. En el año 1648, a la edad de 22 años, Shabtai Tzvi se proclamó mesías en la ciudad de Esmirna. Aunque al principio su influencia quedaba reducida a esta ciudad, su fama pronto se extendió por el Imperio otomano y de Europa del Este y muchos fueron le siguieron. Shabtai fue expulsado de la comunidad. En el año 1666, fue encarcelado por las autoridades otomanas. Probablemente para escapar de prisión aceptó convertirse al islam. Su conversión provocó que muchos de sus seguidores abandonaran el judaísmo y que otros quedaran sumergidos en una crisis de identidad que los dejaba en tierra de nadie. El sultán Mehmet IV lo exilió a la pequeña ciudad de Ulcinj, en la actual Montenegro, donde murió en 1676.

La situación de las comunidades judías en la Europa oriental era penosa. Tras tanto dolor y destrucción, la comunidad necesitaba una renovación, nuevas esperanzas. El rabinato se había convertido en una figura fría, alejada de la realidad y de los sentimientos de la gente. Frente a un judaísmo excesivamente centrado en la ley, surgió un movimiento que giraba en torno al corazón y los sentimientos: el hasidismo. *Hesed* en hebreo significa «bondad, amor, misericordia, piedad». El fundador de este movimiento fue el carismático Israel Baal Shem Tov, un rabino que se rebeló contra el academicismo y el legalismo talmúdico de los rabinos de su época y puso el acento en la piedad, en las emociones y en la oración. Predicaba que todos los judíos debían servir a Dios con alegría y que la vivencia de la espiritualidad hebrea no estaba reservada a una élite intelectual, sino que era un regalo dado a todos. Este nuevo mensaje ofrecía una nueva forma de vivir el judaísmo a la gente común, que buscaba acercarse a Dios. El movimiento introdujo un espíritu de frescura y alegría, de fe y renovación en los corazones de incontables personas. Captó la imaginación de la judería polaca y fortaleció su sentimiento religioso. Inicialmente, fue muy perseguido por las autoridades religiosas israelitas de la época; pero con el paso del tiempo se convirtió en una de las ramas más influyentes, origen del judaísmo que hoy conocemos con la etiqueta de «ultraortodoxo».

Cuando las luces de la Ilustración comenzaron a iluminar la Europa de mediados del siglo XVIII, la cultura hebrea había logrado sobrevivir en el viejo continente a las más difíciles circunstancias. Algunos países, como Inglaterra, que habían expulsado a sus judíos en la Edad Media, les volvieron a abrir sus puertas. De Inglaterra a Rusia pasando por Francia, Alemania, Italia, las comunidades habían resistido los avatares de la historia y el golpe del odio antisemita. El mapa de la Europa judía nos presentaba la heterogénea realidad de la población hebrea: las comunidades de las grandes urbes como Fráncfort o Ámsterdam en las que afloraba una incipiente burguesía judía, culta, rica y cosmopolita, y las comunidades más empobrecidas de las zonas rurales donde los hebreos malvivían en la escasez y la precariedad. El Siglo de las Luces y la Revolución francesa revolucionaron no solo a Europa, sino también a sus judíos aunque, como veremos en el siguiente capítulo, no todos los judíos reaccionaron por igual a la nueva era que comenzaba.

LOS JUDÍOS Y LA ILUSTRACIÓN

La Ilustración, periodo también conocido como el Siglo de las Luces, es un movimiento filosófico, literario y cultural que surgió en Europa en el siglo XVIII. Algunos ven el origen de este movimiento en la Revolución Gloriosa de 1688.Sin embargo, para la mayor parte de los historiadores, sería el periodo del reinado de Luis XIV (1643-1715) el que gestaría su nacimiento. La muerte de Luis XIV, en 1715, marca el comienzo oficial del Siglo de las Luces, que culminará con la revolución francesa, con la que comienza su declive. La Ilustración fue un rayo de luz que tenía como objetivo superar el oscurantismo de la sinrazón y promover el conocimiento. La Ilustración incluyó una gama de ideas centradas en la búsqueda de la felicidad, la soberanía de la razón y la evidencia de los sentidos como fuentes primarias de conocimiento, compromiso con la libertad, el progreso, la tolerancia, la fraternidad, el gobierno constitucional y la separación de la Iglesia y el Estado. Los filósofos e intelectuales de la Ilustración promovían la ciencia, el estudio crítico y el intercambio intelectual como un medio para liberarse de la superstición, la intolerancia y el abuso de las instituciones oficiales. El término «Ilustración» abarca una gran diversidad de manifestaciones que tuvieron en común la transformación de la Europa dieciochesca, que fue modelada a través del pensamiento, la literatura, el arte y la política y que cambió el futuro de sus comunidades israelitas.

Creó un marco que favoreció que la comunidad comenzará a liberarse de unas cadenas que la habían aprisionado durante siglos y que, a pesar de los cambios que ya había experimentado la sociedad

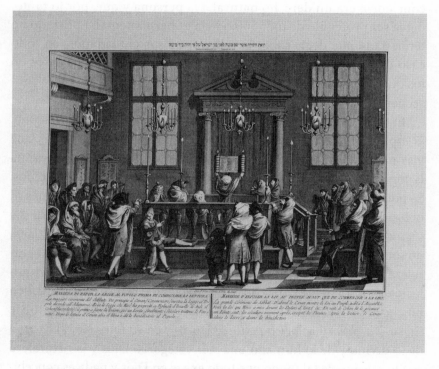

Baratti, Antonio. *Lectura de la Torá en Sinagoga Europea.* Foto: Rebeca García Merino. Museo Sefardí. Ministerio de Cultura y Deporte.

durante el Renacimiento, la encadenaban a una Edad Media de la que parecía imposible salir. Por poner tan solo un ejemplo, los hebreos de Roma vivieron encerrados en el gueto creado por el papa Pablo IV desde 1555 hasta 1870, fecha en la que se une al nuevo Reino de Italia y comenzaron a ser tratados como cualquier otro ciudadano italiano. A muchos esta fecha les puede parecer lejana, pero en el reloj de la historia 1870 es «ayer». Tres fueron los aspectos de la Ilustración que cambiaron la vida de los judíos europeos: la separación de la Iglesia y del Estado, una nueva forma de entender la religión y el concepto ilustrado de ciudadanía.

La idea de separación entre la Iglesia y el Estado se atribuye al filósofo inglés John Locke (1632-1704). De acuerdo con su teoría del contrato social, argumentaba que el gobierno carecía de autoridad en el ámbito de la conciencia individual, ya que esto era un aspecto de la vida del individuo racional que no podía ser cedido a gobierno alguno para que él u otros lo controlaran. Locke defendió en su celebrada obra *Carta de la tolerancia* que la libertad de conciencia era un derecho natural a la persona y que, por lo tanto, debía ser protegido de toda injerencia gubernamental. El Estado no tenía nada que decir sobre la religión de sus ciudadanos, en todo caso debía respetar la libertad religiosa salvo en aquellos casos en los que se pudiera alterar la paz y la seguridad pública o tener consecuencias antisociales.

El Siglo de las Luces trajo una renovación en lo que a la religión, la espiritualidad y el estudio de los textos sagrados se refiere. Una visión más abierta, racional y pluralista de Dios. El deísmo representa la formulación religiosa más extendida entre los autores ilustrados. Se podría definir como la creencia en un dios racional sin dogmas ni obligaciones, que no encarcela en la irracionalidad del dogma a sus seguidores, sino que lo libera. Dios, razón y naturaleza son una triada, no son elementos opuestos ni enfrentados, sino que a partir de la naturaleza y a través del razonamiento, el hombre puede llegar al arquitecto de todo lo que existe: Dios. Los teólogos de la Ilustración le deben mucho al pensador de origen judío-sefardí Baruj Spinoza (1632-1677). En su *Tractatus theologico-politicus* (1670) y en su *Ética* (1677) hace ya de lo divino y de lo humano una sola categoría. Dios y la naturaleza son lo mismo, de tal modo que todo existe en Dios y nada es concebible fuera de él; todo es Dios y Dios es todo. Esta nueva visión favoreció una mayor tolerancia religiosa que enfatizaba la libertad individual de conciencia y la libertad religiosa, libertades que serían plasmadas en las constituciones políticas modernas. La Ilustración quería romper así con siglos de conflictos religiosos, algunos de ellos aún muy cercanos en el tiempo como la guerra de los Treinta Años. Los teólogos de la Ilustración querían poner la mirada en la raíz de la fe, en la profundidad de un mensaje que nada tenía que ver con el conflicto y la violencia con la esperanza de evitar que la controversia religiosa se extendiera a la política y fuera origen de conflictos, luchas y guerras. Lo importante era mantener una verdadera fe en Dios, y esta no se podía imponer ni con la opresión ni con las armas.

Hay un pensador que encarna en su persona la filosofía y la teología de la época, así como el impacto que este periodo tuvo en la comunidad hebrea en Europa. Moses Mendelssohn (1729-1786) es el mejor ejemplo de intelectual y teólogo judío ilustrado. Su vida, pensamiento y obra reflejan la tensión que el judaísmo vivió entre el conservadurismo y la renovación. Moses Mendelssohn nació en Dessau (Alemania) en una familia tradicional del gueto. Su padre era un *sofer*, un artesano escriba que mantenía la milenaria tradición de escribir a mano los rollos de la Torá usados en las sinagogas. Mendelssohn recibió una profunda educación judía completa de mano de importantes maestros como David Frankel, el rabino de Dessau, uno de los más importantes intelectuales del momento. Cuando Frankel fue nombrado rabino jefe de Berlín, Moses, que entonces tenía catorce años, lo siguió a pie para continuar su educación. Una vez en la capital prusiana, aprovechó al máximo sus cualidades intelectuales, así como la oportunidad de estudiar con los pocos judíos «ilustrados» de la ciudad, adquiriendo una base sólida en Filosofía, Lengua y Literatura griega y alemana.

El Berlín de finales del siglo XVIII no era un lugar fácil para los judíos. La emancipación y la igualdad de derechos estaban a décadas de distancia y solo a ciertos comerciantes y banqueros hebreos influyentes se les permitía residir en la capital prusiana. La mayoría de los cristianos los veía como seres extraños y primitivos. Incluso en el mundo de la cultura y el conocimiento, los israelitas que habían logrado adquirir una buena educación fuera del ámbito de lo religioso se consideraban excepciones a la regla. Mendelssohn resultó ser excepcional y logro superar esas dificultades y destacar entre los intelectuales de aquel tiempo. A los veinte años, se hizo amigo del conocido escritor Gotthold Ephraim Lessing quien, reconociendo su asombroso potencial intelectual, lo animó a publicar sus primeros libros y artículos. Los lectores no judíos, impresionados por la erudición y claridad de sus escritos, comenzaron a referirse a Mendelssohn como «el Sócrates judío».

Al principio, su trabajo se concentró en la filosofía y en la literatura alemana. En *Fedón o sobre la inmortalidad del alma*, su obra filosófica más importante, ofrece argumentos a favor de la existencia de Dios y la inmortalidad del alma, pero lo hace más bien en términos filosóficos occidentales, no desde el punto de vista del pensamiento judío. Sin embargo, progresivamente comenzó a publicar una serie de escritos de temática hebrea en un intento por superar la brecha entre el pensamiento hebreo y las ideas filosóficas contemporáneas.

Comienza distinguiendo entre religión y legislación reveladas. El judaísmo, a diferencia de una religión revelada como el cristianismo, comprende solo legislación revelada, leyes que gobiernan el comportamiento, y como tal está libre de dogmas o creencias obligatorias. Mendelssohn cree que Dios nos ha proporcionado los medios para comprender las verdades filosóficas y científicas a través de nuestros poderes innatos de razón y observación.

Todos los seres humanos, no solo los judíos, pueden captar estas verdades sin recurrir a un texto sagrado (la excepción a esta regla son las verdades históricas, que solo pueden ser comunicadas por un testigo confiable; de ahí el enfoque de la Torá en la narrativa histórica). La necesidad de un dogma revelado sugiere que la razón humana innata podría ser incapaz de captar estas verdades y arroja dudas sobre la perfección de la creación y, por lo tanto, sobre la omnipotencia de Dios. La Torá reveló unas leyes, unas normas con las que regir nuestra conducta, y no un conjunto de dogmas. No impone creencias, sino un modo de vida. Por esta razón, exige nuestra acción y no nuestra fe: *na'ase venishmá*[6], «haremos y comprenderemos».

El argumento de Mendelssohn avanza en dos direcciones simultáneamente. Por un lado, aboga por la liberalización del judaísmo,

---

6   Éxodo 24:7. Según el relato bíblico, los israelitas respondieron a la entrega de la Torá con estas palabras: «Haremos y escucharemos/comprenderemos», afirmación que pone de relieve el valor que en el judaísmo tiene frente a la creencia.

basándolo en el racionalismo universal y pidiendo la abolición de la autoridad coercitiva de la religión. Por otro, pide a los judíos de buena conciencia que se mantengan observantes y fieles a la tradición. Su visión no fue de fácil aceptación para una comunidad que parecía polarizarse. Por un lado, los *maskilim*, aquellos ilustrados que en pleno proceso de modernización, veían a la *halajá*, la tradicional ley de Moisés, como un elemento propio del pasado y de la más oscura medievalidad. Por otro lado, los ortodoxos más observantes no podían renunciar a la coacción religiosa como medio para imponer la ley rabínica y la tradición. El filósofo se vio atrapado en el dilema experimentado posteriormente por todo pensador que haya intentado sintetizar el judaísmo y el liberalismo. Si bien, la apologética racionalista es esencial para que la teología hebrea sea relevante, el argumento racionalista implica en última instancia que la tradición se ajuste a una nueva fuente de autoridad: la razón. Esto allana el camino para un proceso de selección en el que aquellos aspectos de la tradición mosaica que no tienen sentido en términos modernos, simplemente, acaben por dejarse de lado. El intento de Mendelssohn, y otros pensadores hebreos de su tiempo, por aunar fe y razón en torno al judaísmo no era algo nuevo, ya en su época Maimónides trabajó por armonizar la fe judía y el pensamiento aristotélico. Finalmente, podríamos decir que durante siglos, intentaron guiarse por fe y razón, pero que siempre llegaba el punto en el que uno tenía que elegir entre aceptar o rechazar el misterio de la vida, el misterio de la fe y, en ese momento, la razón resultaba insuficiente.

Las ideas de la Ilustración traspasaron los muros de los salones ilustrados y fueron más allá de la dialéctica. Transformarían Occidente y cambiarían la vida de sus ciudadanos para siempre. Fue precisamente con respecto a la idea de ciudadanía que la vida de los judíos europeos comenzó a cambiar. El hebreo, ese eterno «otro», súbdito sumiso a un poder que lo discriminada y a una mayoría que lo aborrecía, pasó a ser ciudadano. Por citar tan solo unos ejemplos: en 1790, el presidente George Washington declaró que los judíos en Estados Unidos debían compartir en igualdad de condiciones los mismos derechos que el resto de los estadounidenses, incluido el derecho a practicar su religión en libertad. El 28 de septiembre de 1791, la Francia revolucionaria se convirtió en el segundo país de Europa, después de Polonia 500 años antes, en emancipar a su población judía. Los 40.000 que vivían en Francia en ese momento fueron los primeros en enfrentarse a las oportunidades y desafíos que ofrecía la emancipación. La igualdad cívica que alcanzaron se convirtió en un modelo para otros europeos. A partir de entonces se empezaron a ofrecer nuevas oportunidades al pueblo de Israel, que poco a poco avanzó hacia la igualdad en otras partes del mundo. En 1796 y 1834, los Países Bajos concedieron igualdad de derechos. Napoleón liberó del gueto a los judíos que residían en aquellos territorios conquistados fuera de Francia. Grecia otorgó los mismos derechos a los judíos en 1830. Pero no fue hasta las revoluciones de mediados del siglo xix que los movimientos políticos judíos lograrían persuadir a gobiernos de Gran Bretaña, Europa central y oriental para que los concedieran los mismos derechos que al resto.

La emancipación fue el proceso por el cual se eliminó progresivamente en Europa la discriminación del Estado hacia los judíos. Este proceso incluyó los esfuerzos dentro de la comunidad para integrarse en sus sociedades como ciudadanos. La era de la Ilustración incluyó cambios políticos y legales que hicieron que las naciones derogaran o sustituyeran leyes discriminatorias anteriores aplicadas específicamente. Antes de la emancipación, la mayoría vivía separados del resto de la sociedad en guetos. La emancipación fue un objetivo importante de los judíos europeos de esa época, que trabajaron tanto a nivel comunitario como político para lograr su integración en la sociedad. Este activismo llevó a muchos judíos a implicarse en la vida política y cultural de la sociedad civil europea. Muchos fueron los logros, sin embargo, siglos de antisemitismo no podían desaparecer de la noche a la mañana. Los pogromos siguieron destruyendo comunidades en toda Europa, especialmente en Europa del Este y Rusia. Muchos judíos entonces pusieron sus esperanzas en el continente americano, adonde marcharon con la ilusión de comenzar una nueva vida. Otros intelectuales hebreos, inspirados por los movimientos nacionalistas europeos del siglo xix, entendieron que el «judío» solo se liberaría del yugo del antisemitismo si, al igual que el resto de las naciones, él era dueño de su propio destino en su propia tierra, la tierra de Israel, y es así como nació el sionismo.

DE LA EMANCIPACIÓN A LA TRAGEDIA

Las ideas de la Ilustración y las revoluciones políticas e intelectuales de finales del siglo XVIII transformaron profundamente la sociedad, la política y la cultura europea. Estos cambios tuvieron un enorme impacto en la realidad de las comunidades judías de Europa, pues dejaron de ser súbditos y adquirieron la ciudadanía, hecho que les abrió la puerta a vivir integrados como un ciudadano más en libertad y en igualdad con respecto al resto de sus conciudadanos. Fueron liberados del gueto medieval al que la sociedad, la Iglesia y el poder les había sometido durante siglos. El judío abandonó la Edad Media y se subió al tren de la modernidad. Intelectuales como Espinoza y Mendelssohn asentaron las bases del pensamiento judío contemporáneo al entender que podían mantenerse fieles a sus raíces y, al mismo tiempo, cuestionar la fe, el monoteísmo, la revelación y el concepto su pueblo. El marco legal que durante siglos había regulado las relaciones entre judíos y cristianos en Europa cambió e hizo que su lugar en la sociedad cambiara radicalmente. Los cambios políticos,

Vostell, Wolfrang. Shoah (Gran Desgracia) 1492-1945 (1997).
Donación de Dª Mercedes Guardado Olivenza (viuda del artista).
Museo Sefardí. Ministerio de Cultura y Deporte.

legislativos y sociales abrieron al judaísmo a un nuevo mundo en el que le era posible mantener la fidelidad a sus tradiciones ancestrales y, al mismo tiempo, entrar en plenitud en la modernidad.

Sin embargo, la emancipación de los judíos no se dio por igual en toda Europa, fue un proceso desigual en todo el continente. Bien entrado el siglo XIX seguía habiendo algunos estados que negaban la igualdad de derechos cívicos y culturales. Entre ellos cabe destacar el caso de los Estados Pontificios. Ya en vísperas de la revolución francesa, el papa Pío VI había comenzado su pontificado con un decreto, el *Editto sopra gli ebrei*, en 1775, que humillada a los judíos residentes y mantenía la violencia antisemita, fomentaba el bautismo forzado y el confinamiento de niños. No será hasta que el avance de los ejércitos de liberación italianos haga caer los muros del gueto de Roma, en 1870, cuando la persecución y la discriminación antisemita tendrá su fin en los antiguos territorios del papado.

La vida de los hebreos mejoró notablemente en Europa a lo largo del siglo XIX. A pesar de las restricciones que aún persistían en muchos ámbitos de la sociedad, comenzaron a tener protagonismo en la vida académica de las universidades, en la vida cultural, en el arte, en la música y en el pensamiento político. Muchos comerciantes lograron desarrollar sus comercios y crear grandes fortunas. El éxito social y económico de algunos facilitó su plena integración y el nacimiento de una burguesía israelita que dinamizaba la vida cultural y económica de la Europa del siglo XIX. A pesar de, la sombra del antisemitismo medieval no dejó de extender sus brazos por toda Europa. Los prejuicios antisemitas no cesaban de discriminarlos en numerosas instituciones como el ejército. Es esta la época del caso Dreyfus que conmocionó a toda Francia y a parte de Europa. El capitán Alfred Dreyfus es un fiel ejemplo del judío emancipado que vive como un ciudadano más, que llega incluso a ser oficial del ejército y vive perfectamente integrado, hasta que el viejo antisemitismo histórico vuelve a mostrar sus garras. Fue injustamente acusado en 1894 de espiar para el ejército alemán. Las pruebas en las que se basó la acusación y la condena fueron falsificadas. Cuando se fueron conociendo los entresijos de la conspiración que implicaba a altos mandos del ejército y el contraespionaje franceses, la Justicia Militar se negó a rectificar y a declarar la inocencia del acusado. Durante doce años, de 1894 a 1906, el caso conmocionó a la sociedad francesa, marcando un hito en la historia del antisemitismo. La revelación del escándalo en el célebre artículo de Émile Zola «J'accuse...!» (Yo acuso), publicado en 1898, hizo tambalear los cimientos de la República al no solo no denunciar la injusticia del caso, sino también el antisemitismo aún presente en las instituciones del país.

El viejo antisemitismo nunca abandonó Europa. Las masas populares seguían siendo aún enardecidas por predicadores, políticos y publicaciones populistas que caricaturizaban al judío para después hacerle culpable de los mayores males de la sociedad. El odio antisemita no solo ponía en peligro los avances conseguidos por las ideas ilustradas, sino la vida misma de la comunidad hebrea. El *pogrom*, la persecución irracional contra el judío, no desapareció de suelo europeo, sino que incluso en algunos territorios llegó a ser de una crueldad inhumana.

El término *pogrom* tiene su origen en la lengua rusa que significa «destruir o demoler violentamente». Este término se utilizó por primera vez con motivo de la violencia antisemita en las calles de las juderías del Imperio ruso entre los años 1881 y 1884. Los *pogroms* continuaron a lo largo de comienzos del siglo XX y también inmediatamente después de la Segunda Guerra Mundial en el este de Europa, en Alemania y en otros lugares. El término *pogrom* se generalizó ya a comienzos del siglo XX en la lengua inglesa para designar una forma colectiva social de violencia dirigida contra los judíos. Más tarde, se ha utilizado también para hacer referencia a la similar violencia que han sufrido otras minorías étnicas. La mayor parte de estos *pogroms* tuvieron lugar en territorios del Imperio ruso entre el año 1791 y 1835; en esta época, el gobierno prohibió a sus nuevos súbditos judíos establecerse fuera de determinados territorios, en áreas que hoy día incluirían partes de la actual Lituania, Bielorrusia, Ucrania, Moldavia y Polonia. El ataque contra la comunidad judía de Odessa en 1821 está considerado como uno de los mayores *pogroms* junto también a los incidentes que tuvieron lugar en 1881 en Elizavrtgrad (Kropyvnytskyi en la actualidad), en la actual Ucrania. La violencia se extendió por numerosas regiones de Europa del Este y Rusia. Importantes comunidades como Kiev y Odessa fueron atacadas en numerosas ocasiones destruyendo comercios, hogares y todo tipo de propiedades. Muchas mujeres y niñas, fueron violadas y muchos individuos asesinados o heridos de gravedad. La inseguridad que estas revueltas antisemitas creó animó a las comunidades a organizar sus propios grupos de autodefensa, como por ejemplo el creado por los estudiantes judíos de la Universidad de Novorossiysk en Odessa.

Los historiadores difieren en su opinión con respecto a la implicación en los mismos del gobierno ruso. Algunos aseguran que gran parte de esta violencia antisemita estaba orquestada desde el gobierno y otros no ven esta implicación, aunque, en todo caso, la opinión general es que la respuesta que las autoridades dieron a esta violencia fue a menudo escasa y tardía. En algunos casos, solo reaccionaron días después cuando los daños eran irreparables.

El antisemitismo, que nunca había dejado la vieja Europa, a pesar de todos los avances sociales y políticos del último siglo, la violencia contra todo lo judío, unidos a la pobreza, hicieron que mirasen hacia América y viesen en el «Nuevo Mundo» una oportunidad para comenzar una nueva vida. Durante los años de la persecución zarista, así como tras el ascenso de Hitler al poder, muchos se refugiaron en países de América como Argentina o Brasil. Del mismo modo, los Estados Unidos vieron aumentar considerablemente su población judía. Estos llegaban como refugiados, prácticamente sin nada, y trabajaron muy duro para sacar a sus familias a adelante. En muchos casos, tuvieron que hacer frente a leyes racistas que limitaban su participación plena en la sociedad. En Estados Unidos, por ejemplo, durante la primera mitad del siglo xx, fueron discriminados en el empleo, en el acceso a áreas residenciales y turísticas, en la membresía en clubes y organizaciones. Existían cuotas que limitaban su inscripción a determinados puestos de enseñanza en colegios y universidades. En muchos restaurantes, hoteles y otros establecimientos se prohibía su entrada. Estos arduos comienzos no fueron impedimento para que, una vez superadas estas dificultades, la comunidad israelita de América diera lo mejor de sí misma a la sociedad que les había acogido. Los judíos fundaron hospitales, centros de investigación, instituciones académicas y educativas, lideraron el desarrollo del cine, el arte, la cultura y el mundo del comercio y finanzas. La comunidad de América, y la de Estados Unidos en particular, se desarrolló de tal modo que se convirtió en un foco de inspiración para el resto del mundo hebreo, una comunidad que no deja de aportar hoy dinamismo a la cultura y a la espiritualidad. El número de judíos en el continente americano supera los siete millones, cifra que hace que América represente cerca de la mitad de su población mundial.

Pero no solo a América fueron aquellos que huían del hambre y la persecución. Muchos, animados por los ideales sionistas, decidieron marchar hacia Palestina donde, poco a poco, iban llegando de toda Europa, y a partir de pequeños poblados agrícolas comenzaron a asentar las bases del futuro Estado de Israel. Europa estaba fracasando en su intento por integrar a esta milenaria comunidad. Sin embargo, lo peor estaba aún por llegar. En el año 1933, Hitler accedió al poder y el destino de millones de personas estaba a punto de cambiar para siempre.

El antisemitismo jugó un papel importante en el pensamiento de Adolf Hitler y en la ideología nazi. A las ideas antisemitas heredadas del más puro pensamiento medieval, hay que sumarle la enorme influencia de dos políticos austriacos en el pensamiento de Hitler. El primero, Georg Ritter von Schönerer (1842-1921) fue un líder nacionalista alemán. Creía que las regiones de habla alemana de Austria-Hungría debían agregarse a Alemania creando así un gran Imperio germano. También defendía que los judíos nunca podrían ser ciudadanos alemanes de pleno derecho. Del segundo político, el alcalde vienés Karl Lueger (1844-1910), Hitler aprendió cómo usar el antisemitismo y las promesas de reformas sociales de modo populista para así llegar al poder. En *Mein Kampf,* Hitler elogió a Lueger como «el mayor alcalde alemán de todos los tiempos». Cuando Hitler llegó al poder puso en práctica muchas de sus ideas.

Después de que los nazis tomaran el poder, comenzaron a implementar sus políticas, que incluían la formación de una *Volksgemeinschaft,* una comunidad popular basada en la raza sobre la que se construía la identidad alemana. Hitler declaró un boicot nacional a las empresas judías el 1 de abril de 1933 y la Ley para la Restauración del Servicio Civil Profesional, aprobada el 7 de abril, excluyó a los llamados no arios del ejercicio de profesiones jurídicas y del servicio civil. Los libros considerados no alemanes, incluidos los de autores judíos, fueron destruidos en una quema a nivel nacional el 10 de mayo. Los ciudadanos israelitas fueron acosados y sometidos a ataques violentos. Fueron activamente reprimidos, despojados de su ciudadanía y derechos civiles y, finalmente, mediante las leyes racistas de Núremberg de 1935, completamente eliminados de la sociedad alemana. Tanto odio y propaganda antisemita animó a las masas populares a atacar todo tipo de negocios y edificios comunitarios hebreos. El culmen de estas revueltas violentas tuvo lugar la noche del 9 al 10 de noviembre en la *Kristallnacht*, la Noche de los Cristales Rotos. Durante toda una noche y en todo el Reich, fueron destruidos comercios, hogares, sinagogas y escuelas. Las pilas de libros judíos ardiendo se amontonaban por las principales plazas. Más de noventa judíos fueron asesinados y unos treinta mil arrestados, para después ser deportados. Ante tanto dolor, Europa guardaba silencio e incluso en muchos casos impidió que refugiados judíos encontrasen asilo en otros países.

El 1 de septiembre de 1939, Alemania invadió Polonia comenzando así la Segunda Guerra Mundial y la persecución de la comunidad judía polaca, la más numerosa de toda Europa. Tras la invasión, fueron obligados a vivir en barrios cerrados, los guetos. A partir del 26 de octubre de 1939, se impuso a toda la población hebrea de Polonia un sistema de trabajos forzados, que pronto se vio diezmada a causa de la alta mortandad provocada por la desnutrición, las epidemias —especialmente el tifus, la tuberculosis, la gripe— y el cansancio resultante de la carga de trabajo desmesurada en condiciones infrahumanas impuesta por las autoridades alemanas. Por ejemplo, el gueto de Łódź, que originalmente tenía doscientos mil habitantes, perdió a más de cuarenta y cinco mil habitantes como consecuencia de las durísimas condiciones de vida infringidas por los nazis ocupantes.

Durante 1943, por orden de Himmler, los guetos se reorganizaron gradualmente en campos de concentración. A partir de ese momento, ya no fue la administración civil la encargada de su gestión, sino las SS. En Ostland, las matanzas continuaron hasta el casi total exterminio de sus judíos. A partir de diciembre de 1941, los supervivientes de los guetos fueron deportados a los campos de exterminio. Los primeros fueron los hebreos de Wartheland, enviados a Chełmno. En marzo de 1942, los de Lublin fueron enviados a Bełżec. A partir de julio, el gueto de Varsovia comenzó también a ser vaciado.

La eliminación física se extendió durante el otoño de 1941 a los judíos alemanes y, luego, a los de toda la Europa ocupada. Se trata de un paso decisivo que cambió para siempre la historia de la humanidad, del «no puedes vivir con nosotros si no cambias» se pasó en los siglos xiv y xv al «ya no puedes vivir con nosotros»; en el siglo xx, el siglo de los grandes avances científicos, en la sociedad más desarrollada de Europa, se pasó al «ya no puedes vivir»: el genocidio sistemático a nivel industrial de todos los judíos de Europa.

El genocidio organizado con toda precisión y usando la infraestructura y organización propias de un sistema industrial estuvo presente casi desde los comienzos en la organización nazi, sin embargo, hay un punto de inflexión que marcaría el principio del fin de muchas juderías europeas. Se trataba de la implantación de fábricas de la muerte, que formarán parte de lo que los nazis de modo eufemístico llamaron «la Solución Final». La reunión en la que se diseñó el sistema de exterminio de Europa y en la que se adoptó «la Solución Final» tuvo lugar el 20 de enero de 1942 a las afueras de Berlín en un palacete situado en la lujosa zona residencial de Wannsee. La reunión fue organizada por Reinhard Heydrich, segundo en el mando después del jefe de las SS, Heinrich Himmler. Celebró la reunión con el fin de debatir «la Solución Final al problema judío en Europa» con dirigentes del gobierno clave que no pertenecían a las SS, entre quienes estaban los secretarios del Ministerio de Asuntos Exteriores y Justicia, cuya cooperación era necesaria para la deportación y el asesinato masivo de todos los judíos de Europa. Uno de los propósitos principales de esta conferencia era que todo el cuerpo de la administración alemana se implicase en la tarea «administrativa» y «logística» necesaria para tal exterminio. Es en esta reunión en la que se decidió implicar a la Deutsche Reichsbahn, la empresa estatal de ferrocarriles, y usar los campos de concentración levantados en el este de Europa como piezas de un sistema industrial destinado al asesinato y a la desaparición de la judería europea. Las actas de la conferencia, redactadas por Eichmann, no dejan lugar a dudas sobre el plan criminal de exterminio sistemático. Más de once millones de judíos de toda Europa, entre los que había que incluir a los de Francia, Reino Unido, Suiza y Portugal, debían ser arrestados y «evacuados» hacia el Este donde encontrarían la muerte.

A más de seis millones de hombres, mujeres, niños, ancianos se les robó su humanidad por el mero hecho de ser judíos. Una vez deshumanizados, fueron transportados en trenes de ganado y, finalmente, exterminados en las fábricas de la muerte. Miles de comunidades que durante siglos habían iluminado al mundo con su conocimiento y creatividad fueron borradas del mapa. El régimen nazi casi logró «extirpar» de Europa una comunidad cuya lenguas y tradiciones formaban parte de su paisaje, enriqueciendo así la cultura de nuestro viejo continente. En el caso de Europa Central y Europa del Este hablamos del *yiddish*, una mezcla interesantísima de alemán antiguo con hebreo, la lengua de los askenazíes. En este idioma se estudiaba en las *yeshivot*[7] y se escribían piezas de teatro y todo tipo de publicaciones. En el caso de los sefardíes, dispersos por toda Europa, y especialmente asentados en los Balcanes, Grecia y otros territorios del antiguo Imperio Otomano, hablamos del judeoespañol. La lengua judeoespañola era el resultado de haber mantenido el castellano antiguo y haberlo mezclado con hebreo, italiano, árabe, turco... Los sefardíes publicaron obras religiosas y profanas en judeoespañol en ciudades como Salónica se imprimían a diario periódicos en esta bellísima lengua. También mantuvieron viejos romances castellanos al mismo tiempo que desarrollaban un riquísimo repertorio musical sefardí. Toda esta riqueza cultural fue prácticamente borrada a causa del odio nazi.

Los judíos no hablamos de holocausto, sino de Shoá. Un holocausto es una ofrenda-sacrificio, como aquellos que se celebraban en el antiguo Templo de Jerusalén. Nosotros no fuimos una ofrenda a ningún Dios, ¿qué Dios querría algo así, y qué clase de creyente ofrecería muerte y destrucción? Usamos el término *Shoá*, «catástrofe» en castellano. Es la palabra que todos deberíamos utilizar, pues realmente el exterminio nazi fue una catástrofe que causó una pérdida irreparable para el pueblo de Israel, y para la humanidad. Algunos han querido ver en la creación del Estado moderno de Israel una suerte de compensación a los judíos por tanta destrucción. Una destrucción de la que, por otro lado, el régimen nazi fue culpable, pero el resto de Europa fue responsable: responsable por haber sembrado durante siglos un odio que finalmente cosechó el exterminio; responsable por haber mirado hacia otro lado y no haber actuado, o haberlo hecho demasiado tarde. El Estado de Israel no se fundó gracias a la Shoá, sino a pesar de la Shoá. A pesar de haber perdido en torno a un tercio de su pueblo, el pueblo hebreo resurgió como ave fénix y hoy día sigue dando lo mejor de sí al resto de la humanidad... Por algo, más del 20 % de los premios Nobel pertenecen a uno de los pueblos más pequeños de la historia. Un pequeño gran pueblo, el pueblo de Israel.

---

7   Escuelas religiosas judías.

EL SIONISMO Y EL RENACIMIENTO DE ISRAEL

Durante siglos, el pueblo de Israel nunca perdió su vínculo afectivo y espiritual con la tierra de sus ancestros. Allá donde estuvieran, dirigían sus oraciones hacia Jerusalén y en los momentos cumbre de la liturgia hebrea se introdujeron oraciones pidiendo por el retorno de los exiliados a Tierra Santa. Un ejemplo de ello es la siguiente bendición que forma parte de la *Amidá*, pieza fundamental de la liturgia *sinagogal*, una oración que los judíos hacen al menos tres veces al día, de pie y mirando hacia Jerusalén:

> «Vuélvete con misericordia hacia tu ciudad Jerusalén,
> Y que tu presencia habite en ella.
> Reconstrúyela tal y como anunciaste,
> Entonces será llamada ciudad de la justicia, ciudad de la fe.
> Ayúdanos a establecer en ella un lugar de oración para todos los pueblos.
> Bendito eres tú, Dios, que construyes Jerusalén».

El sionismo como movimiento político nace en el siglo XIX, sin embargo, desde siglos antes ya existía un «sionismo espiritual»

Sello Independencia Israel (1948). Foto: Rebeca García Merino.
Museo Sefardí. Ministerio de Cultura y Deporte.

que veía en Israel un lugar que favorecía el crecimiento espiritual y donde lo celestial y lo mundano se abrazaban. Jerusalén no era tan solo la ciudad soñada, sino el símbolo de la futura redención del pueblo judío. Es por ello por lo que siempre existió comunidad judía en Israel, aunque esta fuera en ocasiones pequeña, frágil y empobrecida. Nunca cesó el flujo de peregrinos que desde lejos venían a visitar la tierra de sus antepasados o incluso se establecían en ella con la esperanza de favorecer así la llegada del tan esperado Mesías. El famoso poeta judeo-andalusí Yehuda Halevi expresaba ya en el siglo XII su profundo amor por esta tierra y la nostalgia fruto del exilio espiritual que suponía estar lejos del hogar espiritual del judaísmo.

> «Mi corazón está en Oriente y yo, en los confines de Occidente.
> ¿Cómo voy a encontrar gusto en los manjares y disfrutarlos?
> ¿Cómo voy a cumplir mis votos y promesas, si sigue Sion
> bajo el poder cristiano y yo sometido a los árabes?
> ¡Qué fácil sería para mí abandonar todo el bien de Sefarad!
> ¡Qué maravilloso contemplar las ruinas del Santuario destruido!».

Este bellísimo poema de uno de los más grandes poetas hispano-hebreos de la historia es un fiel testimonio del valor que Jerusalén y la tierra de Israel ha tenido para el pueblo hebreo durante todos estos siglos de dispersión. Un valor que va más allá de lo puramente emocional y que trasciende toda ideología política. Jerusalén es la casa del Templo, morada divina, y el mero hecho de contemplar sus muros resquebrajados es fuente de consuelo ante tanta destrucción y esperanza de un mundo mejor. Cada vez que a lo largo de la historia los judíos han experimentado la persecución y la destrucción, han mirado con fe hacia Israel. Ocurrió así cuando a finales del siglo XV fueron expulsaros de la Península Ibérica, muchos rabinos y estudiantes cabalistas vieron en Safed, un pequeño pueblo del norte de la Galilea, el enclave perfecto donde estudiar, rezar y esperar con optimismo la llegada de tiempos mejores. Estos estudiosos de la Kabalah llevaron todo el saber de Sefarad hasta la Galilea y desde allí se convirtieron en un foco de inspiración espiritual sin el cual no podríamos entender el misticismo judío.

Siempre existió un inquebrantable vínculo histórico, afectivo y espiritual con Sion. Los profundos cambios sociales del siglo XIX, la emancipación de los judíos, el surgimiento de movimientos nacionalistas y la violencia antisemita hicieron que, en su amor por Sion, un grupo de intelectuales dieran un paso más. Así surgió el sionismo, un movimiento religioso y político que animó a miles de personas de todo el mundo a regresar a la tierra de sus ancestros en el Medio Oriente con el objetivo de convertir Israel en un espacio donde pudiera florecer como cultura, como tradición espiritual y como nación. Israel se convierte, por lo tanto, en el centro de la identidad judía, elemento catalizador de todo el universo de la Diáspora. El nombre proviene de la palabra «Sion», una de las colinas de Jerusalén. Unos piensan que sobre ella David construyó su ciudad y otros, que es el lugar sobre el que se estableció el Templo. En la actualidad, se llama monte Sion a la colina más occidental de la ciudad vieja. En cualquier caso, viene a ser un modo más de referirse a Jerusalén, la ciudad que acogía el Templo en el que residía la presencia divina, ciudad desde la que se iniciará la redención del pueblo hebreo en los tiempos mesiánicos. A pesar de este valor espiritual, debemos aclarar que el sionismo moderno es fundamentalmente un movimiento político que defiende el derecho histórico del pueblo hebreo a ser el dueño de su futuro en libertad y en su propia tierra, la tierra de Israel.

El sionismo moderno fue establecido oficialmente en 1897 como organización política por Theodor Herzl, periodista judío y activista político austriaco. Según Herzl, los judíos no llegarían jamás a sobrevivir sin tener una nación propia. Para llegar a esta conclusión jugó un importante papel el asunto Dreyfus, que hemos expuesto anteriormente. El hecho de que un judío, militar de alta graduación, totalmente integrado y asimilado en la sociedad francesa, hubiera sido víctima de tal persecución antisemita no fue más que la prueba irrefutable del fracaso de Europa para acoger a sus judíos. Es por ello que en su obra, *Der Judenstaat* (*El Estado judío*), defendía el derecho del pueblo a dirigir su propio destino en su propia patria, cuya localización no podía estar en otro lugar más que la antigua Israel y Judea, región que a finales del siglo XIX se situaba en la Palestina otomana. En 1897, Herzl organizó el Primer Congreso Sionista, que se reunió en Basilea, Suiza. También fundó la Organización Sionista Mundial de la cual llegó a ser su presidente. Aunque murió en 1904, años antes de que Israel fuera oficialmente declarado Estado por las Naciones Unidas, popularmente es reconocido como uno de los padres del Israel moderno.

Podría decirse que el proyecto de Herzl y los primeros sionistas era lo más parecido a un sueño utópico. En los albores del sionismo, la futura Israel no era más que un pequeño territorio de la inmensa Palestina histórica controlada por el Imperio Otomano. Durante generaciones, el poder turco fue tolerante con respecto a todos aquellos judíos que querían establecerse en Palestina. Pero esta actitud comenzó a cambiar a partir del año 1856, cuando Turquía comenzó a preocuparse por posibles injerencias de potencias extranjeras en sus territorios. Por esta razón, todos aquellos judíos extranjeros que se establecían en Palestina debían renunciar a su nacionalidad de origen y adoptar la nacionalidad otomana. Cuando Herzl se presentó en Constantinopla a comienzos del siglo XIX, no se imaginaba la oposición que iba a encontrar por parte del gobierno. El sultán Abdul Hamid II no podía tolerar una posible intromisión germana a través de una futura inmigración hebrea originaria de los territorios del káiser Guillermo II, quien había prometido a Herzl su amparo y protección. Turquía era un elemento clave en el nacimiento de un futuro Estado Hebreo, y es por ello que Estambul fue la primera ciudad del mundo islámico en contar con una oficina de la Organización Sionista, abierta por Victor Jacobson en 1908.

A pesar de todas estas dificultades, ya desde el siglo XIX muchos hebreos de Europa, animados por los ideales sionistas decidieron establecerse en Palestina. Estas primeras oleadas de inmigrantes fueron fundamentales para asentar las bases para el establecimiento del Estado de Israel. A la inmigración a tierras de Israel se le conoce con el nombre de *aliá* (*alyot* en plural), que significa «ascenso». La persona que decide ir a vivir a Israel no es un simple inmigrante, sino alguien que asciende espiritualmente a Sion, Jerusalén.

La primera *aliá* consistió en individuos y pequeños grupos, principalmente animados por Hibbat Zion y el movimiento Bilu. Estos fundaron los primeros asentamientos rurales conocidos como *moshavot* (*moshavá* en singular). Estos primeros llegados procedían en su inmensa mayoría de Europa del Este y huían de la persecución con la esperanza de comenzar una nueva vida en Palestina. Durante este periodo hubo dos grandes oleadas, una entre 1882 y 1884 y otra entre 1890 y 1891. Se calcula que unos veinticinco mil pioneros se establecieron durante esta primera *aliá*.

También comenzaron a crearse los primeros asentamientos urbanos, especialmente junto a Jaffa, donde tres mil recién llegados construyeron un hogar que más tarde se convertiría en la cosmopolita Tel Aviv. El hebreo comenzó a ser un idioma cada vez más hablado gracias a los esfuerzos de Eliezer Ben Yehuda, el padre del hebreo moderno. Se fundaron las primeras escuelas primarias hebreas, aunque la cultura francesa, promovida por la Alliance Israelite Universelle y la administración Rothschild seguía estando muy extendida.

El flujo de recién llegados no cesaba, por lo general los inmigrantes que se establecían en Palestina trabajaban como jornaleros en las pequeñas aldeas agrarias o como obreros en las ciudades. Muchos de estos recién llegados de clase obrera trajeron consigo ideales socialistas. Estos establecieron los primeros partidos políticos judíos, como el marxista *Po'alei Zion*, bajo el liderazgo de Ber Borochov, y el anarquista *Ha'Poel HaZair*, influenciado por la filosofía de A. D. Gordon. Estos pioneros fundaron los primeros *kibutzim*, una pequeña aldea agrícola que, a diferencia de las *moshavot*, se regía bajo una organización colectiva cooperativista de carácter socialista. En 1909, sentaron las bases de la primera ciudad judía: Tel Aviv. Los jóvenes pioneros también participaron activamente en el comienzo de la autodefensa judía creando grupos paramilitares armados como la asociación de vigilantes *HaShomer*. Introdujeron el hebreo en todas las esferas de la vida y sentaron las bases para una nueva prensa y literatura hebreas.

Se calcula que en torno a cuarenta mil judíos emigraron a Palestina antes del estallido de la Primera Guerra Mundial. Al finalizar esta, el movimiento migratorio continuó, llegando a ser especialmente intenso durante la quinta *aliá* (1929-1939), que atrajo a más de doscientos cincuenta mil judíos y transformó la realidad de la nueva Israel. La quinta *aliá* había comenzado con un pequeño goteo en 1929, pero en 1933, cuando Hitler subió al poder en Alemania, el goteo se convirtió en una llegada masiva de refugiados huyendo de nazismo. En el periodo entre 1933-36, más de ciento sesenta y cuatro mil ingresaron al país legalmente, mientras que otros tantos miles de refugiados llegaron como inmigrantes «ilegales».

Los alemanes y austriacos, más de una cuarta parte del total de los recién llegados, realizaron una contribución importante al progreso del *yishuv* (el establecimiento de asentamientos hebreos en

Palestina). Constituyeron la primera afluencia a gran escala procedente de Europa occidental y central. La mayor parte de los llegados de Alemania y Austria se establecieron en las ciudades y pueblos y sus habilidades y experiencia elevaron los estándares comerciales y mejoraron las comodidades de las ciudades. Estos jugaron un rol fundamental en la industrialización del futuro Estado de Israel. La población hebrea en Palestina rondaba el medio millón al estallar la Segunda Guerra Mundial.

El esfuerzo, la pasión y la creatividad de los pioneros hicieron de la árida Palestina un vergel donde junto a los frutos de la tierra florecían la poesía, la literatura, la música, el arte del nuevo Israel. Pero el valiente trabajo de estos soñadores hubiera sido en vano sin una ardua lucha en el campo de la Diplomacia Internacional. Palestina formó parte del Imperio Otomano hasta el final de la Primera Guerra Mundial. Después, pasó a estar controlada por el Reino Unido bajo el conocido Mandato Británico de Palestina, una administración territorial encomendada por la Sociedad de Naciones que estuvo en vigor desde 1922 a 1948. Una vez finalizado el dominio turco, el esfuerzo de la Organización Sionista se centró en negociar con Gran Bretaña. Las negociaciones se habían intensificado durante la Gran Guerra ante la posibilidad de que el Imperio Británico se convirtiera en pieza fundamental en el devenir de Oriente Medio. Fruto de esta labor diplomática fue la Declaración Balfour. Publicada el 2 de noviembre de 1917, fue una manifestación formal pública del gobierno británico durante la Primera Guerra Mundial para anunciar su apoyo al establecimiento de un «hogar nacional» para el pueblo judío en la región de Palestina. El apoyo británico al establecimiento de un futuro Estado judío fue duramente contestado por líderes árabes, entre los que cabe destacar Amin Al-Husayni. Estos animaron a la población árabe a atacar los asentamientos hebreos. Amin Al-Husayni llegó a establecer una alianza con Hitler, a quien le prometió el apoyo árabe a cambio de frenar la creciente influencia judía en Palestina. En respuesta a estos ataques se creó un grupo armado, la Haganá, que es el origen del actual ejército israelí. Las dificultades eran inmensas y el posible futuro de un Estado hebreo se hacía cada vez más incierto. A la oposición árabe se le sumó el paso atrás dado por el Reino Unido en los años 20 al limitar la inmigración a la Palestina británica.

La Shoá, el exterminio masivo de seis millones de judíos, pudo haber sido la puntilla final del proyecto sionista. La pérdida que supuso el holocausto para el pueblo judío se levantaba como una losa sobre el naciente Estado de Israel. No olvidemos que el sionismo en sus comienzos había sido un movimiento liderado fundamentalmente por europeos, y una parte importante había sido pasto de las llamas de los hornos crematorios, y los que habían sobrevivido bastante tenían con superar la tragedia. A pesar de tantas piedras en el camino, el proyecto continuó su marcha. En el año 1947, las Naciones Unidas aprobaron un plan de partición que repartía el territorio en dos Estados, uno árabe y otro hebreo, dejando a Jerusalén bajo la administración internacional. Este plan fue rechazado de pleno por los árabes. El 14 de mayo de 1948, un día antes de la retirada británica de Palestina, se proclamó la creación del Estado que se llamaría Estado de Israel. El 15 de mayo del mismo año, cinco ejércitos regulares de los países árabes vecinos (Transjordania, Egipto, Siria, Líbano e Irak) invadieron al recién creado Estado de Israel para destruirlo, iniciándose de esta manera la guerra árabe-israelí de 1948. Sin embargo, después de varias batallas y dos treguas, fueron derrotados por las fuerzas israelíes.

Un horrible conflicto dictamina la vida de millones de personas en Oriente Medio desde el año 1948. Probablemente, es el conflicto político, diplomático, militar y social más complejo de la historia reciente de la humanidad. Si no fuera tan complejo, no habría perdurado durante más de 70 años. Desde luego es algo que va más allá de una lucha entre «buenos» y «malos». La sociedad israelí es una sociedad plural y diversa que hace justicia al proverbio hebreo: «Donde hay dos judíos, hay tres opiniones». El Israel moderno es una democracia consolidada con numerosos errores, al igual que sus hermanas, las democracias occidentales. Una sociedad culta, dinámica y creativa en la que las más importantes universidades y los más brillantes científicos hacen, gracias a sus aportaciones, que este mundo sea mejor. Una sociedad compleja e imperfecta pero que quiere vivir en paz con sus vecinos y ser una nación más entre el resto de las demás naciones de nuestro planeta.

Creencias y valores

DIOS EN EL JUDAÍSMO

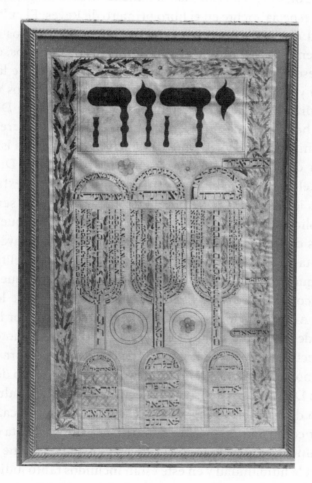

Amuleto. Museo Sefardí. Ministerio de Cultura y Deporte.

El judaísmo está considerado como el origen del monoteísmo, es decir, la creencia en un solo Dios creador de todo el universo. Es el monoteísmo uno de los mayores legados que ha aportado el judaísmo a la humanidad. Sin embargo, el monoteísmo hebreo no está libre de ambigüedad. Los estudiosos han debatido extensamente hasta qué punto el judaísmo bíblico era monoteísta.

El libro del Éxodo exhorta a los israelitas a adorar a un solo Dios, el Dios libertador de la opresión del faraón de Egipto. A lo largo de los textos bíblicos aparecen referencias a divinidades propias de otros pueblos, de todas ellas destaca Baal. Baal aparece unas noventa veces en la Biblia hebrea en referencia a varias deidades. Los sacerdotes del Baal cananeo son mencionados un gran número de veces, especialmente en el libro primero de Reyes. El culto a esta divinidad de origen semítico cananeo era común en los pueblos situados en Asia Menor y su área de influencia: babilonios, caldeos, cartagineses, fenicios, filisteos y sidonios. Era el dios de la lluvia, el trueno y la fertilidad. En el texto bíblico coexisten dos visiones de lo divino, creando así tensión en torno a la idea de Dios. Por un lado, hay una visión universal de Dios: Dios único creador de todo el universo, que lo es tanto de israelitas como de no israelitas. Pero, por otro lado, existe una visión particularista: el Dios de la Biblia es el Dios de Israel. Hay otros dioses, los dioses extranjeros a quienes los israelitas tienen prohibido adorar. En este sentido, el texto bíblico sigue una cierta teología politeísta en la que existen múltiples divinidades nacionales, cada pueblo con la suya propia. Desde esta visión de lo divino, la obligación de los israelitas no es afirmar que exista un solo Dios, sino aceptar fielmente que Adonai es el único Dios de Israel y rechazar las divinidades de los otros pueblos. Ambas nociones existen en el texto bíblico. Por lo tanto, cuando decimos que el judaísmo es una religión monoteísta no quiere decir que niegue la existencia de otros dioses u otras divinidades, sino que su espiritualidad se funda sobre el hecho de adorar a un solo Dios, el Dios de Israel. La lectura que tradicionalmente se ha hecho de las Escrituras, así como la literatura rabínica, ha acabado por confirmar una visión monoteísta y universalista de Dios: Dios es uno, Creador de todo el universo. Este Dios tiene un plan para toda la humanidad y en este están incluidos tanto judíos como no judíos.

Pero ¿cómo es el Dios de los hebreos, a qué o quién se le «parece»?

A partir de una lectura literal de la Torá y de otros libros de la Tanaj (la Biblia judía), uno ciertamente podría sacar la conclusión de que Dios tiene un cuerpo y se comporta como un ser humano, a pesar de todas las pruebas en contra. Pero estas son meras metáforas. El Midrash nos dice (Sifre 112) que «la Torá habla el idioma del hombre». Es decir, las Escrituras no pueden describir lo divino más que usando un lenguaje simbólico que permita al ser humano acercarse a un fenómeno que va más allá de su realidad tangible.

No debería sorprendernos que la Torá use metáforas, el ser humano las necesita para comprender la complejidad del universo, luego cuanto más para referirse a una realidad intangible como la divinidad. Decimos «el sol salió» y «el sol se puso» aunque somos muy conscientes de que el «amanecer» y el «atardecer» son, en realidad, una ilusión causada por la rotación de la Tierra. También decimos a la persona amada: «Por ti iría a la luna» aunque sabemos que, al menos por ahora, tal cosa nos es imposible. Sin las metáforas estaríamos «atados de pies y manos» a la hora de describir la grandiosidad de la experiencia humana. De manera similar, expresiones como «Dios descendió», «Dios habló» e incluso «Dios se enojó» son meras metáforas que nos permiten expresar conceptos imposibles de definir en términos técnicamente precisos. Dios no puede descender simplemente porque no está en un lugar preciso, sino que como la tradición rabínica nos enseña Él es el lugar, *makom*, por excelencia. Todo lugar está repleto de Su presencia. Tampoco puede enojarse, pues es perfecto. El enojo es sentimiento propio del hombre, no de Dios. Las alegorías sobre lo divino hacen posible un imposible: facilitar la «comprensión» de lo infinito.

Esta es la gran dificultad a la hora de hablar de Dios. Dios es infinito y nosotros somos finitos. Recuerdo que en la escuela rabínica tenía un profesor que decía que no hay mayor farsante que un teólogo. Perdón a mis amigos los teólogos, mi profesor no tenía nada en contra de ellos. Simplemente, esta era su manera de decir que en realidad nadie puede atribuirse el conocimiento de lo divino. Esto no quiere decir que no podamos vivir, experimentar, lo divino en nuestras vidas.

Maimónides, el gran rabino y filosofó cordobés, dedicó parte de su obra a tratar la problemática de la definición de Dios. El corazón de la *Guía de perplejos* está dedicado a exponer la concepción maimonediana de Dios. Maimónides se pregunta, «¿qué queremos decir al recitar cada día en el *Shemá*: «Escucha, Israel, el Señor es tu Dios, el Señor es Uno»? ¿Qué significa tal declaración?» Para muchos filósofos judíos, entre los que destaca Maimónides, esta es la cuestión central de su filosofía. El sabio cordobés sostiene que Dios es una unidad perfecta, que no admite pluralidad alguna. Dios no tiene partes, ni literal ni figurativamente, ni brazos ni piernas, ni espalda ni frente, ni final ni principio. Uno de los nombres alternativos de Dios en el discurso mosaico es *Ein Sof*, literalmente «sin fin», nombre que hace alusión a su carácter no corpóreo e infinito.

Eso también significa que, en términos aristotélicos, no se puede decir realmente «Dios es...» y a continuación enumerar los atributos físicos de Dios. Describir al Eterno en tal oración es admitir una división entre sujeto y predicado, en otras palabras, una pluralidad. Maimónides escribe en el capítulo 50 de la *Guía*: «Aquellos que creen que Dios es Uno y que Él tiene muchos atributos, declaran la unidad con sus labios y asumen la pluralidad en sus pensamientos». Por lo tanto, concluye, no se puede hablar de Dios en términos de atributos positivos. La concepción que Maimónides tiene de Dios suele denominarse «teología negativa». Es decir, usa la vía negativa para describir lo divino. En lugar de describir lo que Dios es, es preferible describir lo que Dios no es. Dios no es corpóreo, no ocupa espacio, no experimenta generación ni corrupción (en el sentido aristotélico de nacimiento, decadencia y muerte). Maimónides escribe: «Todo lo que podemos llegar a entender es el hecho de que Dios existe y que es un ser al que ninguna de las criaturas sobre la faz de la tierra se le parece, no tiene nada en común con ellas; Dios no puede dividirse ni es plural y nunca es demasiado débil como para no ser capaz de crear otros seres. Su relación con el universo es como la de un timonel a un barco; incluso esto no es totalmente cierto, sino tan solo un símil que sirve para transmitirnos la idea de que Dios gobierna el universo y que es quien le da duración y conserva su disposición necesaria».

Maimónides también aborda el problema de los antropomorfismos tan presentes en el texto bíblico. ¿Qué debemos entender cuando aparecen términos tales como «la vara del Señor» o «la mano de Dios»? Hay miles de pasajes en los que aparecen similares referencias tanto en la Torá como en el Talmud. Incluso en la liturgia diaria de la sinagoga se presenta a Dios como un rey. ¿Es Dios acaso un rey como lo son los otros reyes de la tierra, acaso tiene cetro, trono, corona como los reyes de Francia? La respuesta de Maimónides es que estos son pasajes alegóricos, diseñados para facilitar la transición del pueblo judío de la idolatría al monoteísmo. Incluso la famosa descripción de la creación del hombre *B'tselem Elohim* (a imagen de Dios) tiene un significado metafórico. Dios nos creó con libre albedrío, somos seres libres y se nos concede la capacidad de razonar en libertad. Cada uno de nosotros somos seres únicos que actuamos conforme a su voluntad. La expresión del Génesis «creados a imagen de Dios» no se refiere a que Dios tenga imagen y la nuestra se haya creado a su semejanza. La Torá describe a Dios usando términos que todos podamos entender. La Torá usa el lenguaje del ser humano para transmitir su mensaje, es por ello que presenta a lo divino con características humanas, para que así seamos capaces de concebir su ser incorpóreo. Vemos las cosas a través del filtro de nuestras propias experiencias y, por tanto, relacionamos el existir con tener un cuerpo. Cuando pensamos en Dios, es natural imaginarlo en términos fácilmente comprensibles. Lo más fácil es «hacerlo nuestro» atribuyéndole características propias de un ser humano perfecto, pero que nunca será el *Ein Sof*, el Dios infinito.

Es muy difícil poder desarrollar una vida de profunda espiritualidad a partir de la abstracción. Cada hombre, cada mujer, a lo largo de la historia de la religión, ha acabado por crear en sí una imagen de lo divino a partir de virtudes tradicionalmente atribuidas a Dios. Es imposible relacionarnos con un Dios infinito, sin embargo, sí podemos conectar con las diversas formas en las que el *Ein Sof* se manifiesta en nuestra realidad de cada día. La forma en la que el judaísmo ha logrado finalmente relacionarse con este Dios sempiterno es a través de la tradición de los múltiples nombres de Dios, nombres que en la Biblia llegan a ser 70 diferentes y que las tradiciones rabínica y mística ampliarán hasta los 90. Pero ni siquiera estos son sus verdaderos nombres. Dios no puede tener un nombre al uso, tal y como tenemos los humanos, porque si pudiéramos denominarle, sería un ser finito y limitado como nosotros. Dios no tiene nombre pero, sin embargo, es el origen y sostén de todo nombre, el nombre por excelencia, por ello muchos devotos le llaman *ha-Shem*, que significa «el nombre».

¿Qué papel desempeñan entonces los nombres de Dios, si en realidad ningún nombre puede contener su esencia? Los nombres son atributos que el creyente tradicionalmente ha consignado a Dios. Una especie de larga enumeración de cualidades positivas que, sin embargo, va más allá de ser una mera lista de piropos populares. La palabra, y por consecuencia los nombres, tiene una enorme importancia en el judaísmo. Los sabios hebreos afirman, inspirados por el relato del Génesis, que el mundo fue creado por la Palabra, pues tiene el poder de crear, también el poder de destruir. Es por ello por lo que siempre debemos tener atención al uso que hacemos de nuestro discurso y la Torá prohíbe en los Diez Mandamientos (Éxodo 20:7) que usemos en vano el nombre de Dios. En el pensamiento hebreo, un nombre no es simplemente una designación arbitraria, una combinación aleatoria de sonidos. El nombre transmite la naturaleza y esencia de la cosa nombrada. Representa la historia y la reputación del ser nombrado.

El primer nombre de Dios en la Biblia es *Elohim*, que deriva de *El*, que también es usado en la Biblia hebrea para referirse a Dios. La palabra *El* es de origen protosemítico y en antiguo Oriente Medio se usaba para designar múltiples divinidades.

Es interesante que la Torá usara este nombre de origen no hebreo para denominar al Dios creador del universo. Es más, la palabra *Elohim* es la forma plural de «El», su traducción literal sería «dioses», algo que podría resultar chocante para el lector. ¿Cómo es posible que los «fundadores» del monoteísmo se refirieran a Dios en una forma plural? Es *Elohim* quien creó los cielos y la tierra en el Génesis 1:1. Su forma plural bien podría haber sido un instrumento para integrar en la psique israelita el complejo panorama de divinidades en el Oriente Medio antiguo, al mismo tiempo que se afirmaba que solo el Dios creador del Génesis es uno y único y, que el resto de las divinidades, no son más que «semidioses» irrelevantes. *Elohim* es «Dios el Creador», el Dios único soberano de todo lo existente... también, soberano de los dioses de los cananeos vecinos de los israelitas. Si bien este nombre aparece especialmente al comienzo de la Torá, sesenta y seis veces, es uno de los más usados en el *Tanaj*, donde lo encontramos más de dos mil veces.

Hemos hecho hincapié en la dificultad de definir a una entidad incorpórea que en nada se parece a cualquier realidad que podamos conocer. Dios es infinito y precisamente este es uno de sus nombres, el *Ein Sof*, el Sin Fin, el Infinito. Es uno de los nombres preferidos por los cabalistas. Para ellos, el *Ein Sof* es el Todo Supremo, no siendo, en el sentido estricto de la palabra un «ser», ya que, siendo autocontenido y autosuficiente, no puede ser limitado por la propia existencia. Del *Ein Sof* emanan las *sefirot* para formar el árbol de la vida, que es una representación abstracta de la naturaleza divina. El Infinito, el Todo Supremo es un principio que permanece no manifestado y es incomprensible a la inteligencia humana.

Otro de los nombres más populares es Shadai, acrónimo de *shomer dalatot Israel*, el guardián de las puertas de Israel. Según el Éxodo 6 2:3, Shadai es el nombre con el que Abraham, Isaac y Jacob conocían a Dios. Este nombre presenta a Dios como aquel que protege los hogares de Israel.

En el Génesis 14:18-20, Dios aparece como *El-Elyon*, que podríamos traducir como «Dios Altísimo», el Dios cuyo sacerdote era Melquisedec, rey de Salem. La forma vuelve a aparecer casi de inmediato en el versículo 22, utilizada por Abraham en un juramento al rey de Sodoma.

Shalom no es tan solo un saludo hebreo para decir hola y adiós, *shalom* significa «paz» y es una de las formas más bellas posibles de referirse a Dios. El Talmud dice que el nombre de Dios es «paz» (Shabat 10b). El nombre Shlomo, Salomón en español, significa «su paz». Debido a que el nombre de Dios es santo, muchos judíos tienen la costumbre de evitar saludar con la palabra *shalom* en lugares impíos como el cuarto de baño.

La *Shejiná* es la presencia o manifestación de Dios que ha descendido para «habitar» entre la humanidad. El término nunca aparece en la Biblia hebrea, pero los rabinos posteriores usaron la palabra cuando hablaron de la presencia de Dios en el Tabernáculo o entre el pueblo de Israel. De los principales nombres de Dios, es el único que es de género femenino en la gramática hebrea. Muchos sostienen que la *Shejiná* se refiere al aspecto femenino de Dios.

Adonai Tzevaot. Los nombres Adonai y *Elohim* ocurren frecuentemente con la palabra *tzevaot* o *sabaoth*, «huestes» o «ejércitos», adjunta. Este nombre se transcribe tradicionalmente en latín como *sabaoth*, una forma que se usó en la versión de la Biblia del rey Jacobo. Con mayor frecuencia hoy en día, se traduce como «Dios/ Señor de los ejércitos». Este nombre divino compuesto aparece principalmente en la literatura profética y no aparece en absoluto en el Pentateuco, Josué o Jueces.

Makom, el Midrash (Bereshit Rabá 68:5) nos explica el origen de esta palabra para referirse a Dios: «Dios es el lugar del mundo y el mundo no es Su lugar». Dios no se encuentra en ningún lugar en particular, sino que es inmanente en todos los lugares porque Él es el *makom*, el lugar por excelencia.

Ehyeh-Asher-Ehyeh, «yo soy el que soy», es la única respuesta que Dios da a Moisés en el Éxodo 3:14 cuando este le preguntó por su nombre. Es uno de los versículos más famosos de la Biblia hebrea. *Ehyeh asher ehyeh* generalmente se traduce como «yo seré el que seré», o «yo soy el que soy». El Tetragrámaton en sí se deriva de la misma raíz verbal. El nombre *Ehyeh* denota la potencia de Dios en el futuro inmediato y tradicionalmente se considera parte de YHWH, es decir, del Tetragrámaton, el nombre por excelencia.

De todos los nombres de Dios es quizás el Tetragrámaton el más importante, no porque los otros no lo sean, sino porque este último es capaz de transmitir un profundo mensaje sobre la realidad divina. Es por ello por lo que la literatura rabínica llama al Tetragrámaton *HaShem* (El Nombre) o *Shem Hameforash* (El Nombre Especial). Esta son las formas, junto con Adonai, más frecuentes de leer el Tetragrámaton compuesto por las letras hebreas yud-hey-vav-hey (יהוה). Digo las más frecuentes porque realmente no está claro cuál era la pronunciación original de la palabra. Debido a la antigua prohibición judía de pronunciar el nombre de Dios en voz alta para así evitar usar en vano el nombre sagrado, su correcta pronunciación fue guardada como un preciado secreto. Algunos lo pronuncian como *Yahvé*, o *Jehová*, especialmente en círculos cristianos. Es la fórmula más usada en las escrituras para referirse a Dios apareciendo un total de 5.410 veces, 1.419 de ellas en la Torá.

Las cuatro letras del Tetragrámaton tienen su origen en la raíz hebrea ה - י - ה, «ser». Se trata de la combinación de las letras del verbo ser en su forma pasada, presente y futura. Esto nos dice mucho de la concepción de Dios en el judaísmo. Dios no es algo que podamos encerrar dentro del significado de un nombre o sustantivo. Dios no es una realidad que podamos definir con una larga lista de adjetivos. Dios es un verbo, el verbo por excelencia: «El Ser supremo», aquel que sustenta toda existencia porque fue, es y será. La Fuente Eterna de todo el universo: el Eterno.

LA REVELACIÓN: DEL SINAÍ A NUESTROS DÍAS

La posición tradicional rabínica sobre la Revelación es que Dios le reveló la Torá a Moisés en el monte Sinaí. «*VeZot haTorah*: "esta es la Torá" que Moisés presentó al pueblo de Israel; de la boca de Dios por la mano de Moisés». Estas frases, combinadas de Deuteronomio 4:44 y Números 9:23, forman parte de la liturgia de la lectura pública de la Torá en todas las sinagogas del mundo. Para enfatizar tan importante declaración de fe, estos versos suelen ser cantados por la

Jean, Bárbara. *Shema*. Foto: Rebeca García Merino.
Museo Sefardí. Ministerio de Cultura y Deporte.

congregación cada vez que se alza el rollo de la Torá ante la atenta y piadosa mirada de los asistentes. En este solemne momento del oficio, muchos señalan al *séfer* Torá desde la distancia de su asiento con su dedo meñique y los *tzitzit* de su *tallit*[8]. Es un modo de decir: «Es cierto que este rollo es una copia escrita por un ser humano, por un *sofer*, escriba, pero cada palabra, cada letra, escrita sobre este pergamino es idéntica a las dictadas por Dios a Moisés».

Junto con la Torá escrita está la Torá oral. Según la tradición hebrea, la Torá oral se transmitió en una cadena ininterrumpida de generación en generación, desde el mismo momento de la Revelación en el Sinaí hasta que finalmente su contenido comenzó a plasmarse por escrito al comienzo de la era rabínica, tras la destrucción del Segundo Templo en el año 70 e. c., cuando la civilización judía se enfrentó a su gran amenaza existencial. En esta época en la que el judaísmo corría el riesgo de ser engullido por Roma, los grandes sabios del momento tomaron la decisión de conservar por escrito lo que hasta entonces había sido una tradición oral. Los principales repositorios de la Torá oral son la *Mishná*, compilada entre el 200 y el 220 e. c., por el rabino Yehudah HaNasí, y la *Guemará*, una serie de comentarios y debates sobre la *Mishná*. El conjunto de *Mishná* y *Guemará* dio origen al Talmud.

En el mundo ortodoxo tradicional, la Torá revelada a Moisés es eterna. La Revelación de la Torá se cerró en el Sinaí y no hay lugar para cambiar o agregar nada. Todo el pueblo judío, incluso las generaciones futuras, estaban presentes en ese momento y es por lo que incluso hoy los judíos están atados por los eventos del Sinaí. La vigencia del momento revelador del Sinaí no reside en el hecho de tener lugar hoy, aquí y ahora, sino en nuestra participación espiritual en un evento que tuvo lugar hace 3000 años. Un ejemplo de este pensamiento tradicional, que nos convierte a nosotros en testigos presenciales de los momentos fundadores del pueblo de Israel y su espiritualidad se puede encontrar en la Hagadá de Pésaj:

---

8   El *tallit* es una especie de manto que se usa en los oficios de la sinagoga. Las cuatro esquinas del *tallit* tienen unas franjas de hilos a su vez anudadas, los *tzitzit*, que simbolizan la unión de cada judío con los preceptos de la Torá. El origen de esta prenda ritual está en los libros de Números y Deuteronomio, en los que se ordena a los israelitas atar a sus vestiduras este tipo de borlas-franjas de hilos con la finalidad de recordar su deber de guardar los mandamientos.

«En cada generación, uno debe verse a sí mismo como si hubiera salido personalmente de Egipto, como dice la Biblia: "Y le explicarás a tu hijo ese día: 'Es por esto que el Señor actuó en mi nombre cuando me liberó de Egipto' (Éxodo 13:8). Porque no fueron solo nuestros antepasados a quienes el Santo, Alabado sea, redimió, sino que nos redimió junto con ellos, como está dicho: 'Él nos liberó de allí para llevarnos y darnos la tierra que Él prometió a nuestros antepasados'"» (Deut. 6:23).

Esta es la visión de la Revelación divina que durante siglos ha mantenido el judaísmo tradicional. Sin embargo, esta visión comenzó a ser cuestionada por posturas más racionalistas como la del gran filósofo de origen sefardí Baruj Spinoza, quien negó el carácter divino de la Torá y la autoría, al menos parcial, de Moisés. Desde Spinoza, los intelectuales judíos no han cesado de ofrecernos todo tipo de interpretaciones sobre el origen de los textos sagrados. Este fenómeno será de especial relevancia a partir del siglo xix con el nacimiento del criticismo bíblico alemán. Después de Nietzsche, el pensamiento filosófico estará marcado por una sensación de pérdida, la muerte de Dios. Lamentamos la muerte de Dios. Aunque quizás lo que podríamos decir es que lo que realmente muere es la tradicional idea de Dios, un viejo modelo de divinidad. Una antigua concepción de Dios. Un Dios que habita a una distancia absoluta del hombre, en un profundo silencio. La idea de la indignidad del hombre de la experiencia divina. La humanidad, en su humildad, encuentra absurdo suponer que el espíritu infinito debe descender para estar en comunión con la mente finita del hombre. Quizás la muerte de este viejo modelo sea una buena noticia. Esta puede ser una oportunidad para reflexionar sobre un nuevo concepto de lo divino. Esta puede ser una oportunidad, como dice Martin Buber, para romper ídolos, para considerar una nueva forma de relacionarnos con Dios, y encontrarlo en las cosas ordinarias, en nuestras relaciones humanas cotidianas.

Algunos pensadores creen que el judaísmo rabínico tradicional nos ha cerrado la posibilidad de tener una relación cercana e íntima con la Torá y con Dios. Petrificando nuestra relación con Dios, han hecho de Dios un ídolo. Dios y la Torá no pueden ser un objeto de simple estudio y veneración, sino una experiencia viva, en nuestra responsabilidad por el otro. Durante muchas generaciones nos hemos escondido en la Ley. Hemos pensado que ser justo es guardar la Ley y nos hemos olvidado de nuestra responsabilidad para con los demás. Nos escondemos de Dios como lo hizo Adán. Cuando Dios pregunta al ser humano: «¿Dónde estás?», este se esconde para no rendir cuentas, para escapar de la responsabilidad de su forma de vivir. El hombre no puede escapar a los ojos de Dios, pero al tratar de esconderse de Él, se esconde de sí mismo. Por tanto, diríamos que una forma de encontrarnos con Dios es encontrándonos a nosotros mismos y a nosotros mismos en el otro. Nosotros podemos ser un camino hacia la Torá y la Revelación.

Solo hacer de la experiencia del Sinaí una experiencia viva hoy nos hará sentir parte de la Revelación y, por lo tanto, encontraremos una conexión con *halajá*, la Ley mosaica. El problema es que el judaísmo rabínico tradicional ha encarcelado a la Revelación en el pasado. La casta rabínica para preservar su autoridad monopolizó la Ley y, aunque afirmaban hacerlo en nombre de Dios, los rabinos alejaron la Ley de Dios, convirtiéndola en una teología absolutista. El peligro de esto es que una vez dada la Torá a los hombres, la Ley puede operar como un sistema cerrado que se perpetúa a sí mismo en el que Dios es funcionalmente irrelevante. La única manera de que la Torá y la Revelación sigan siendo relevantes para los hombres y mujeres de hoy es que puedan revivir la experiencia que nuestros antepasados vivieron en el Sinaí hace 3.000 años.

Es necesario volver a lo que los filósofos judíos alemanes llaman *gebot*, «acción», la noción primordial de mandamiento. El mandamiento es imperativo, relacional, precodificado. Se requiere algo de nosotros. Son nuestras acciones las que hacen del Sinaí una realidad viva aquí y ahora en nuestra vida diaria.

Franz Rosenzweig[9] señala que la Ley, *Gesetz*, debe volver a convertirse en un mandato *gebot* que busca transformarse en acción en el mismo momento en que se recibe. Lo que cuenta aquí es nuestra capacidad de actuar, nuestros actos. Las palabras de Moisés: «El Señor no hizo este pacto con nuestros padres, sino con nosotros, que

---

9   Franz Rosenzweig, filósofo y teólogo judío de origen alemán, 1886-1929.

estamos todos aquí vivos hoy» (Deuteronomio 5:3) han caído en el olvido según Rosenzweig.

Para Rosenzweig, encontramos la Revelación a través de nuestros actos en la vida diaria. La Revelación tiene lugar cuando la Ley se convierte en acción-mandamiento. No debe haber ninguna diferencia entre Ley y *minhag* (costumbre local), de esta manera nuestra vida será coherente.

Buber no cree que la Revelación sea en sí una formulación de la Ley. Solo a través del hombre, en su autocontradicción, la Revelación se convierte en la Ley. Para él, el judío perfecto no es el «hombre halájico», es decir, el que cumple con fidelidad la Ley, sino el que practica una búsqueda constante del corazón. La Biblia nos hace preguntas y estas llegan al corazón del hombre. Estas preguntas están diseñadas para despertarlo y destruir su sistema de escondites en el que huye de su responsabilidad por hacer de este un mundo mejor. Es mostrar lo que ha pasado y despertar en él la gran voluntad de salir de él. Todo depende de si el hombre se enfrenta a la cuestión. No debemos dejar de hacernos preguntas. Necesitamos interiorizar la Ley, hacerla nuestra, ya que la Revelación está dirigida a cada uno de nosotros. La Ley tiene que ser algo que nos hable, Buber no consideró las *mitzvot* una expresión de la voluntad de Dios. No reconoce la trascendencia divina. Su realidad judía era una realidad humana primordial. Fue lo sociológico y ético, y no la *halajá*, lo que llamaba la atención de Buber.

Nuestro enfoque de la *halajá*, de la Ley, está necesariamente influenciado por nuestra comprensión de la Revelación. La Revelación trata tradicionalmente de cómo Dios se revela a la humanidad. Pero ¿entiende el pensamiento hebreo moderno la Revelación de una manera tradicional? ¿Creemos que es un fenómeno que tiene lugar en una sola dirección, es decir, un mensaje de Dios a la humanidad en el que nuestra voz no tiene relevancia alguna? ¿Podemos tener un papel activo en esta comunicación Dios-ser humano o somos meros receptores de la Revelación de Dios?

La Revelación en el pensamiento existencialista no se trata tanto de las palabras de Dios, sino de la respuesta de la humanidad. Es hora de que cada mujer, cada hombre, encuentre su lugar en la Revelación. Dios debe estar ausente y presente al mismo tiempo. Necesita dejar espacio para la libertad humana. La ausencia es un atributo de la naturaleza divina: «Así es Dios, un Dios que se esconde» (Isaías 45:15). No se trata de un yugo que nos obligue a obedecer, sino de asumir plena responsabilidad moral y *halájica* hacia los demás.

Para Buber[10], la Torá no revela a Dios, sino que revela al hombre a sí mismo. La Revelación ocurre en nuestra relación con los demás, en el encuentro con el prójimo. Lo que se nos revela no es la esencia de Dios, ya que es independiente de nuestra existencia, sino su relación con nosotros y nuestra relación con Él. No conocemos otra Revelación que la del encuentro de lo divino y lo humano en el que lo humano participa activamente. No hay nada más que la certeza que compartimos en la Revelación. Cada uno de nosotros es parte de la Torá y la Revelación. Cada uno de nosotros tiene una porción y por eso necesitamos encontrar en los demás esa parte que nos falta. Mientras que la ortodoxia ve a la Torá como la palabra de Dios para la humanidad, Buber consideró el texto como un mensaje que involucra al escuchante y al lector, exigiendo su respuesta y un cambio de actitud. Casi cualquier parte de la Biblia puede interpretarse como un diálogo entre Dios y la humanidad. El lector se ve atraído hacia la Relación que recoge el texto y el misterio detrás de él. La verdadera religiosidad es una relación Yo-Tú. Una de las principales afirmaciones de su pensamiento es que la vida humana encuentra su significado en las relaciones interpersonales. En opinión de Buber, todas nuestras relaciones nos llevan en última instancia a una relación con Dios, que es el Eterno Tú. Esta relación implica una postura definida hacia el mundo, porque la relación Yo-Tú culmina con el amor y el amor es una acción mundana. El camino que conduce al Dios verdadero debe dar la vuelta al mundo entero a través de los demás.

La idea de acción ética preside la noción de Ley y Revelación en Emmanuel Lévinas[11]. El judaísmo, en el que la Revelación no se separa del mandamiento, no significaría, por tanto, el yugo de la Ley. Lévinas está interesado en estudiar la Torá y el Talmud, pero para él la Ley no es un fin en sí mismo. Lo que hace que la Torá y el Talmud sean sagrados es su enseñanza central, la responsabilidad humana

---

10   Martin Buber, filósofo judío de origen austriaco, 1878-1965.
11   Emmanuel Lévinas, filósofo y teólogo judío de origen lituano y naturalizado francés, 1906-1995.

por los demás. La Ley es el mismo acoso del amor. El judaísmo renueva el amor de Dios por el hombre a través de la práctica de los mandamientos. La Revelación es amor y la *mitzvá*, el mandamiento, es la presencia viva de este amor. El amor de Dios es Revelación y el amor de Dios nos impulsa a amar a nuestro prójimo. No es la Ley lo que nos santifica, sino nuestra identificación con el otro. Amar al prójimo es entrar en la Eternidad, redimir al mundo, preparar el Reino de Dios. El amor humano es la obra que hará efectiva la Redención. Así comienza la Revelación, a través de la Redención que se abre por la dimensión del amor humano, las acciones de cada hombre y cada mujer por su prójimo.

Lévinas defiende un acercamiento personal e íntimo a las Escrituras, adentrarnos profundamente en la rica complejidad de los textos bíblicos para revelar la extraña y misteriosa ambigüedad o polisemia que permite la sintaxis hebrea. El estudio de la Biblia tiene que ser personal porque junto con el significado obvio hay uno que hay que descifrar. «Una vez que Dios ha hablado, dos veces he oído esto». Este versículo del Salmo 62 proclama que la Palabra de Dios contiene innumerables significados. Hemos sido invitados a buscar, a descifrar, a hacer Midrash, es decir, profundizar en el mensaje oculto del texto, esto es lo que marca la participación del lector en la Revelación, en las Escrituras. La Revelación tiene una forma particular de transmitir su mensaje, un mensaje único e irrepetible que se encuentra dentro de cada uno de nosotros. Llegamos a la verdad con el aporte que cada uno de nosotros realiza: la voz de la Revelación que portamos es necesaria para alcanzar la verdad en su totalidad.

Según Lévinas, saboreamos la Revelación a través de la ética y la justicia social. La Ley es algo dado, ajeno a nosotros, pero el mandamiento es algo íntimo y personal, está en nuestro interior y se manifiesta en nuestra capacidad de empatizar con el otro. La experiencia del Infinito comienza con la proximidad del prójimo y nuestra responsabilidad por «el otro». Lévinas insiste en que el «yo» es ateo. Es en el prójimo donde se encuentra el lugar de la Revelación divina. Decir «Dios se me revela» es una forma de expresar el reconocimiento de la primacía de lo ético y nuestra responsabilidad por los demás. Lo que hace que la Biblia sea sagrada es su enseñanza central de la responsabilidad humana por los demás.

Para Abraham Heschel[12], la relación entre el hombre y Dios no se puede entender sin la Torá. Señala que el judío nunca está solo ante Dios, la Torá siempre está con él. La Torá no no ha surgido por especulación, sino por profecía o revelación. El problema es que los hombres han dejado de hacerse grandes preguntas. La Revelación presupone la conciencia de una pregunta. La Biblia es una respuesta a la pregunta suprema: ¿Qué exige Dios de nosotros? El problema es que nos hemos alejado del «yo» de Dios, creemos que somos autosuficientes. Hay una resistencia a la Revelación. La idea de Revelación seguirá siendo absurda mientras no comprendamos que Dios no es ajeno al ser humano y que nos busca continuamente. Dios busca al hombre, Él está presente en nuestras vidas, pero habla despacio con una voz dulce y silenciosa, ajena al bullicio en el que andamos inmersos. Debemos parar por un instante y tomar consciencia de que respiramos continuamente la creación de Dios, es decir, que frente a nosotros contemplamos obras que reflejan Su Infinita Sabiduría. Para Heschel, la eterna Voz del Sinaí todavía está presente y es relevante en la actualidad. No necesitamos ningún símbolo o vehículo que suplante al Dios vivo.

Nuestro camino hacia la espiritualidad ha cambiado en el último siglo, en parte, debido a los diferentes eventos históricos vividos por la humanidad (la Shoá, el Holocausto judío, ha marcado profundamente el pensamiento hebreo), en parte, porque nuestra propia comprensión de Dios no es la misma que solía ser. La relación tradicional entre Dios y la humanidad no puede ser la misma después de haber experimentado que guardar la Ley no necesariamente trae «lluvia en el momento adecuado». Dios no está muerto, pero nuestra relación con lo divino y el pacto Dios-Israel están rotos. Dios está roto en mil pedazos y al volver a unirlos estamos creando una nueva forma de relacionarnos con Dios.

Dios se rompió en mil pedazos y dejó de ser relevante para muchos porque fue petrificado por los teólogos, Dios se convirtió en un ídolo al cerrar la Revelación a la nuestra experiencia íntima y personal. La

---

12   Abraham J. Heschel, rabino de origen polaco que tras huir de la persecución nazi vivió la mayor parte de su vida en Estados Unidos, 1907-1972.

única forma de volver a encontrarnos con un Dios vivo es abriendo la Revelación a cada hombre y a cada mujer. Necesitamos ser parte de la Revelación. Debemos convertirnos en un sujeto activo y no solo en un receptor. Nosotros como individuos y nosotros, como comunidad, en nuestras relaciones, en el «yo-tú», en nuestro estudio personal de los textos originales, somos fuente de Revelación. La tradición hebrea fue siempre una discusión, un diálogo de voces contradictorias. Vemos esto en las continuas discusiones talmúdicas entre la escuela de Hillel y la escuela de Shamai. Pero los rabinos pusieron fin al diálogo talmúdico a través de códigos legislativos que petrificaban la Ley y, de este modo, cerraron el judaísmo a nuestra propia voz. Nuestra voz necesita ser escuchada.

Esta nueva forma no excluye lo trascendente, pero cambia el rumbo de la relación tradicional con Dios. Nuestra relación con Dios y su Torá no puede ser unidireccional Dios-humanidad. Necesitamos recorrer el camino en la dirección inversa, es decir, de nuestra humanidad a lo divino. Es en nosotros y en el otro donde podemos escuchar la palabra de Dios. No excluimos la intervención directa de Dios, solo decimos que es en el «yo» y en el «nosotros», en el encuentro del prójimo, en nuestra vida cotidiana compartida con nuestros vecinos, donde Dios nos habla. Dice la Torá: «El Señor os habló cara a cara» (Deuteronomio 5:4). Nuestro rostro está en el Sinaí y el Sinaí está aquí y ahora, en nuestra búsqueda personal y comunitaria de Dios, en nuestro camino espiritual. Cada uno de nosotros es potencialmente un profeta tal y como dice Amós: «El Señor ha hablado, ¿quién puede sino profetizar?» (Amós 3:8).

Como en lo referente a otros muchos aspectos de la fe, los israelitas han mantenido a lo largo de la historia opiniones muy diferentes sobre la naturaleza de la Revelación. Sea cual sea nuestra visión sobre el origen divino de las Escrituras, lo que sí me parece relevante señalar es la imperiosa necesidad de que cada uno de nosotros encuentre su propia voz en el texto. El libro del Zohar nos dice que la Torá fue escrita con fuego negro sobre fuego blanco. El fuego negro es la tinta con la que el texto es escrito y el fuego blanco, todo lo que rodea al texto: los espacios entre líneas, entre letras y palabras. El texto escrito nos transmite un mensaje y en los espacios en blanco, en ese fuego blanco sobre el que se escribió la Revelación, está nuestra respuesta, nuestra propia voz.

EL *TANAJ*: LA BIBLIA HEBREA

El Tanaj es el acrónimo utilizado para referirse a las distintas secciones de la Biblia hebrea. *Tanaj*, תנ״ך, corresponde a las letras hebreas *tav* de Torá, *nun* de *neviím* (Profetas) y *kaf* de *Ketuvim* (Escritos). También es conocido como *Mikrá* que correspondería a lo que en castellano es conocido como las Escrituras o Sagradas Escrituras.

El Tanaj es, por lo tanto, un conjunto de libros de distinto origen y autoría, pero que comparten el hecho de haber sido considerados por la tradición rabínica como libros revelados o inspirados por Dios. El proceso de canonización de los libros de la Biblia hebrea ocurrió durante varios siglos, probablemente entre el 200 a. e. c. y el 200 e. c. Algunos estudiosos ponen en duda estas fechas y consideran que el proceso de canonización oficial empezó más tarde, en la era rabínica post-Templo y que no finalizó hasta mediados del siglo siete de nuestra era. En todo caso, se trata de un largo proceso que probablemente tenga sus orígenes ya en tiempos de Ezrá, en el exilio de Babilonia sobre el 539 a. e. c., y en tradiciones surgidas en el

Cassuto, Sami. *Simhat* Tora (2001). Foto: Rebeca García Merino.
Museo Sefardí. Ministerio de Cultura y Deporte.

entorno de las autoridades del Templo de Jerusalén, y que no cristalizó hasta que fue comúnmente aceptado por las autoridades rabínicas de Yavneh, en el centro de Israel, ya bien entrada la era común.

El judaísmo rabínico reconoce veinticuatro libros como parte del *Tanaj*, se trata de libros considerados sagrados, ya sea por ser revelados directamente por Dios, ya sea por tratarse de inspiración divina.

La inmensa totalidad de los libros del Tanaj fueron escritos en hebreo, salvo los libros de Daniel y Ezrá, que fueron escritos en arameo. El arameo se convirtió en la lengua más usada por el común de los israelitas tras el exilio en Babilonia. Sin embargo, el hebreo siguió siendo la lengua principal en el ámbito religioso y en la administración, la lengua de las clases dirigentes. El sistema de escritura original del hebreo bíblico es un *abjad*, un alfabeto cuyos grafemas son consonantes. Las vocales en un alfabeto consonántico son implícitamente dictadas por la fonología: el lector tiene que conocer la lengua para establecer todas las vocales. Dado que con el tiempo el conocimiento de la lengua hebrea fue cada vez más deficiente, un grupo de eruditos, conocidos como los masoretas, crearon un sistema formalizado de vocalización durante la Alta Edad Media. Su principal hacedor fue Aarón ben Moses ben Asher, de la escuela de Tiberias, quien creó este sistema de vocalización basándose en la tradición oral para leer el Tanaj, de ahí el nombre de vocalización tiberiana. A pesar de tratarse de un proceso de codificación relativamente tardío, algunas fuentes tradicionales y algunos judíos ortodoxos sostienen que la pronunciación y la *cantilación* de las Escrituras se derivan de la revelación en el Sinaí, ya que es imposible leer el texto original sin pronunciaciones y pausas de *cantilación*. La combinación del texto consonántico (*mikra*), la pronunciación vocal (*niqud*) y los símbolos para el canto litúrgico de los textos (*te'amim*) permiten al lector comprender tanto el significado simple como los matices más sutiles del mismo.

El Tanaj, la Biblia hebrea, se divide en tres secciones y estas, a su vez, en una serie de libros. La primera sería la Torá, lo que en la tradición grecolatina se conoce como el Pentateuco. La Torá está, a su vez, dividida en cinco libros:

- *Bereshit* (Génesis).
- *Shemot* (Éxodo).

- *Vaykrá* (Levítico).
- *Bamidbar* (Números).
- *Devarim* (Deuteronomio).

Para los judíos, el concepto de Torá es mucho más amplio que los propios libros que en sí la componen, es un concepto que va más allá de lo físico. Puede referirse a todo el aprendizaje hebreo tradicional, pero generalmente se refiere a la Torá *she'bi'ktav*, la escrita, también conocida como *humash* (los cinco volúmenes o Pentateuco revelados en el Sinaí).

La lectura de la Torá se divide en 54 porciones semanales de la Torá (a cada una de estas lecturas semanales se le llama *parashá*). Esta lectura periódica de la Torá forma parte tanto del estudio personal de cada judío como de la lectura pública, que es la pieza central del servicio matutino del sábado. Durante el servicio de la Torá, se saca el rollo y se canta o lee en voz alta la porción semanal. El rollo de la Torá, también conocido como *séfer* Torá, está escrito a mano en pergamino, siguiendo normas muy exhaustivas sobre su escritura, por un *sofer*, un escriba profesional especialmente capacitado.

Las historias, las leyes y la poesía de la Torá son el centro de la cultura judía. Aquí se narra la creación del mundo por parte de Dios, la elección de Abraham, el crecimiento de su familia y descendientes: los futuros hijos de Israel, su relación con Dios y con la tierra de Canaán, el exilio y la redención de Egipto de esa «familia convertida en nación» conocida como Israel, y su viaje por el desierto hasta que regresan a la tierra de Canaán. En el camino, Israel entra en una relación de pacto con Dios y este revela normas y valores para gobernar una sociedad justa y establece una relación especial con los israelitas.

Los nombres en español de cada uno de los cinco libros de la Torá son en realidad griegos y, al igual que los nombres hebreos de los libros, describen su contenido. Los nombres en hebreo de los libros de la Torá provienen de una palabra significativa en los versículos iniciales del libro.

El libro del Génesis, *Bereshit* en hebreo, cuenta la historia de la creación, Noé y el diluvio, y la elección de Abraham y Sara y su familia como portadores de la alianza de Dios con Abraham y sus descendientes. El Génesis muestra a un Dios que busca al hombre, que se manifiesta tanto en la historia como en la difícil existencia de un ser humano que se esconde, y que en ocasiones se siente perdido. Un libro que plasma la complejidad de las relaciones familiares, los conflictos entre hermanos, entre hijos y padres, entre el hombre y la mujer. El *Bereshit* concluye precisamente con la difícil relación entre los hijos de Jacob: como la envidia de unos y la arrogancia de otros acaban con José siendo vendido a un grupo de mercaderes. José llega a Egipto, en donde se convierte en un hombre poderoso. Sus hermanos acuden a él en búsqueda de alimento pues en la tierra de Canaán se ha declarado una gran hambruna. Finalmente, Jacob y su pueblo se establecen en las tierras del faraón, donde más tarde serán esclavizados.

El Éxodo comienza con la esclavitud de los israelitas en Egipto. Es un bellísimo canto a la libertad protagonizado por un bebé, Moisés, nacido de israelitas, pero adoptado por la familia del faraón. Moisés crece en la corte como un egipcio más, pero se convierte en el profeta que Dios usará como instrumento para guiar a su pueblo hacia la libertad y hacia la Revelación del Sinaí. Podríamos decir que este es el libro fundacional del pueblo de Israel, pues es en la narrativa del Éxodo donde asistimos a la Revelación y a la entrega de la Torá.

El Levítico trata principalmente de las leyes del culto sacrificial israelita. Estas reglas profundamente ritualistas incluyen la base de las leyes dietéticas judías (*cashrut*) y cuestiones de pureza e impureza. El código de santidad, que describe una vida comunitaria de santidad, de una especial y estrecha relación con lo divino, es el punto culminante del libro.

El libro de Números comienza con un censo de los israelitas y la tribu de Leví. Un grupo de exploradores israelitas es enviado a recabar información sobre la tierra de Canaán; su informe desalentador los envía de regreso al desierto por treinta y ocho años adicionales, durante los cuales los israelitas continúan mostrando continuamente su rebeldía a Dios a la autoridad de Moisés y su hermano Aarón, y teniendo relaciones ilícitas con mujeres moabitas.

El libro del Deuteronomio es un resumen de los grandes valores de la Torá, el mensaje final de Moisés al pueblo de Israel antes de cruzar el río Jordán hacia Israel. Moisés le recuerda al pueblo cómo Dios les ha redimido de Egipto y los detalles del pacto entre Israel y Dios. En un lenguaje que a veces puede resultar crudo, una teología de premios y castigos. Moisés describe las recompensas por la observancia de las leyes de la Torá y el castigo por su desobediencia. Pero también es un mensaje que habla de libertad y responsabilidad: somos nosotros quienes elegimos entre la bendición y la maldición, entre la vida y la muerte. Finalmente, Moisés pasa su autoridad a Josué, quien guiará al pueblo a la tierra.

Tradicionalmente, la Torá ha sido vista como un texto sagrado que fue completamente revelado a Moisés por Dios en el monte Sinaí (junto con la totalidad de la Torá oral, es decir, la *Mishná* y otras obras de la literatura rabínica que se basan en la Torá escrita). Un texto revelado a Moisés, quien lo completó durante el largo bagaje por el desierto. Los historiadores y críticos literarios, han sugerido que la Torá incluye fuentes del periodo del rey David y el rey Salomón (alrededor del año 1000 a. e. c.), del siglo VII a. e. c., durante el reinado del rey Josías, y del siglo VI a. e. c. durante el exilio babilónico.

La lectura de los profetas también juega un papel fundamental en la liturgia de la sinagoga. A cada lectura semanal de la Torá le corresponde una lectura de un fragmento de un libro profético cuya temática suele estar relacionada con la de la lectura de la Torá o con el tiempo litúrgico. A esta lectura semanal de los profetas se le llama *haftarah*.

Por profecía entendemos la transmisión de un mensaje divino por parte de un intermediario humano a una tercera parte. Como género literario, las lecturas proféticas son extremadamente difíciles de leer y de entender. La realidad de los profetas bíblicos poco tiene que ver con la cultura contemporánea. De hecho, para la mayor parte de nosotros hoy resultaría chocante ver a alguien predicando en la calle cualquier mensaje similar al de los profetas hebreos. La mayor parte de la sociedad de nuestros días ha dejado de creer que Dios envíe mensajes a través de ciertos emisarios, y si nos encontrásemos a alguien afirmando tener un mensaje divino para el mundo, pensaríamos que tiene algún trastorno psiquiátrico.

Sin embargo, los antiguos israelitas tenían una visión del mundo y de cómo Dios se manifiesta en él totalmente diferente a la nuestra. A la hora de entender el valor de la profecía para los israelitas de aquel tiempo, debemos comprender que en el antiguo Medio Oriente el hecho de que la voluntad divina pudiera manifestarse como algo evidente era cuestión de saber dónde y cómo percibirla. La profecía era una forma más de manifestación a través de la cual lo divino se comunica con lo humano y esto formaba parte de la creencia generalmente aceptada. En el Israel antiguo la profecía era el medio principal por el cual la gente discernía la voluntad divina.

El término hebreo comúnmente usado en la Biblia para denominar al profeta es *naví*, aparece un total de trescientas veinticinco veces en el texto bíblico. Por ello, al conjunto de libros proféticos de la Biblia hebrea le llamamos *neviím*, es decir, «profetas». El término *naví* no es de uso exclusivo para denominar a los profetas de los libros del Tanaj. De hecho, la primera vez que aparece la palabra es en el libro de *Bereshit*-Génesis para referirse a Abraham (Génesis 20:7) o al final de la Torá en *Deuteronomio* se dice que no habrá otro profeta como Moisés «quien vio a Dios cara a cara» (*Deuteronomio* 34:10). El profeta bíblico suele interceder por los demás tal y como Abraham hizo por Abimelej, o como muchos otros profetas posteriores harán para el pueblo de Israel. Sin embargo, los textos presentan la función principal del profeta como la de un mensajero de Dios para el pueblo. En este sentido, el profeta es un mensajero divino. Luego podríamos catalogar específicamente a los profetas como mensajeros de Dios, de hecho, uno de los profetas bíblicos es llamado Malají, qué significa literalmente «mi mensajero». El profeta como mensajero divino se sitúa en una línea directa entre Dios y el pueblo. En esta línea, algunos profetas están más cerca de Dios mientras que otros están más cerca del pueblo. Para entender mejor cómo funciona la misión del profeta en ambas direcciones, de Dios al pueblo y del pueblo a Dios, podemos tomar como ejemplo al profeta Amós:

> «Esto me mostró el Señor DIOS: He aquí, Él formaba enjambre de langostas cuando comenzaba a brotar la cosecha de primavera. Y he aquí, la cosecha de primavera era después de la siega del rey. Y sucedió que cuando habían terminado de devorar la hierba de la tierra, yo dije: "Señor DIOS, perdona, te ruego. ¿Cómo podrá resistir Jacob si es tan pequeño?". Se apiadó el SEÑOR de esto: "No sucederá", dijo el SEÑOR» (Amós 7:1-3).

Este pasaje comienza con la visión divina del profeta, seguida de la súplica que este hace a Dios y concluyendo con la respuesta de Dios a Amós. Por lo tanto, vemos que Amós no es un simple mensajero de Dios, sino que también transmite a Dios las suplicas en nombre del pueblo. El contenido final de este texto es de especial importancia pues sugiere que Dios, gracias a la intercesión de Amós, ha cambiado de parecer. Esto nos enseña que para los autores bíblicos el profeta tiene un gran poder para transformar los decretos divinos y que el profeta no es un simple visionario, sino alguien que intercede para el bien común.

Es precisamente el compromiso del profeta por el bien común, por el bien de toda la sociedad, lo que ha llamado la atención a los grandes autores judíos del siglo xx: el profeta como alguien comprometido con un mensaje divino de justicia social, un mensaje reflejado en los valores sociales de la Torá.

Para Abraham Heschel, uno de los mayores expertos del siglo xx en el rol de los profetas en el judaísmo, es la Biblia, en particular los profetas, lo que proporciona un modelo principal para una espiritualidad auténtica. La Revelación bíblica no es un acto místico de búsqueda de Dios, sino la conciencia de ser buscado y alcanzado por Él: los profetas dan testimonio de un mensaje que formulan con sus propias palabras, pero el mensaje en sí proviene de Dios. No se trata de verdades absolutas sobre Dios o normas y valores generales lo que los profetas transmiten, sino el «*pathos* divino» (*pathos* de la raíz griega que denota emoción, sentimiento, pasión). El *pathos* divino es la respuesta de un Dios que sufre por el pecado del hombre y es Su respuesta misericordiosa al sufrimiento y a la angustia del ser humano.

El canon hebreo distingue entre «profetas mayores» y «profetas menores». Esta distinción no tiene que ver con que unos sean más importantes que los otros. Los «profetas mayores» son llamados así no porque tengan más autoridad que los «menores», sino, simplemente, es debido a la mayor extensión del libro.

Esta es la lista de los libros proféticos según el canon de la Biblia hebrea:

Primeros Profetas (profetas anteriores al periodo asirio, siglo VIII a. e. c):

- Joshua
- Jueces (I y II)
- Samuel (I y II)
- Reyes (I y II)

Profetas Posteriores (profetas posteriores al periodo asirio):

Profetas mayores:

- Isaías
- Jeremías
- Ezequiel

Profetas menores:

- Oseas
- Joel
- Amós
- Obadiah
- Jonás
- Micah
- Nahum
- Habacuc
- Zephaniah
- Haggai
- Zacarías
- Malají

La tercera parte de la Biblia hebrea corresponde con los *Ketuvim*, los Escritos. Esta parte comprende una colección variada de escritos sagrados que no fueron clasificados ni en la Torá ni en los Profetas. La colección no es un todo unificado: incluye poesía litúrgica (Salmos y Lamentaciones de Jeremías), poesía amorosa «secular» (Cantar de los Cantares), literatura sapiencial (Proverbios, libro de Job y Eclesiastés), obras históricas (Crónicas I y II, libro de Ezrá y libro de Nehemías), literatura apocalíptica o visionaria (libro de Daniel) y otros pequeños relatos como el libro de Ruth y el libro de Esther. Su contenido varía desde el libro más poético y erótico de la Biblia (Cantar de los Cantares) hasta quizás el más profundamente teológico (Job). Su visión de la existencia varía desde una visión pesimista de la vida (Job y Eclesiastés) hasta una visión optimista (Proverbios). Los Salmos, Proverbios y Job constituyen la principal literatura poética de la Biblia hebrea y, en muchos aspectos, representan el punto culminante de la Biblia hebrea como literatura, de hecho, Job es considerado uno de los grandes productos literarios del espíritu creativo de la espiritualidad humana.

Aunque algunas secciones de *Ketuvim* como puedan ser los Salmos y los Proverbios se compusieron antes del exilio en Babilonia (586-538 a. e. c.), estos escritos tomaron su forma final posterior al exilio, algunos como Daniel no se escribieron hasta casi mediados del siglo II. siglo a. e. c. Los libros no se incluyeron en la colección profética porque no se ajustaban al contenido ni al marco histórico-filosófico de esa colección, porque originalmente fueron vistos como escritos puramente humanos y no divinos, o simplemente porque fueron escritos demasiado tarde para su inclusión. Aunque algunos de los libros individualmente fueron aceptados como canónicos bastante temprano, la colección de los *Ketuvim* en su conjunto, así como algunos libros individuales dentro de ella, no fueron aceptados como parte del canon bíblico hasta bien entrado el siglo II e. c.

Los libros que forman parte de *Ketuvim*, al igual que el resto del Tanaj, juegan un papel fundamental en la vida comunitaria y en el estudio personal de cada judío. Algunos incluso forman parte esencial de la liturgia de la sinagoga. Un claro ejemplo de uso litúrgico son los Salmos, ya usados en los rituales del Templo de Jerusalén, estos ocupan un espacio central en los rezos sinagogales. Otros libros como el Cantar de los Cantares, *Shir haShirim* en hebreo, son recitados ocasiones en especiales como pueda ser el oficio de bienvenida del Shabat, *Kabalat Shabat*, o Pésaj. A su vez, los Salmos y el Cantar de los Cantares inspiraron a muchos poetas judíos medievales que incluyeron algunos de sus versos en sus poemas y cánticos litúrgicos conocidos como *piyutim*.

Estos son los libros que forman parte de *Ketuvim*:

- Tehilim (Salmos)
- Mishlei (Proverbios)
- Job
- Shir HaShirim (Cantar de los Cantares)
- Ruth
- Lamentaciones
- Kohelet (Eclesiastés)

- Esther
- Daniel
- Ezrá
- Nehemías.
- Crónicas (I y II)

El Tanaj o Biblia hebrea ha sido la mayor aportación del pueblo judío a la humanidad. No solo es la base de la Biblia cristiana y de parte del Corán, sino que es un conjunto de escritos que va más allá de toda religión formal al narrar la eterna búsqueda de Dios por el ser humano. Un libro universal y de profunda actualidad pues, pese a tener miles de años de historia, y a pesar de las diferencias culturales y de todo lo que ha cambiado el mundo desde entonces, nos acompaña en nuestras grandes preguntas. Quizás no tenga todas las respuestas, pero es una buena guía para no dejar de cuestionarnos a nosotros mismos y a todo aquello que nos rodea.

EL TALMUD Y LOS CÓDIGOS RABÍNICOS

Así como la Biblia es el fundamento del judaísmo, el Talmud es un pilar central que sostiene la espiritualidad y el trabajo intelectual de la vida judía. El Talmud en el sentido amplio del término está formado por dos componentes: la *Mishná*, que es el primer resumen escrito de la ley oral, y la *Guemará*, que es el posterior comentario y debate que los rabinos hicieron a la *Mishná*. El Talmud ocupa un lugar fundamental en el conjunto de la Ley, sin embargo, su valor legal no es suficiente para explicar su vital importancia en el mundo hebreo.

Para poder comprender y apreciar la naturaleza única del Talmud, uno debe comprender la relevancia del estudio de la Torá, oral y escrita, en el judaísmo, pues el estudio de los textos talmúdicos es una parte singular del mismo. El estudio de la ley puede ser visto como un medio para alcanzar un fin. La Torá consiste fundamentalmente en leyes y mandamientos que no son siempre fáciles de entender. De acuerdo con esta perspectiva, el estudio de la Torá provee de los medios necesarios para aprender los principios y detalles

Portada del Talmud de Babilonia. Museo Sefardí. Ministerio de Cultura y Deporte.

necesarios para el cumplimiento de las *Mitzvot*, los mandamientos. La importancia del estudio tanto de la Torá escrita (Pentateuco) como de la Torá oral (Talmud) es tal que la *Mishná* declara:

> «Estas son las acciones cuyos frutos el hombre disfruta en este mundo y cuya recompensa el hombre obtendrá en el Mundo Venidero: honrar a tu padre y a tu madre, realizar actos de bondad, hacer la paz entre el hombre y su prójimo… Y el estudio de la Torá es equivalente a todas ellas» (Mishná Pe'ah 1:1).

Afirmar que el estudio de la Torá equivale a todas ellas implica que esto está en un más alto nivel que la práctica de los mandamientos. Nos enseña que la importancia del estudio de la Torá transciende al cumplimiento mismo de las *Mitzvot*. Sin embargo, esta afirmación parece implicar una contradicción, si decíamos que el estudio de la Torá es una ayuda y una guía para el cumplimiento de los mandamientos, ¿cómo es posible decir que su estudio es más importante que los mandamientos en sí?

En realidad, la Torá y su estudio deben ser vistos desde una luz diferente. Efectivamente, la raíz hebrea de la palabra Torá significa «enseñanza», es la enseñanza del camino que el ser humano debe seguir, que no es otro que el cumplimiento de los mandamientos. El estudio de la Torá es algo que va también más allá de una mera actividad intelectual, su comprensión nos ofrece una guía de cómo la tradición hebrea entiende el mundo y nuestra existencia. Es una guía fundamental para, a través de sus enseñanzas y de su espiritualidad, vivir una vida de plenitud cuya finalidad sea ser más felices aquí y ahora y hacer de este un mundo mejor.

Establecer la *halajá*, la Ley judía, y proveer de una guía para el cumplimiento de los mandamientos es solamente una parte del propósito de la Torá y del Talmud. Su finalidad va más allá del mero hecho de constituir un cuerpo legal. Estos textos profundizan sobre la esencia de todas las cosas en cada aspecto de la vida, y abrazan la complejidad de la existencia humana. Proveen de una comprensiva visión del mundo, uniendo ambas esencias: lo humano y lo divino. Si comprendemos esta rica naturaleza de la Torá y el Talmud, comprenderemos entonces el valor central que tienen en el judaísmo.

El origen del Talmud y de la literatura rabínica está en la *Mishná*, que fue compilada a finales del siglo II y es un registro editado del complejo material conocido como Torá oral que se transmitió después de la destrucción del Segundo Templo en el año 70 e. c.

Tradicionalmente se ha atribuido la autoría de esta compilación al rabino Judah, el Patriarca, también conocido como rabbi Yehudah HaNasí, el príncipe. El propósito de la *Mishná* era recopilar diferentes tradiciones orales sobre el estudio y práctica de las leyes judías con la finalidad de que estas no desaparecieran tras la destrucción del Templo y el comienzo de la dispersión del pueblo de Israel por el mundo. Al editar la *Mishná*, rabbi Yehudah HaNasí trabajó con contenidos de muy diverso origen. Cada una de las *halajot* (leyes) procedía de diferentes *tanaim*, los sabios de la época de la *Mishná*. Estas habían sido conservadas, estudiadas, comentadas y debatidas en los diferentes círculos creados en torno a las grandes escuelas de pensamiento judío de aquel momento. A pesar de tratarse de una obra compilada unos 130 años después de la destrucción del Templo, este está muy presente, como si aún existiera. Esto se debe a que muchos de los textos recogidos por la *Mishná* pertenecen a tradiciones que datan de la época del Templo. Por ello, la *Mishná* es una fuente interesante de conocimiento de ese mundo ya desaparecido que giraba alrededor del Templo de Jerusalén.

La *Mishná* no es una obra uniforme, sino una compilación de tradiciones orales desarrolladas en el entorno del Templo y en las escuelas rabínicas creadas a partir del siglo II. No recoge una sola visión de las cosas, sino una pluralidad de voces y opiniones sobre los aspectos fundamentales de la vida de todo israelita. Es por ello por lo que a menudo veremos cómo los textos de la *Mishná* plasman disputas entre los rabinos. El debate rabínico es una parte esencial tanto de la *Mishná* como del Talmud. Desde los momentos fundacionales del judaísmo rabínico existieron escuelas de diversa tendencia con posiciones a veces enfrentadas. De entre ellas destacan la escuela de rabbi Hilel y la escuela de rabbi Shamai. La característica principal de sus disputas es la tendencia de Shamai a ser mucho más estricto en cuanto a la aplicación de la Ley frente a la actitud moderada de Hilel. Curiosamente, la posición más seguida por los rabinos va a ser la establecida por la escuela de

Hilel, más integradoratambién de las distintas opiniones defendidas por los sabios de la *Mishná*. Los temas de disputa pueden ser de lo más variado: desde cuándo se debe comenzar las oraciones de la mañana hasta cuáles son los límites de la responsabilidad de alguien que vigila la propiedad de otra persona, pasando por si en la mesa se pueden tener al mismo tiempo queso y carne. Esta rica diversidad recogida en el texto se debe a que la finalidad de la *Mishná* no es ser un simple código de leyes judías, sino ser una invitación a ver la realidad más allá de lo evidente, a cuestionarlo todo, a no dar nada por seguro, en definitiva, a reflexionar con profundidad sobre nuestro lugar en el mundo como judíos comprometidos con los valores y la espiritualidad de la Torá.

La *Mishná* se divide en seis órdenes o *sedarim*:

- *Zeraim*, semillas, dedicado a preceptos relacionados con el trabajo de la tierra.
- *Moed*, festividades, recoge leyes sobre festividades religiosas, Shabat y ayunos.
- *Nashim*, mujeres, sobre la vida matrimonial.
- *Nezikim*, daños, compila la *halajá* referente al derecho civil y al derecho mercantil.
- *Kodashim*, santidades, compila leyes referentes al Templo de Jerusalén y sus rituales.
- *Tohorot*, purificación, dedicado a preceptos referentes a la purificación ritual del cuerpo.

Cada orden se divide a su vez en tratados y cada tratado, en capítulos. Cada capítulo recoge una serie de leyes o *halajot*. Esta estructura se convirtió en el modelo para toda la literatura talmúdica posterior. El primer documento que siguió la estructura de la *Mishná* fue el Tosefta, una obra suplementaría que incluía muchos de los materiales que dejó fuera el rabbi Yehuda HaNasí. En conjunto, el Tosefta, así como los materiales de las obras del Midrash (conjunto de interpretaciones realizadas por los rabinos a los textos bíblicos) y los materiales conservados oralmente hasta su aparición en el Talmud se denominan *baraitot* (materiales excluidos). La *Mishná* junto con estas obras suplementarias ocupan un lugar central en la cultura judía.

Las discusiones que los rabinos tenían en torno texto de la *Mishná* dieron origen a la *Guemará*. La palabra *Guemará* viene del hebreo *gmar* que significa «completar», se trata por lo tanto de una obra que completa a la *Mishná* y que junto a esta dio origen al Talmud. Cuando comúnmente se habla del «Talmud», por lo general nos referimos al *Talmud Bavli*, el *Talmud de Babilonia*, compuesto en Babilonia, actual Irak. Sin embargo, también hay otra versión del Talmud, el *Talmud Yerushalmi*, el *Talmud de Jerusalén*, compilado en lo que ahora es el norte de Israel. El *Yerushalmi*, también llamado *Talmud Palestino* o *Talmud Eretz Yisrael* (Talmud de la Tierra de Israel), es menos extenso que el *Bavli*, y tradicionalmente se ha considerado el menos autoritario de los dos.

Al igual que el *Talmud Bavli*, el *Talmud Yerushalmi* consta de dos secciones: la *Mishná* y la *Guemará*. En su mayor parte, la *Mishná* de las dos versiones del Talmud es idéntica, aunque existen algunas variaciones en el texto y en el orden del material. Sin embargo, la *Guemará del Talmud Yerushalmi* difiere significativamente tanto en contenido como en estilo a la versión del *Bavli*. Primero, la *Guemará del Talmud* de Jerusalén está escrita principalmente en arameo palestino, que es bastante diferente del dialecto babilónico. El *Yerushalmi* contiene porciones narrativas más largas que el *Bavli* y, a diferencia del *Bavli*, tiende a repetir grandes trozos de material. La presencia de estos pasajes repetidos ha llevado a muchos a concluir que la edición de Jerusalén nunca se completó. Otros, sin embargo, han argumentado que estas repeticiones representan una elección estilística deliberada, quizás dirigida a recordar a los lectores las conexiones entre una sección y otra. Como era de esperar, el Talmud babilónico cita principalmente a rabinos de Babilonia, mientras que el *Yerushalmi* cita más a menudo a rabinos palestinos. Sin embargo, hay mucho cruce entre las dos versiones del Talmud. Ambos registran casos de rabinos que viajaron desde la tierra de Israel a Babilonia y viceversa. Muchas veces, los rabinos de un Talmud compararán su propia práctica con la de los otros rabinos del otro centro religioso. Los primeros *midrashim* y otros textos compuestos en Palestina aparecen con mayor frecuencia en el *Yerushalmi*, pero también están presentes en el *Bavli*.

Tanto el Talmud de Babilonia como el Talmud de Jerusalén siguen la división de la *Mishná* en órdenes, tratados y capítulos. Ninguno de los dos contiene *Guemará* en los setenta y tres tratados de la *Mishná*. El *Bavli* incluye *Guemará* en treinta y seis tratados y medio no consecutivos. El *Yerushalmi* tiene a *Guemará* en los primeros treinta y nueve tratados de la *Mishná*. Algunos estudiosos creen que las diferencias en la *Guemará* reflejan las diferentes prioridades y planes de estudio de Babilonia y de la Tierra de Israel. Otros piensan que se han perdido partes de cada *Guemará* en las distintas versiones.

Las discusiones de cada versión del Talmud reflejan las diferentes preocupaciones de las culturas en las que surgieron los textos. Una comparación de los elementos narrativos de los dos *Talmudim* sugiere que los rabinos de Jerusalén tenían más interacción con no rabinos, así como con no judíos, que los rabinos de Babilonia. El *Yerushalmi*, producido en un lugar bajo gran influencia clásica y helenística, refleja influjos griegos, tanto en su idioma como en su contenido.

Tradicionalmente, el *Bavli* ha tenido mayor autoridad. Este «privilegio» del Talmud babilónico refleja el hecho de que Babilonia fuera el centro dominante de la vida judía desde la época talmúdica hasta el comienzo del periodo medieval. Los primeros codificadores de la *halajá*, la Ley, basados en Bagdad en los siglos VIII al X, utilizaron el *Bavli* como base de sus escritos legales. Un ejemplo de esta predominancia de la versión babilónica lo podemos encontrar en el *Machzor Vitri*, escrito en Francia en el siglo XI o XII. Esta importante obra de liturgia comenta en una de sus anotaciones: «Cuando el *Talmud Yerushalmi* no está de acuerdo con nuestro Talmud (el de Babilonia), ignoramos el *Yerushalmi*».

Durante siglos, la Torá y el Talmud fueron la única guía para el judío observante. Esto planteaba en ocasiones la dificultad de saber exactamente qué hacer en determinadas ocasiones pues, tal y como hemos explicado con anterioridad, estos textos no ofrecen una única visión, sino que exponen las distintas opiniones y debates de diferentes rabinos y escuelas. Por ello, era común que las comunidades enviaran consultas a los rabinos de mayor reputación preguntando qué posición adoptar con respecto a cada casuística. A estas consultas se les denominan *she'elot* («preguntas») y a las cartas que los rabinos enviaban con su respuesta se les conoce como *teshuvot* («respuestas»). Las *teshuvot* se convirtieron en fuente de derecho rabínico que guiaban a las comunidades de toda la Diáspora. Esta situación animó al gran rabino de origen cordobés, Moshé ben Maimón, Maimónides, a escribir su Mishné Torá en el siglo XII.

El Mishné Torá es una compilación sistemática de todas las opiniones normativas de la *halajá* (la Ley), incorpora material del Talmud y sus comentarios. Fue escrito en hebreo sencillo, similar al de la *Mishná*. Maimónides ordenó la tradicional Ley de manera que facilitara su consulta y comprensión. Para esto organizó su obra en libros, *sefarim*, estos a su vez se dividen en secciones, capítulos y párrafos. Se trata de la primera vez que en la historia del pueblo hebreo se compilaba toda la Ley de un modo claro y conciso. Maimónides inauguraba así un nuevo género literario, el de los códigos rabínicos, que marcaría un antes y un después en el judaísmo. Muchos otros rabinos seguirían su ejemplo y publicarían sus propios códigos.

La Mishné Torá se divide en catorce libros o *sefarim*, cada libro contiene *halajot*, leyes, que a su vez se dividen en capítulos.

1. *Séfer HaMadá.* «El Libro del Conocimiento» trata sobre los conocimientos básicos y principales de la Torá. Este, a su vez, se divide en leyes sobre:

   a. *Avodah Zarah*: prohibición de la idolatría y la adoración extranjera.
   b. *Deot*: correcto comportamiento del judío.
   c. Talmud Torá: el fomento del estudio de la Torá.
   d. *Teshuvá*: el regreso y el arrepentimiento.
   e. *Yesodei HaTorá*: los fundamentos de la Torá.

2. *Séfer Ahavá.* «El Libro del Amor» trata sobre las leyes que cada judío debe observar como testimonio de su fe y su amor hacia el Creador del Universo. Contiene leyes referentes a:

   a. *Ahavá*: el amor de Dios.
   b. *Kriat Shemá*: recitación del *Shemá Israel*.

c. Oración judía y bendición sacerdotal (*Birkat ha-Cohanim*).

d. *Filacterias*, *mezuzá*, y rollo de la Torá.

e. *Tzitzit*: son los flecos del *tallit* y sirven como recordatorio de los mandamientos de Dios.

f. *Berajot*: Bendiciones.

g. *Brit Milah*: Circuncisión.

h. Orden de las oraciones (*Séder tefilot*).

3. *Séfer Zemaním*. «Libro de los Tiempos» trata sobre las festividades judías.

a. *Shabat*: relativo a la observancia del *Shabat* judío.

b. *Eruvin*: preceptos rabínicos relativos al perímetro sabático, el *eruv*.

c. *Shevitat Asor*: leyes de *Yom Kipur*, el Día del Perdón. No incluye las leyes relativas al servicio religioso en el Templo de Jerusalén, el *Beit HaMikdash*.

d. *Yom Tov*: prohibiciones relativas a las principales festividades judías distintas de las prohibiciones de *Shabat*.

e. *Jametz u-Matzá*: leyes relativas al *Jametz* y a la *Matzá* ingerida durante el Séder de Pésaj.

f. *Shofar ve-Lulav ve-Sukkah*: leyes relativas al Shofar, el Lulav y la Sucá.

g. *Shekalim*: sobre el dinero recolectado para el Templo de Jerusalén cuando este aún existía.

h. *Kiddush HaHodesh*: leyes relativas a la santificación del mes.

i. *Taaniyot*: leyes relativas a los ayunos.

j. *Hanukah u-Megillah*: leyes relativas a las celebraciones de Janucá y Purim.

4. *Séfer Nashim*. «Libro de las Mujeres» trata sobre las leyes del matrimonio.

5. *Séfer Kedushá*. «Libro de la Santidad» trata sobre las relaciones sexuales prohibidas y de los productos alimentarios prohibidos. Se llama así porque por estos mandamientos Israel es santificado y diferenciado de las otras naciones.

6. *Séfer HaFla*. «Libro de la Separación» trata sobre promesas y juramentos.

7. *Séfer Zeraim*. «Libro de las Semillas» trata de las leyes y preceptos con relación a la agricultura en Israel.
8. *Séfer Avodá*. «Libro del Servicio Divino» trata sobre las ofrendas y rituales del Templo de Jerusalén.
9. *Séfer Korbanot*. «Libro de los Sacrificios» trata de las leyes para ofrendas privadas que se llevaban al Templo, excepto aquellos de la comunidad entera.
10. *Séfer Tahará*. «Libro de la Pureza» trata de las reglas de la pureza ritual.
11. *Séfer Nezikín*. «Libro de los Daños» trata del derecho penal.
12. *Séfer Kinian*, «Libro de la Adquisición» trata de las leyes de compraventa.
13. *Séfer Mishpatim*. «Libro de los Juicios» trata del derecho civil.
14. *Séfer Shoftim*. «Libro de los Jueces» trata de las prescripciones acerca de los magistrados, el Sanhedrin, el rey, los jueces, así como los deberes que ellos deben realizar y las prerrogativas de las cuales ellos disfrutan.

La *Mishné Torá* de Maimónides inspiró a muchos rabinos que con posterioridad decidieron realizar sus propias obras de *halajá*, Ley del pueblo de Israel. Un siglo después, en el siglo XIII, Jacob Ben Asher, un rabino nacido en Colonia en 1269 y afincado en Toledo, escribió su famosa obra *Arba Turim*, una importante recopilación de leyes judías. El libro trata únicamente sobre las leyes que son válidas en ausencia del Templo de Jerusalén, el *Beit HaMikdash*. Las leyes son presentadas en el idioma original en las que estas fueron redactadas y los autores son citados por su nombre. Se trata de un resumen de las deliberaciones de los sabios judíos más importantes de la época en Francia, Europa del Este y España. Una obra que sirvió de base para el posterior *Shuljan Aruj*, «la mesa puesta» en español, que fue escrito por el rabino Josef Caro en Safed (Galilea) en el siglo XVI. Esta obra es una compilación de leyes extraídas de la Torá y el Talmud, así como también de los libros *Arba Turim* y el *Beit Yossef*, ambos escritos por el rabino Josef Caro. El Shulján Aruj ha facilitado a las siguientes generaciones el conocimiento de la Ley judía y es el código rabínico más usado en las comunidades sefardíes junto a la *Mishné Torá* de Maimonides.

MAIMÓNIDES Y LOS PRINCIPIOS DE LA FE

«De Moisés a Moisés no hubo nadie como Moisés». Con esta fuerza resuena el dicho sefardí que equipara al sabio cordobés con el mismísimo Moshé Rabenu, aquel que guiando al pueblo de Israel en su salida de Egipto recibió la Torá de Dios en el monte Sinaí. El primer Moisés, el bíblico, fue aquel que recibió la Revelación —la Torá—; el segundo, el sefardí, fue aquel que nos ayudó a entenderla. Este dicho popular muestra la inconmensurable grandeza de este rabino de origen español que marcó un antes y un después en la historia del judaísmo y del pensamiento universal. Maimónides (1135-1204) fue una de esas figuras admiradas a las que el paso de los siglos no solo ha respetado y guardado su memoria, sino que también lo ha engrandecido. Un hombre que fue fiel reflejo de la grandeza de las comunidades hebreas de España en la Edad Media, del esplendor de unas comunidades que se convirtieron en una fuente de inspiración para el mundo judío de aquel tiempo, cuyo legado sigue iluminando al mundo de hoy. Comunidades en las que los rabinos no eran simplemente religiosos dedicados al estudio de la ley y de la fe, sino intelectuales comprometidos con el estudio de la filosofía, la poesía, la medicina, las matemáticas, la astrología y la ciencia. Maimónides fue un hijo fiel de esa edad de oro, filósofo, médico, codificador, talmudista y guía espiritual; un maestro que guio a sus hermanos en tiempos de persecución y tribulación con fidelidad, firmeza y amor por la verdad y la rectitud. Fue una época tremendamente difícil para la comunidad judía en la Península Ibérica, así como para las comunidades víctimas de la sinrazón almohade en el Magreb. Sus escritos influyeron a los hombres y mujeres de aquel tiempo y esta nos sigue guiando siglos después.

Maimónides nació en la bella ciudad de Córdoba en el año 1135. Era hijo del rabbi Maimón, una distinguida familia cuyos orígenes se remontan a la familia del rey David; familia de destacados rabinos y jueces en la importante comunidad judía cordobesa. El padre de Maimónides era erudito en cuestiones religiosas y, al mismo tiempo, un eminente científico, autor de obras bíblicas y de tratados de astronomía. De los pocos libros que han llegado hasta nosotros comprobamos su basta formación en textos religiosos y científicos, así como su sabiduría e inteligencia. En el seno de esta importante familia de rabinos nació Moisés ben Maimón, en la víspera de Pésaj del año hebreo

מורה נבוכים

להמאור הגדול גאון ישראל הרב רבינו משה בר מימון זצ"ל

נצב פירושו בעדת אל בקרב אלהים

אלו הדיינין שדנו ואמרו דבריו ופירשו את הפתום ה"ה

פירוש שם טוב ופירוש אפודי ושום

דאין בית דין שקול עד השלישי באנו והוספנו

בזה על הדפסת הראשונים פירוש האל"רי

ן קרשקש

מה רב טובו והחוט המשולש לא במהרה ינתק :

גם כוונת כל פרק מפרקיו כמורה על דעת החכם האריר

גם פירוש פלוח ורוח ואבן תבון בשני דברים מן הראשונים גם פסוקי התורה ונביאים וכתובים
אשר באו וכרב בספר המורה נסדרו בסידור יפה
על סדרם הכתובים בתורה אין בהם
פוקדם ושמורחד איש
לא נעדר :

ולמען לא יחסר כל כן סופסנו על סריאשוטוס לסלוב סימגים סך פאחרים סוטורס : לסען רדוך כקולה כו ודעו אלים דרך וסנון סאור נאוור עלוי :

נרפס בקק יעסניץ

תחת ממשלת

אדונינו הדוכס האריר החסיד המיוחם מאר **לעאפלרום** פירוש מאנהלט דעסויא יר"ה זיתנשא למעלה :

Cum Licentia Sereniſsimi,

ברפוס ובמצות הר"ר ישראל בר אברהם זצ"ל ולחלק במצוה הזאת ואספו אלין בני לוי ה"ה האלוף התורני כהר"ר נתן פייטל
בן המנות כהר"ר דאב סג"ל ל"ל מברלין נין ונכד חקצין חמפורסס כהר"ר זבליה ז"ל ממנורשי וויג"א : וש"ב האלוף התורני
כהר"ר זעקל סג"ל מקרעמזיר · ממשפחת ר' קאפיל ר"ס חמפורסמים וויגא ממשפרת חנאנן מהר"ש שפירא : שמלאו
ידם לח' בהצאות הרפוס לתת עליהם היום ברכה :

בשנגת ויעמר משה בש'ע'ר' המחנה לפרט קטן :

R, 305

4895 (1135 de la era común). Nació en Córdoba, la capital del mundo andalusí y hogar de una de las más grandes comunidades judías de Occidente, una ciudad plena de sabios intelectuales, funcionarios gubernamentales y pensadores. Las academias de filosofía, matemáticas, ciencias naturales y literatura que existían en esta ciudad eran famosas en el mundo entero. Algunos miembros llegaron a ocupar importantes cargos en el gobierno, de entre todos ellos destacó el sabio Hasday Ibn Shaprut, que en el siglo x se convirtió en el príncipe de los hebreos de Al-Ándalus y en la persona de confianza del califa.

Desde pequeño, Maimónides poseía un gran interés por el estudio; el ambiente en el que transcurrieron los años de su infancia estaba bañado por la ciencia y la sabiduría. En la casa de su padre se reunían los grandes sabios de Córdoba y Lucena y se estudiaban los textos de los grandes de Sefarad como rabbi Isaac Alfasi de Lucena, rabbi Yehuda Halevi y Abraham Ibn Ezra. De muy niño, Maimónides participaba en discusiones en torno a las teorías de Salomón Ibn Gabirol, el filósofo judío más importante en la España musulmana cuyas enseñanzas se basaban en la obra de Platón, igualmente estudiaba las tesis del gran historiador e investigador Abraham Ibn Daud proveniente de la España cristiana y que construía su pensamiento a partir de la filosofía aristotélica. Este profundo estudio de los textos hebreos clásicos, así como del pensamiento andalusí de su tiempo, asentó las bases de lo que sería la obra del Maimónides adulto. Siendo aún adolescente, su padre lo llevó a Lucena, ciudad cercana a Córdoba y perla de Sefarad. Allí existía desde el siglo x una de las mayores escuelas talmúdicas de su tiempo, y tuvo la oportunidad de estudiar con el más grande de los maestros y estudiosos de la España de su tiempo: rabbi José Ibn Míguez. El rabino Haim José David Azulay relata en su libro *Léxico* que en el momento de la muerte del rabino José ibn Míguez se acercó el joven Maimónides a su lecho y beso las manos del sabio agonizante. Rabbi José Ibn Míguez hizo un esfuerzo supremo y bendijo al joven antes de exhalar su último suspiro. La familia de Maimónides vio en tan simbólica bendición un medio por el que el espíritu de sabiduría del gran rabino pasó a su pequeño discípulo. Pero el estudio en casa de los Maimón no se centraba en exclusiva en los textos hebreos, sino que era un hogar abierto a la sabiduría de otras tradiciones, en especial al estudio de los textos de la Grecia clásica y del saber del mundo árabe.

La historia judía nos enseña que a tiempos de paz, prosperidad y esplendor cultural le siguen con frecuencia tiempos de oscuridad. En el año 1148, cuando el joven Maimónides contaba con tan solo 13 años, la España musulmana y Córdoba, su capital, fueron conquistadas por el ejército almohade, una tribu bereber originaria de la región de Marrakech, en Marruecos. Estos tenían una visión del islam diferente a la abierta e integradora que el mundo andalusí había liderado. Los almohades ejercieron una dura represión contra todo aquello y todo aquel que se interponía en su afán de imponer un islam basado en el fanatismo religioso. Los hebreos de Córdoba y de toda Al-Ándalus fueron perseguidos por su fe y tuvieron que escoger entre la conversión y el exilio. Muchos huyeron a la España cristiana o al sur de Francia, favoreciendo así el posterior esplendor de estas comunidades israelitas. El siglo XII fue el final del liderazgo de la comunidad judía cordobesa, su magnífica historia, su grandeza espiritual e intelectual pasó a ser historia y leyenda. Nunca volverían a florecer las juderías andalusíes como lo habían hecho hasta entonces. El declive de Córdoba como centro del saber judío dio, sin embargo, paso al nacimiento de otro gran centro del saber sefardí: Toledo.

La familia de Maimónides dejó toda su vida atrás en la bella Córdoba y tomaron el camino del exilio. Durante diecisiete años consecutivos, llevaron una vida errante a causa del fanatismo musulmán. En un primer momento hicieron escala en Almería, ciudad portuaria de Andalucía y gran centro comercial; de allí embarcaron hacia el norte de África, donde finalmente la familia se estableció en la ciudad de Fez. Fue allí donde un ya adolescente Maimónides profundizó en los estudios de filosofía, astronomía y medicina. Pero la vida en África no era fácil para los judíos, las persecuciones por cuestiones de índole religiosa estaban a la orden del día y vivían bajo el régimen de terror de los almohades. La familia de Maimónides había recibido un permiso especial para establecerse en la ciudad marroquí considerando la nobleza y honorabilidad de la familia, incluso, se les había permitido continuar profesando su religión. Sin embargo, esta no era la situación de la mayoría que debido al fanatismo almohade se habían visto obligados a convertirse al islam y a practicar en secreto las enseñanzas del judaísmo. Maimónides se convirtió en un gran líder para estos hebreos marroquíes y para ellos escribió una de sus más bellas cartas, «La carta del consuelo», que fue fuente de aliento y de esperanza. Debido a la situación de conversión forzada al islam en la que se habían visto los judíos de Fez, Maimónides escribió otra importante carta, «La carta sobre la conversión forzada», en esta lidia con el dilema entre la fidelidad a la fe judía y el martirio y el deber de todo judío por salvar su vida. ¿Debían los judíos sacrificarse en aras de la fe y mantenerse fieles a la ley de Moisés o se les estaba permitido convertirse al islam para así poder salvar su vida? En su carta, Maimónides, lejos de condenar a aquellos que por causa de la persecución se habían visto obligados a convertirse al islam, les ofrecía consuelo y los animaba a mantener su fidelidad a la tradición de Moisés en secreto, hasta aquel momento en el que les sea posible volver abierta y libremente a la fe de sus padres. Lo importante es salvar la vida y no juzgar y condenar a aquel que se encuentra en tal dificultad. Estas cartas en las que el autor ofrecía consuelo a sus hermanos perseguidos, provocaron la ira de ciertos líderes musulmanes que exigían que el joven rabino fuera ejecutado. La situación en Fez se hizo insostenible para el joven Maimónides, quien finalmente tomó la decisión de huir de Marruecos y embarcar con destino a la tierra de Israel.

Aproximadamente al mes de haber partido de Marruecos, la embarcación arribó a la costa de Israel a la altura de Acre. La realidad que la familia Maimón se encontró en la tierra de Israel no era mucho mejor aquella que dejaron atrás en Marruecos. La región se hallaba bajo el dominio de los cruzados y estos habían sometido a la espada a todos aquellos que consideraban infieles. La misión de los caballeros cruzados era redimir el Santo Sepulcro y los santos lugares de las manos de los enemigos del cristianismo, por lo que todo aquel que no fuera cristiano era duramente perseguido. La pequeña población hebrea que habitaba en Israel vivía aterrorizada a causa de la barbarie cruzada, y la incertidumbre e inseguridad que ello conllevaba. Un aire de violencia se alzaba sobre la tierra de sus ancestros, no solo a causa de la persecución liderada por los cruzados, sino también por el ambiente bélico reinante. La comunidad israelita en tierra de Israel era pequeña y su decadencia espiritual e intelectual resultaba imposible para alguien como Maimónides, que venía del centro de saber judío en Occidente. Esta situación animó a Maimónides y a su familia a establecerse en Egipto, pues era el centro de la cultura islámica y, al mismo tiempo, sede de una importante comunidad judía.

La comunidad hgebrea de Egipto se contaba entre una de las más antiguas del mundo después de la de Babilonia. Desde los tiempos del Segundo Templo residía allí una dinámica e influyente comunidad. En la época de Filón de Alejandría, en el siglo I, residían en Egipto alrededor de un millón de judíos de una población total de ocho millones de egipcios. Alejandría era por entonces el centro cultural mosaico más importante del mundo. Es en Egipto, en la ciudad de Fostat, donde se estableció la familia y donde Maimónides alcanzó su madurez física y espiritual. Allí adquirió la fama llegando a ser el médico personal de Saladino. Su fama como rabino trascendió igualmente las fronteras del país del Nilo, tal y como lo atestiguan las innumerables cartas de adhesión y consuelo que recibió de países cristianos y musulmanes con motivo del fallecimiento de su padre en el año 1165. Maimónides pronto se convirtió en la figura de mayor relevancia de la comunidad judía en Egipto, siendo nombrado Naguid, representante de la comunidad judía ante la Corte de Saladino y velaba por los derechos de los miembros de la comunidad judía. Era el encargado de cuidar del orden institucional y social, así como de todos los nombramientos de carácter religioso y administrativo de la comunidad. El Naguid era, además, el juez supremo que presidía el Tribunal Rabínico de Egipto. Maimónides, conocido ya en todo el mundo hebreo, recibía cartas y consultas de comunidades de Oriente y Occidente, donde le consultaban cuestiones religiosas y legislativas. Era precisamente con el propósito de facilitar la vida del pueblo judío por lo que escribió su gran obra, la *Mishné Torá*, una compilación sistemática de la Ley judía cuya base era la Torá y el Talmud. A su vez, Maimónides, gran estudioso de la filosofía griega y del pensamiento aristotélico, escribe Moré Nebujím, *La guía de los perplejos*, obra en la que logra armonizar el pensamiento de Aristóteles con la teología judía, destinada, según las palabras del sabio cordobés, a «disipar las dudas en cuestiones de religión y descubrir las verdades ocultas en ella que no están al alcance de todos».

¿En qué creen exactamente los judíos? ¿Cuáles son las creencias fundamentales del judaísmo? Enumerar de una forma clara y concisa estos principios de la fe fue un objetivo primordial para Maimónides. Los cristianos, en su Credo de Nicea, disponían de un listado preciso de aquellas creencias que todo fiel debía profesar.

Los musulmanes tenían su *shahada* o profesión de la fe. Pero ¿y los judíos? ¿Cuáles eran las bases de su fe? Es cierto que la lectura de la Torá debería ser suficiente para conocer sus principios teológicos, pero su lectura no clarifica aspectos fundamentales tales como la profecía, la resurrección de los muertos o la era mesiánica. Es por ello por lo que Maimónides decidió codificar un resumen de la fe de Israel conocido como los «Trece principios de la fe». A este fin, dedicó su introducción al comentario del tratado Sanhedrin de la *Mishná*. Esta enumeración alcanzó tal repercusión que fue incluida en cada libro de oraciones y se recita como un himno litúrgico al final de los servicios religiosos de *Kabalat Shabat* y en las más importantes festividades religiosas. Los «Trece principios de la fe», según Maimonides, fueron recogidos en forma de un poema litúrgico conocido como *Yigdal*, que se canta solemnemente en las sinagogas de todo el mundo con las más bellas y diversas melodías. La relevancia de este resumen de la fe judaica en trece principios trascendió los muros de la sinagoga para formar también parte de la cultura popular española. Popularmente, decimos que una persona que se mantiene fiel a sus principios es alguien que se mantiene «en sus trece». ¿A qué trece se refiere el dicho popular? A los «Trece principios de la fe» de Maimónides.

Estos son los trece principios tal y como los recoge el poema *Yigdal*:

> *Exaltado sea el Dios viviente y loado; él existe y no hay límite de tiempo para Su existencia;*
>
> *Él es Uno y Único y no hay unicidad como la suya. Inescrutable e infinita es Su unicidad;*
>
> *No tiene semejanza de cuerpo ni es corpóreo; ni tiene comparación Su santidad;*
>
> *Él precedió a todo ser que fue creado; Él es el primero, y nada le antecedió;*
>
> *He aquí que Él es el Patrón del universo para toda criatura. Lo manifiestan Su grandeza y Su soberanía;*
>
> *Su emanación profética Él concedió a Su pueblo atesorado y esplendoroso;*
>
> *No se levantó más en Israel otro como Moshé, un profeta que percibió claramente Su imagen;*
>
> *Una Torá verdadera entregó Dios a Su pueblo, por medio de Su profeta, el más fiel de su casa;*
>
> *No cambiará Él ni modificará Su ley por ninguna otra, por toda la eternidad;*

Él vislumbra y conoce nuestros más hondos secretos; Él percibe el fin de cada cosa desde su inicio;

Él retribuye al hombre devoto conforme a su obra; impone el mal al malvado conforme a su maldad;

El final de los días enviará a nuestro Mesías ungido, para redimir a los que esperan Su salvación final;

A los muertos resucitará el Todopoderoso con Su abundante bondad. Bendito sea hasta siempre Su nombre ensalzado.

Estos trece principios de fe son el fundamento de la ley de Dios y de Su Torá; La Torá de Moshé es verdad, y también su profecía. Bendito es siempre Su Nombre elogiable.

Maimónides, conocido también en el mundo hebreo por su acrónimo, RaMBaM, ha sido probablemente el rabino que más influyente del judaísmo. Sin él no podríamos entender la religión que ha llegado hasta nuestros días. Fue él quien le dio su fisonomía definitiva. Gracias a su obra, la religión israelita y su práctica adquirieron una mayor unidad y uniformidad, algo que favoreció la cohesión religiosa del pueblo judío. La aceptación de las doctrinas de Maimónides no fue, sin embargo, algo ajeno a la polémica, poco después de su muerte surgieron rabinos que se oponían al pensamiento de RaMBaM, aunque tras el transcurso de un siglo el mundo rabínico, en general, y las comunidades hebreas, en particular, la autoridad indiscutible de Maimónides. El mundo judío lo aceptó no por la fuerza, sino por la valía espiritual, intelectual y moral de su obra. Su pensamiento filosófico, que en su momento fue revolucionario, se apartó de todas las normas establecidas por las corrientes del pensamiento que le precedieron. Sin embargo, su filosofía fue ampliamente aceptada y con el tiempo trascendiendo las fronteras del judaísmo para ser incorporada al pensamiento filosófico y teológico de otros pueblos. Su obra es un tesoro cultural para el pueblo judío y para la humanidad. Su pensamiento es un pilar fundamental sobre el que se construyó con posterioridad el resto de la filosofía judía. Maimónides realizó una monumental obra literaria que comprende cuatro aspectos principales: su obra del derecho judaico, su obra filosófica, su obra médica y su obra moral. Maimónides fue algo más que un rabino, fue un guía espiritual para su pueblo y un filósofo qué ilumino el pensamiento humano universal.

TIKÚN OLAM Y JUSTICIA SOCIAL

El término hebreo *Tikún Olam* podría traducirse literalmente como la «reparación del mundo». Se trata de la responsabilidad de cada individuo por hacer de este un mundo mejor, más justo. Sin embargo, esta acepción que hoy día está íntimamente ligada al concepto de justicia social tenía en su origen un significado diferente y, a lo largo de la historia, su uso ha hecho alusión a diversos aspectos de la ley y de la espiritualidad judía.

La primera referencia a *Tikún Olam* aparece en la *Mishná*, un cuerpo de enseñanzas rabínicas codificadas alrededor del año 200 e. c. En el texto de la *Mishná* aparece en diversas ocasiones la frase *«mipnei tikkun ha-olam»* como referencia al orden público. Se refiere

Cassuto, Sami. *La corrección y la reparación de las Escrituras Santas* (1991). Foto: Rebeca García Merino. Museo Sefardí. Ministerio de Cultura y Deporte.

generalmente a asuntos de legislación de política social con el fin de brindar protección adicional a quienes potencialmente se encuentran en una situación de especial vulnerabilidad como, por ejemplo, la mujer en caso de divorcio o el esclavo que aspira a adquirir su libertad. En su origen es un término legal cuya finalidad es proteger al débil y garantizar el orden social.

Es a partir del siglo XVI cuando el término *Tikún Olam* comienza a salir del ámbito legislativo y ganar popularidad como fundamento de la espiritualidad hebrea. Será la Kabalah de Isaac Luria quien dé este impulso, aunque sin la connotación de justicia social que hoy día recibe.

Los orígenes de la Kabalah de Luria se remontan a España, Sefarad. En 1492, los judíos fueron expulsados por real decreto; cinco años después, en Portugal se enfrentaron un destino similar. Es difícil sobreestimar el impacto de estas expulsiones. La comunidad ibérica había vivido en relativa paz con sus vecinos musulmanes y cristianos durante cientos de años. Estas fueron las comunidades judías más estables y prósperas desde los días de gloria de Judá e Israel. De repente, fueron arrastrados al exilio, al igual que con anterioridad lo habían sido otras comunidades judías europeas.

Los sefardíes que se vieron obligados a abandonar la Península Ibérica pudieron llevar al exilio pocas riquezas materiales, sin embargo, llevaron consigo el gran tesoro intelectual y espiritual que habían amasado durante los siglos de esplendor. Uno de los ámbitos en los que estas juderías fueron especialmente prolíficas fue el del misticismo. Este éxodo involuntario trajo consigo el esparcimiento de este conocimiento por otros países, especialmente a lo largo de la cuenca del Mediterráneo. En el siglo XVI, el Zohar era una parte integral del pensamiento religioso hebreo y el pensamiento cabalístico se estaba convirtiendo en una importante corriente espiritual gracias al impulso provocado por la dispersión de sus principales seguidores. Surgieron nuevos centros intelectuales en Italia, Turquía y, sobre todo, Safed en Palestina.

Fue en Safed donde Moshé Cordovero escribió un comentario definitivo sobre el Zohar. También donde Joseph Caro escribió el Shulján Arukh, el código definitivo de la Ley judía. Y fue en Safed donde surgió el pensador más influyente de todo el misticismo hebreo medieval, el rabino Isaac Luria (1534-1572), también conocido por el acrónimo Ari (el León).

Safed era, y es, una pequeña ciudad en Galilea, un lugar donde se asentó un reducido grupo de expulsados de Sefarad y donde poco hacía pensar que fuera a convertirse en el hogar de algunas de las mejores mentes judías del siglo XVI. Pero eso es lo que precisamente sucedió a pesar de las difíciles circunstancias. Allí se estableció y escribió su importante obra cabalística Moshé Cordovero. Igualmente hizo Joseph Caro antes de la llegada de Luria.

Luria enseñó su pensamiento esotérico a una docena de seguidores antes de su muerte a los treinta y oco años a causa de una epidemia. Luria no escribió obra alguna, sino que fue su principal discípulo, Haim Vital, quien registró sus enseñanzas y a su vez las transmitió a unos pocos elegidos, de acuerdo con los deseos de Luria, que no quería que estas se difundieran entre las masas. Pero en el siglo XVII, las ideas de Luria y el vocabulario único en el que se expresaron no solo se habían extendido por toda la comunidad europea; se habían convertido en un pilar central del pensamiento judío tradicional, posición que ocupan hasta el día de hoy.

Gershom Scholem sostiene que Luria y sus seguidores crearon su ideología religiosa como respuesta directa a las aflicciones del pueblo judío de la época. El exilio de la Península Ibérica no fue menos tragedia que la destrucción del Templo en el año 70 e. c. Se necesitaba una respuesta a la pregunta de la existencia del mal en el mundo, el tipo de mal que había obligado a miles de judíos a convertirse al cristianismo a punta de espada, el mal que mató a otros tantos miles y que finalmente mandó a los sefardíes al exilio.

Los conceptos clave de la Kabalah luriánica son el *tzimtzum* (contracción) y la «ruptura de los vasos». Luria postulaba una historia de la creación en la que la creación era esencialmente un acto negativo donde el *Ein Sof* (el yo esencial de Dios) debía crear un espacio vacío en el que la creación pudiera ocurrir. El Todopoderoso estaba en todas partes; solo al contraerse en sí mismo, como un hombre que inhala para dejar pasar a alguien por un pasillo estrecho, la deidad podría crear un espacio vacío, el *tehiru* (en arameo, «vacío»), en el que podría ocurrir la Creación. Dios retrae una parte del ser Eterno hacia la deidad misma para permitir que exista tal espacio, una especie de exilio. En ese espacio puede existir el mundo, la Creación comienza por tanto con el exilio voluntario de Dios.

Después del *tzimtzum*, una corriente de luz divina fluyó desde Dios hacia el espacio vacío que el Todopoderoso había creado, tomando la forma de *sefirot*, las vasijas destinadas a recoger la luz divina, y de *Adam Kadmon* (el hombre primordial). La luz fluyó de *Adam Kadmon*, de sus ojos, nariz, boca, hacia las vasijas-*sefirot*. Pero eran demasiado frágiles para contener una luz divina tan poderosa. Las tres vasijas superiores resultaron dañadas, las siete inferiores se rompieron y cayeron.

Así, el *tehiru* se dividió en dos mundos, uno superior y otro inferior, producto de la *shevirah* (quebrantamiento). Así explica Luria cómo entró el mal en el mundo, a través de una violenta separación entre los elementos que habían intervenido en el acto de la creación, y otros que voluntariamente se opusieron, contribuyendo a la rotura de las vasijas. Los elementos que habían luchado contra la creación eran los nacientes poderes del mal, pero debido a que se opusieron a la creación carecen del poder para sobrevivir; necesitan acceso a la luz divina y continúan existiendo en el mundo solo en la medida en que puedan reunir las chispas sagradas que cayeron cuando tuvo lugar la *shevirah*. Quizás la teoría de la Creación y del origen del mal de Luria sea más fácil de comprender si la imaginamos como una especia de Big-Bang místico. El mundo fue creado a partir de una gran luz, una gran explosión de energía divina que tenía el poder de crear, pero que era tan poderosa que a la vez que creaba, destruía. Nuestro mundo, en conclusión, es un mundo roto, imperfecto, pero que tras sus vasijas desquebrajadas oculta la luz de Dios.

La grandeza del pensamiento de la Kabalah luriánica consiste en unir el misticismo y la ética judía. Esta unificación de misticismo y ética provee a la humanidad del instrumento para deshacer el daño hecho en la Creación, puede reparar la *shevirah*, la fractura de esta gran vasija denominada mundo, a través del *Tikún Olam*, es decir, a través de la reparación a la que cada ser humano debe comprometerse.

Para Luria y sus seguidores, *Tikún* tenía un significado muy específico. Cada vez que un humano realiza una *mitzvá* (mandamiento), levanta una de las chispas sagradas de las manos de las fuerzas del mal y la devuelve al mundo superior. Por el contrario, cada vez que un ser humano peca, cae una chispa divina. Llegará el día, si todos hacen su parte, en el que la luz divina será restaurada al mundo superior; sin acceso a la luz divina, el mal no podrá sobrevivir y se convertirá en polvo.

En la Kabalah de Isaac Luria, el mandamiento de *Tikún Olam* (reparar el mundo) adquiere un significado muy específico en el que a través de la vida ritual judía contribuimos a revertir la ruptura de las vasijas, alejar los poderes del mal y allanar el camino de la redención. El comportamiento ético gracias a la práctica de los mandamientos de la Torá, las *Mitzvot*, sin importar lo aparentemente trivial que puedan parecer, adquiere un nuevo significado cósmico. ¿Olvidas decir la bendición sobre el pan? Has contribuido al mal universal. ¿Has puesto una *mezuzá* en la puerta de tu nueva casa o has asistido a un desfavorecido? Has ayudado entonces a redimir al mundo entero.

Claramente, el acto de reparar el mundo se le atribuye al pueblo de Israel exclusivamente en este sistema. Al principio, Dios esperaba que Adán fuera un ser humano perfecto y, por lo tanto, completara la redención por sí mismo, pero el pecado de Adán sacudió más chispas. Cuando Dios eligió a la nación hebrea y los israelitas recibieron la Revelación en el Sinaí, la tarea de cada judío se convirtió en restaurar el mundo, en hacer de este mundo un lugar mejor.

La responsabilidad que recae sobre el pueblo de Israel es colectiva; según los términos de Luria, el pueblo hebreo debe ser visto como un ejército de combate sitiado. Sin días libres, sin respiro, una dura batalla para vivir de acuerdo con los mandamientos y así reparar el mundo. Si uno vacila, otros deben asumir su carga. En consecuencia, el pensamiento luriánico combina una comprensión radical de Dios y la Creación con una actitud profundamente conservadora hacia la observancia judía. Pero también dinamiza la rutina diaria de observar las *Mitzvot*, dándoles un significado nuevo y más intenso que nunca.

Uno puede imaginar fácilmente cuán atractiva fue para tantos judíos perseguidos de la época esta noción: que simplemente cumpliendo las *Mitzvot* uno podría luchar contra el mal del mundo y traer la Redención. Para la Kabalah, el cumplimiento de los preceptos de la Torá es algo que sobrepasa la relación del individuo con Dios y tiene consecuencias directas en el mundo. La religión y la espiritualidad son el camino para reparar un mundo fracturado y así traer la paz, el consuelo, la Redención.

Como vemos, el concepto de *Tikún Olam* es profundamente espiritual. Sin embargo, a partir de las luchas sociales en la Norteamérica de los años 60, muchos judíos seculares profundamente comprometidos con el legado del judaísmo y con la sociedad civil en general, alzaron la bandera del *Tikún Olam* como símbolo de su lucha por la justicia social. Una lucha que para algunos será parte de su compromiso religioso y para otros, un elemento fundamental de los valores éticos independientes del nivel de creencia o práctica religiosa que cada uno pueda tener.

Muchos jóvenes judíos estadounidenses se sintieron motivados por los movimientos de cambio político y social de las décadas de 1960 y 1970, incluso algunos recurrieron a la tradición hebreapara fundamentar su activismo. Irónicamente, a pesar del desprecio de estos jóvenes por el judaísmo tradicional en el que la mayoría se crio, muchos vieron en el término *Tikún Olam* que habían aprendido en sus escuelas religiosas, campamentos de verano y grupos juveniles de la sinagoga, una motivación para su interés por el activismo social. La educación en los valores de la Torá se convirtió en un conducto importante para realizar la conexión entre *Tikún Olam* y justicia social en las décadas de 1960 y 1970. Debido a la rebeldía y a la apatía entre la juventud judía estadounidense, varios educadores argumentaron que la educación hebrea requería una reforma urgente. El judaísmo debía adquirir mayor «relevancia» para los jóvenes. Se puso mayor énfasis en la justicia social como elemento fundamental de la enseñanza de los valores. Así es como el término *Tikún Olam* adquirió una nueva mirada que en cierto modo alejaba al término del uso exclusivamente religioso que durante siglos había tenido.

Monitores de movimientos juveniles estuvieron entre los primeros en promover la justicia social bajo la designación *Tikún Olam* en su programación. En el popular Instituto Brandeis Camp, en Simi Valley, California, el carismático educador Shlomo Bardin exhortaba con frecuencia a los jóvenes a cumplir con la misión de crear un mundo mejor a través de actos de *Tikún olam*. En 1970, decidido poner mayor énfasis en la justicia social, una de las principales organizaciones para jóvenes estadounidenses, la United Synagogue Youth, publicó un plan de estudios y una guía para educadores llamada «*Tikún Olam*». En la década de 1980, el *Tikún Olam* se promovía de forma rutinaria como un valor hebreo importante en los planes de estudio de las escuelas religiosas. El tema presentado era ecléctico, desde la preocupación por la proliferación nuclear hasta el asilo a inmigrantes ilegales, desde el apoyo a las víctimas del SIDA hasta la defensa de los derechos humanos de los judíos en la Unión Soviética. Los educadores encontraron modelos a seguir en los activistas judíos que luchaban por la causa de los derechos civiles. Uno de ellos fue el rabino Abraham J. Heschel. Teólogo y pensador estadounidense, nacido el 11 de enero de 1907 en Varsovia, tras huir de la barbarie nazi, se afincó en Estados Unidos donde realizó una gran labor como profesor y activista. Falleció en Nueva York el 23 de diciembre de 1972. Como educador, Abraham Joshua Heschel divulgó el conocimiento de muchas facetas del pensamiento hebreo, incluida la filosofía medieval, la Kabalah y el jasidismo. Puso especial énfasis en los profetas de Israel y en cómo su mensaje podía inspirar a los judíos de hoy a vivir conforme a su fe, al mismo tiempo que participaban activamente de la modernidad. Para Heschel, los profetas bíblicos eran una fuente de inspiración para la lucha por una sociedad más justa. Su visión de las enseñanzas proféticas lo convirtió en un activista por los derechos civiles de la población afroamericana en Estados Unidos, llegando a colaborar estrechamente junto con Martin Luther King. Su compromiso social, basado en los valores éticos de judaísmo, lo llevó también a oponerse a la guerra de Vietnam. Heschel inauguró un fenómeno que no ha dejado de crecer desde entonces, el de los rabinos que consideran que la acción social debe ser un elemento central de la vida de toda sinagoga, y que los rabinos y líderes comunitarios deben educar en valores comprometidos con el bien común. El judaísmo, a partir de su tradición, debe proyectarse de lo particular a lo universal a través de una labor encaminada a acabar con cualquier tipo de injusticia. Abraham J. Heschel escribió:

> «Un hombre religioso es una persona que tiene por igual en todo momento a Dios y al hombre en su pensamiento, y que sufre por el daño causado a otros. Un hombre cuya mayor pasión es la compasión, cuya mayor fuerza es el amor y el desafío ante la desesperación»[13].

---

13   Abraham J. Heschel, *Educational and Religious Policy Handbook.*

El Midrash D'varim Rabbah nos enseña que la búsqueda de la justicia es más importante que los sacrificios o la adoración en el Templo. Los rabinos razonaron que los sacrificios solo podían funcionar dentro del Templo y que debíamos buscar lo que es correcto y justo, tanto dentro como fuera del Templo. Además, mientras que los sacrificios solo podían expiar los pecados accidentales y no intencionales, los actos de rectitud y justicia pueden expiar incluso los pecados intencionales. Además, mientras que los seres humanos ofrecen sacrificios, todos, incluso Dios, estamos obligados a practicar la justicia y la rectitud. Y mientras que los sacrificios son importantes solo en este mundo, la rectitud y la justicia seguirán siendo una piedra angular en el mundo venidero (Deuteronomio Rabá 5:3).

La lucha por la justicia social y por hacer de este mundo un mundo mejor a través del *Tikún Olam* es piedra angular del código ético hebreo. Ya sea por motivación religiosa, ya sea por compromiso social, o por ambos, el compromiso por el bien común ha inspirado desde sus orígenes la práctica de la ética judía. No es casualidad que la Torá ordene: «La justicia y, sobre todo, la justicia, buscarás» (Deuteronomio 16:20).

LA ERA MESIÁNICA

La creencia en un Mesías en una futura era mesiánica está tan profundamente enraizada en la tradición hebrea que el mismo Maimónides la recogió como creencia fundamental en sus «Trece Principios de la Fe»: «Creo con todo mi corazón en la futura venida del Mesías y aunque esta se demore, esperamos cada día su llegada». Junto con esta firme creencia central del judaísmo, existe una larga tradición de escepticismo que no niega la creencia, pero tampoco pone en ella todas sus esperanzas. En el primer siglo de la era común, el sabio rabbi Yohanan Ben Zakai afirmaba: «Si ocurre que te encuentras en el momento de plantar brotes en tu huerta y en ese instante llega el Mesías, termina primero de plantar y después corre a recibirlo». Esta cita es muy ilustrativa del ánimo con el que a lo largo de la historia los israelitas han afrontado una posible era mesiánica: tenemos la esperanza en la llegada del Mesías, aquel que traerá la redención a la humanidad, pero no por ello dejamos nuestro quehacer diario.

La palabra Mesías viene del hebreo *Mashíaj*, que significa «el ungido». La idea de la llegada de un «ungido» que traiga la salvación aparece en diversos libros del Tanaj o Biblia hebrea, siendo su gran precursor el profeta Isaías, quien hace una descripción detallada del futuro Rey Salvador. Una creencia que nace en la esperanza futura profética. Leemos en Isaías:

«Saldrá un vástago del tronco de Jesé, y un retoño de sus raíces brotará. Reposará sobre él el espíritu del Señor: espíritu de sabiduría e inteligencia, espíritu de consejo y fortaleza, espíritu de ciencia y temor de Yahveh. Y le inspirará en el temor del Señor. No juzgará por las apariencias, ni sentenciará de oídas. Juzgará con justicia a los débiles y sentenciará con rectitud a los pobres de la tierra. Herirá al hombre cruel con la vara de su boca, con el soplo de sus labios matará al malvado. Justicia será el ceñidor de su cintura, verdad el cinturón de sus flancos. Serán vecinos el lobo y el cordero, y el leopardo se echará con el cabrito, el novillo y el cachorro pacerán juntos, y un niño pequeño los conducirá. La vaca y la osa pacerán, juntas acostarán sus crías, el león,

Badani, Tel. *La preparación del Sábado* (1984). Foto: Rebeca García Merino. Museo Sefardí. Ministerio de Cultura y Deporte.

como los bueyes, comerá paja. Hurgará el niño de pecho en el agujero del áspid, y en la hura de la víbora el recién destetado meterá la mano. Nadie hará daño, nadie hará mal en todo mi santo Monte, porque la tierra estará llena del conocimiento del Señor, como cubren las aguas el mar. Aquel día la raíz de Jesé que estará enhiesta para estandarte de pueblos, las gentes la buscarán, y su morada será gloriosa. Aquel día volverá el Señor a mostrar su mano para recobrar el resto de su pueblo que haya quedado de Asur y de Egipto, de Patrós, de Kus, de Elam, de Senaar, de Jamat y de las islas del mar. Izará bandera a los gentiles, reunirá a los dispersos de Israel, y a los desperdigados de Judá agrupará de los cuatro puntos cardinales. Cesará la envidia de Efraím, y los opresores de Judá serán exterminados. Efraím no envidiará a Judá y Judá no oprimirá a Efraím. Ellos se lanzarán sobre la espalda de Filistea Marítima, a una saquearán a los hijos de Oriente. Edom y Moab bajo el dominio de su mano, y los ammonitas bajo su obediencia. Secará el Señor el golfo del mar de Egipto y agitará su mano contra el Río. Con la violencia de su soplo lo partirá en siete arroyos, y hará posible pasarlo en sandalias; habrá un camino real para el resto de su pueblo que haya sobrevivido a los asirios, como lo hubo para Israel, cuando subió del país de Egipto» (Isaías 11).

Este texto de Isaías es uno de los más bellos ejemplos de la esperanza mesiánica. Un texto muy conocido también por los cristianos, pues ocupa un lugar central en la liturgia de los días de Navidad. Pero ¿cuáles son las circunstancias históricas que animan a Isaías a construir su mensaje sobre la esperanza en una futura redención universal que no solo salvará de la opresión al pueblo judíos, sino a la totalidad de la creación?

En el año 931 a. e. c., el rey Salomón murió, y todo Israel se dividió en el reino del norte de Israel bajo el líder rebelde el rey Jeroboam y el reino del sur de Judá bajo el hijo de Salomón, el rey Roboam. La ciudad capital del norte era Samaria y el reino del sur tenía su centro en Jerusalén.

A mediados del 800 a. e. c., Asiria, la nación dominante en el Medio Oriente, había expandido su imperio para incluir vastas conquistas. El centro de Asiria estaba ubicado en el área del norte de Mesopotamia (el norte de Irak en la actualidad). Entre el 810 y el 745 a. e. c., Asiria entró en un periodo de inactividad y años de gobierno ineficaz, que permitió a los reinos de Palestina (tanto de Israel como de Judá) una considerable libertad e independencia.

Isaías nació alrededor del 770 a. e. c. Vivió en una época en la que la supervivencia del pueblo judío estaba en serio peligro. En el año 745 a. e. c., Tiglat-Pileser III subió al trono en Asiria. El nuevo monarca tenía claro un objetivo: la expansión territorial y el dominio militar de Oriente Medio, incluidos los reinos de Israel y Judá. Bajo su fuerte liderazgo, el Imperio asirio eventualmente alcanzaría la cima de su poder en toda la región, pronto sería una amenaza para los pequeños reinos de Israel y Judá, ambos en la ruta hacia Egipto, objetivo principal de los asirios. Tiglat-Pileser desarrolló un ejército poderoso, profesional y permanente cuyas formas crueles llegaron a ser temidas por las naciones más pequeñas del Medio Oriente. La amenaza de invasión de Asiria se hizo realidad en el 722 a. e. c. Esto supuso el fin del reino del norte, Israel. La mayor parte de los israelitas fueron deportados y enviados al exilio en Asiria. Isaías vivió en un tiempo en el que, por un lado, el judaísmo se estaba apartando de sus valores espirituales y, por el otro, la supervivencia física del pueblo hebreo pendía de un hilo. Él condenó la corrupción moral de la sociedad, advirtió de la inminente destrucción de Israel y Judá pero, sobre todo, envió un mensaje de esperanza: «La gente que camina en tinieblas verá una gran luz; la luz iluminará a los que viven en una tierra oscura» (Isaías 9:2).

La importancia del mesianismo, su papel central en la historia judía, no se puede separar de este mensaje de esperanza: al dolor, a la opresión, al exilio y a la muerte le seguirán la salud, la libertad, el retorno… la vida. La creencia en un hipotético Mesías no es más que el anhelo de esperanza de todo ser humano.

La tradición afirma cinco elementos como características fundamentales del Mesías: será descendiente del rey David; conseguirá la plena soberanía sobre la tierra de Israel; reunirá allí a los judíos dispersos por los cuatro confines de la tierra; los restaurará a la plena observancia de la ley de la Torá; como gran final, traerá la paz al pueblo y a todo el mundo. El Mesías traerá la paz y la armonía entre todos los pueblos de la tierra tal y como simbólicamente expresa Isaías: «El lobo morará con el cordero y el becerro con el cachorro de león» (Isaías 11:6). Maimónides entendía esta visión profética de Isaías metafórico: los enemigos de los judíos, comparados con el lobo, ya no ejercerían opresión alguna, judíos y no judíos vivirían pacíficamente. Un siglo después, Najmánides de Girona rechazó el racionalismo de Maimónides y afirmó que Isaías quiso decir precisamente lo que dijo: que en la era mesiánica incluso los animales salvajes se volverán dóciles y apacibles.

La creencia de que el reinado del Mesías está aún por venir ha distinguido durante mucho tiempo a los judíos de sus vecinos cristianos que creen, por supuesto, que el Mesías vino hace dos mil años en la persona de Jesús. La razón más básica para la negación judía de las afirmaciones mesiánicas hechas en nombre de Jesús es que él no marcó el comienzo de la paz mundial, como Isaías había profetizado: «Y no alzará la espada nación contra nación, ni se prepararán más para la guerra» (Isaías 2:4). Además, Jesús no logró la soberanía política para los judíos o el fin de su persecución. Todo ello sin contar con la teología cristiana que ve a Jesús como Dios. El Mesías hebreo será un enviado de Dios, pero no Dios.

El anhelo de esperanza, la necesidad de ver la luz en los momentos más oscuros de la historia provocó que en ocasiones surgieran falsos mesías. De todos ellos, el más famoso fue Shabtai Tzvi. Nacido en 1626 en una familia adinerada de comerciantes de Esmirna (Turquía), recibió una completa educación talmúdica y, aun en su adolescencia, fue ordenado como *jajam*, un miembro de la élite rabínica. Sin embargo, estaba menos interesado en el Talmud que en el misticismo judío. A finales de su adolescencia, se dedicó por completo a la Kabalah, atrayendo a un grupo de seguidores a los que inició en los secretos de la tradición mística.

Él sufría lo que ahora podría diagnosticarse como un trastorno bipolar severo. Entendió su condición en términos religiosos, experimentando sus fases maníacas como momentos de «iluminación» y sus momentos de depresión como periodos de «caída», en los que el rostro de Dios permanecía oculto para él. Mientras que en momentos de depresión se recluía en soledad, cuando se sentía «iluminado» se afanaba en realizar extraños rituales y prédicas, que muy a menudo se apartaban de la ortodoxia rabínica. En 1648, Shabtai Tzvi se declaró a sí mismo como el mesías, pero no causó mucha impresión en la comunidad de Esmirna, que se había acostumbrado a sus excentricidades. Sin embargo, los continuos escándalos animaron a los rabinos a desterrarlo de su ciudad natal. Shabtai pasó gran parte de la década de 1650 viajando por Grecia y Turquía. Finalmente, fue expulsado también de las comunidades israelitas de Salónica y

Constantinopla (ahora Estambul) por violar los mandamientos y realizar actos blasfemos. En la década de 1660, llegó a Egipto a través de Israel. Durante este periodo llevó una vida tranquila, sin mostrar pretensiones mesiánicas. El punto de inflexión en su carrera llegó en 1665 como resultado de un encuentro con su autoproclamado profeta, Nathan de Gaza. El fervor mesiánico comenzó a extenderse por las comunidades de la Diáspora. El arrepentimiento, el ascetismo extremo, los azotes y el ayuno se alternaban con periodos de gozo extático. Se publicaron las oraciones mesiánicas escritas por Nathan de Gaza. Animados por este ambiente mesiánico, muchos judíos comenzaron a hacer planes de viaje para su inminente partida a la tierra de Israel, otros se negaron, creyendo que milagrosamente serían transportados allí por una nube.

En 1666, Shabtai Tzvi fue arrestado en Constantinopla. Después de un periodo de encarcelamiento, durante el cual siguió proclamando su mesianismo, reemplazó el ayuno del 9 de Av (Tisha b'Av), día de duelo judío por la destrucción del Templo, con un festival que celebraba su cumpleaños y comenzó a firmar sus cartas como «Yo soy el Señor tu Dios Shabtai Tzvi». Tras ser denunciado por fomentar la sedición, fue llevado ante el sultán. En un estado depresivo, negó haber hecho afirmaciones mesiánicas. Cuando se le ofreció la opción de la apostasía o la muerte, decidió convertirse al Islam. Shabtai Tzvi se convirtió en Aziz Mehmed Effendi y, con una pensión real, vivió hasta 1676, aparentemente musulmán, pero participando en secreto en las costumbres hebreas. Sus cartas revelan que, en el momento de su muerte, todavía creía en su misión mesiánica.

Si bien la conversión de Shabtai Tzvi creó una crisis de fe para la mayoría de sus seguidores, el movimiento siguió vivo, sostenido por explicaciones esotéricas cabalísticas y por la necesidad psicológica de sus seguidores de evitar que se derrumbara su visión religiosa profundamente arraigada. El movimiento sobrevivió hasta principios del siglo XVIII.

La espera del Mesías no es más que la esperanza del hombre por un futuro mejor liberado de toda opresión, dolor o sufrimiento. Pero ¿debemos esperar atentamente la llegada de un enviado divino que traiga el consuelo y la salvación a la humanidad?, ¿acaso no podemos hacer nada más que esperar? Ante esta esperanza siempre ha habido dos actitudes, una pasiva, la de aquellos que esperan, y otra activa, la de aquellos que, a través de la práctica religiosa, de las buenas acciones y del *Tikún Olam*, el trabajo por mejorar este mundo, pretenden acelerar la venida del Mesías.

La concepción del judaísmo sobre la era mesiánica no ha sido, ni es uniforme, aunque todas estas concepciones comparten la esperanza. Y no es fácil mantener la fe y la esperanza en un futuro mejor cuando encendemos la televisión o, simplemente, paseamos por las calles de nuestras ciudades y somos testigos de tanto sufrimiento como el que hay en el mundo. Vemos en las noticias cómo miles de refugiados huyen del hambre o de conflictos armados y deambulan por el mundo poniendo en riesgo sus vidas para buscar un hogar donde vivir en paz; la violencia en el hogar: hombres que asesinan a sus compañeras, hijos que maltratan a sus padres... madres que abandonan a sus hijos; trabajadores en todo el mundo son explotados por un sistema que los esclaviza; consumimos tan salvajemente que deshumanizamos al hombre y ponemos el peligro una naturaleza que parece estar sentenciada a su final. El mundo está herido y está lejos de ser redimido. Sin embargo, la voz de los profetas hebreos sigue siendo hoy más que nunca una llamada a la esperanza: «Las naciones tornarán sus espadas en arados y sus lanzas, en podaderas» (Isaías 2:4). Según la visión profética, la redención llegará en un futuro en el que los refugiados encontrarán un hogar y todos los seres humanos serán tratados con dignidad y vivirán en paz.

El mesianismo tradicional hebreo se ha enriquecido con nuevas aportaciones, sobre todo aquellas que realizaron sus grandes pensadores empapados del espíritu ilustrado. Los rabinos que en el siglo XIX fundaron el judaísmo reformista admiraban el espíritu de compromiso del racionalismo de la Ilustración. Estos intelectuales tuvieron cuidado de concebir un mesianismo despojado de las trampas sobrenaturales más extrañas que se habían acumulado en torno a las doctrinas sobre el mesianismo. En lugar de un mesías individual, preferían hablar de una era mesiánica; en lugar de orar por la restauración de los sacrificios en el Templo y el fin del exilio del pueblo de Israel, se concentraron en la promesa profética de paz y armonía en los países en los que recientemente se había otorgado la ciudadanía a los judíos; en lugar de esperar que Dios envíe un mesías, los seres humanos traerían la era mesiánica a través de un compromiso ético con la sociedad. Estos reformadores estaban llenos de esperanza en la humanidad: vieron el camino de la redención en la modernidad de Europa occidental que los había emancipado y prometió, a través del racionalismo y la democracia, un camino hacia la perfección de la humanidad y la paz. La modernidad occidental fue su «mesías».

Rabbi Daniel Lichman, rabino del movimiento reformista británico, ve en el activismo social y en la acción política unos medios para lograr una sociedad más justa. Según él, tenemos que recuperar las «chipas mesiánicas» latentes en la teología, en la mitología y en las prácticas religiosas para encontrar la fuerza necesaria para seguir creyendo en la posibilidad redentora que nuestras propias vidas tienen a través de un compromiso personal que combina espiritualidad y acción. No se trata por lo tanto de una espera pasiva, debemos procurar la redención de manera proactiva animados por la gran paradoja de la fe en que «aunque se demora, la esperaré todos los días».

La creencia en el Mesías, sea cual sea la concepción que del mismo podamos tener, es una invitación a una esperanza activa: esperamos porque creemos que la práctica diaria de los valores espirituales y sociales del judaísmo nos traerá la paz interior necesaria, que a su vez traerá la paz a nuestros hogares, y, así, como si de un faro que emana luz a su alrededor se tratase, llevar la salud a un mundo herido. Está bien creer que algún día alguien vendrá, pero esta creencia no puede liberarnos de nuestra responsabilidad por hacer de este mundo un mundo mejor.

El calendario hebreo y las fiestas

EL CALENDARIO HEBREO

Menorah. Foto: Rebeca García Merino. Museo Sefardí. Ministerio de Cultura y Deporte.

El calendario hebreo, הַלוּחַ הָעִבְרִי (HaLuah HaIvri), también llamado judío, es de carácter lunisolar, es decir toma en consideración tanto las fases del sol como de la luna. El pueblo judíos al igual que otros pueblos de la antigüedad, observó tanto los fenómenos agrícolas como astronómicos para medir el paso del tiempo. Desde tiempos inmemorables los judíos han seguido este sistema con el fin de fijar la observancia de las festividades religiosas. En Israel, se usa tanto con fines religiosos como civiles dado que establece oficialmente los días festivos del país. En Israel contemporáneo convive junto con el gregoriano. También sirve de guía para el ciclo agrícola.

Fuera de Israel, la mayor parte de los judíos se guían por el calendario gregoriano en su día a día, pero el hebreo tiene un papel fundamental para determinar las fechas de las festividades religiosas, así como para fijar la porción de lectura de la Torá correspondiente a cada semana: la *parashá*. Igualmente se utiliza para calcular la fecha de aniversario del fallecimiento de los seres queridos, el *yahrzeit* para los judíos askenazis o la *hazkara* para los sefardíes, así como para fijar el cumpleaños conforme a la fecha hebrea.

El actual calendario hebreo es el resultado de un largo proceso de desarrollo desde tiempos bíblicos hasta la Edad Media. En el texto bíblico tan solo aparecen cuatro meses identificados por su nombre: Aviv, correspondiente al actual mes de Nissan; Ziv, que sería el actual mes de Iyar; Eitanim, actual mes de Tishréi, y Bul, que corresponde con Jeshvan. Los otros meses solo se conocían por su orden en el calendario, por ejemplo, tercer mes, cuarto mes, comenzando a contar desde el primer mes, el actual Nissan, que inauguraba el año israelita por tratarse del mes en el que los judíos fueron liberados de la esclavitud en Egipto y partieron en un largo peregrinar de cuarenta años antes de llegar a tierras de Israel. El Éxodo suponía una nueva etapa en la historia israelita, en la que este pequeño pueblo se configuraría como nación. Es por ello por lo que, este momento «fundacional», marcó durante siglos el comienzo del año judío, hasta que tras el exilio en Babilonia los judíos, por influencia babilónica, comenzaran a celebrar su año nuevo, Rosh Hashaná, en el séptimo mes, el de Tishréi que corresponde a los meses de septiembre-octubre del calendario gregoriano.

El sistema original era contar los meses en orden numérico, comenzando por Nissan. Por lo tanto, cada vez que una persona mencionaba un mes, en realidad estaba recordando el Éxodo de Egipto. Si alguien decía: «Estamos en el sexto mes», esto quería decir que se encontraba seis meses desde el mes del episodio de la liberación de la esclavitud en Egipto. Por lo tanto, la denominación numérica servía como un recordatorio constante de la liberación del pueblo de Israel.

Sin embargo, después del retorno del cautiverio babilónico, los israelitas comenzaron a usar los nombres propios del calendario de la Antigua Babilonia. Estos nombres se convirtieron entonces en una forma de recordar una nueva liberación en la historia de Israel, la redención del exilio en Babel.

A finales del siglo VIII y principios del VI a. C., el Imperio asirio y, luego, el babilónico, respectivamente, conquistaron los reinos de Israel y Judá. En ambos casos, estas conquistas supusieron el traslado de muchos judíos hacia otras regiones en Oriente Medio. Especial influencia en el judaísmo tendrá el exilio en Babilonia tras la conquista de Judá en el año 597 a. e. c., pues desempeñó un papel importante en la configuración del pensamiento judío.

Cuando el Imperio babilónico fue conquistado por los persas, Ciro el Grande permitió que los judíos regresaran a su tierra natal en 539 a. C. Para celebrar su regreso, reconstruyeron el Templo de Salomón que había sido destruido por los babilonios. Los historiadores llaman a la época desde el 539 a. C. hasta el 70 d. C., el periodo del Segundo Templo. Fue durante este tiempo cuando se compilaron muchos de los escritos que se convertirían en la Torá, la historia y el pensamiento religioso del pueblo judío.

También fue durante este tiempo cuando el monoteísmo judío se definió más claramente. Según sus creencias, tenían un pacto especial, un acuerdo, con su Dios, que decía que los judíos eran el pueblo escogido de Dios y, a cambio, seguirían sus leyes y lo adorarían solo a él. Esta fue la fuente de una creencia exclusiva en el Dios judío. Este periodo tuvo una gran influencia en la configuración del calendario hebreo que ha llegado a nuestros días, así como en la celebración de fiestas tales como el año nuevo de Tishréi: Rosh Hashaná.

El Talmud de Jerusalén nos dice que los nombres actuales de los meses hebreos fueron adoptados por Israel tras su regreso del exilio en Babilonia allá por el año 538 a. e. c. durante el reinado del rey Ciro.

Muchos se han hecho la pregunta de por qué usar estos nombres de origen babilonio en lugar de mantener la práctica bíblica de referirse a ellos según su orden en las Escrituras.

Nahmánides sugiere que esta práctica es consistente con la profecía de Jeremías: «Por tanto, he aquí que vienen días —dice Dios— en los que ya no se dirá al jurar: "Vive Dios, que trajo a los hijos de Israel de la tierra de Egipto, 'sino más bien', vive Dios, que hizo subir a los hijos de Israel de la tierra de [Babilonia]..."»[14].

Es decir, el retorno de Babilonia tiene igual o más valor que el retorno de Egipto en la historia del judaísmo. Así como Egipto marcó un antes y un después, el retorno del exilio en Babel marcó para siempre la cultura judía y su calendario.

Hasta el periodo Tannaítico (aproximadamente 10-220 e. c.), el calendario empleaba la nueva luna creciente, con un mes adicional normalmente agregado cada dos o tres años para corregir la diferencia entre el año lunar de doce meses y el año solar. A lo largo del periodo Amoraico (200-500 e. c.) y en el periodo Geónico (500-900 e. c.), este sistema fue desplazado gradualmente por las reglas matemáticas del ciclo metónico que se utilizan en la actualidad. El ciclo metónico es un ciclo de 19 años solares tropicales o 235 meses sinódicos lunares creado por el astrónomo griego Metón en el año 432 a. e. c. Este sistema estaba diseñado de forma que el calendario lunar quedase síncrono con el solar, dando lugar entonces a un calendario lunisolar que tenía en cuenta tanto el ciclo del sol como el de la luna.

Los últimos arreglos en el sistema del calendario judío fueron realizados en el siglo XII por el gran sabio cordobés Maimónides. Estos principios y reglas fueron codificados por completo en la Mishné Torá. El trabajo de Maimónides también reemplazó el recuento de «años desde la destrucción del Templo» con el Anno Mundi que tiene en cuenta los años desde la creación del mundo.

El año lunar hebreo es aproximadamente once días más corto que el año solar y usa el ciclo metónico de diecinueve años para alinearlo con el año solar, con la adición de un mes que se intercala cada dos o

---

14   Jeremías 16:14.

tres años, por un total de siete veces. Es decir, un año «bisiesto» del calendario hebreo no cuenta con un día más, sino con un mes más, el mes de Adar se dobla dando lugar así en los años bisiestos a un Adar I y un Adar II.

He aquí una tabla con los meses del calendario hebreo según su orden bíblico, es decir, considerando Nissan como primer mes, el mes de la salida de Egipto, y no Tishréi, el mes que se convirtió en el mes del año nuevo, Rosh Hashaná, tras el regreso del cautiverio en Babilonia.

Mes hebreo según su orden bíblico	Duración en días	Correspondencia con calendario gregoriano
Nissan	30	Marzo-abril
Iyar	29	Abril-mayo
Sivan	30	Mayo-junio
Tammuz	29	Junio-julio
Av	30	Julio-agosto
Elul	29	Agosto-septiembre
Tishréi	30	Septiembre-octubre
Jeshvan	29/30	Octubre-noviembre
Kislev	29/30	Noviembre-diciembre
Tevet	29	Diciembre-enero
Shevat	30	Enero-febrero
Adar	29	Febrero-marzo

El día judío no tiene una duración fija. Basado en la interpretación rabínica clásica del Génesis 1:5: «Y fue la tarde y la mañana, un día». Un día en el calendario hebreo rabínico va desde la puesta del sol (el comienzo de «la tarde») hasta la próxima puesta de sol. La misma definición aparece en la Biblia en Levítico 23:32, donde la festividad de Yom Kipur se define como que dura «de tarde a noche». Según la ley hebrea, el día anterior termina y comienza uno nuevo cuando tres estrellas son visibles en el cielo.

La semana hebrea, *Shavua*, es un ciclo de siete días, que refleja el periodo del libro del Génesis en el que se creó el mundo. Cada día de la semana va desde el atardecer hasta el siguiente atardecer y se calcula localmente. El ciclo semanal se ejecuta de forma simultánea pero independiente de los ciclos mensual y anual.

El calendario hebreo es fiel reflejo de la historia de encuentro del pueblo de Israel con otras civilizaciones. Evolucionó de ser un pequeño pueblo de agricultores que miraban al cielo para saber cuándo cosechar, a uno que transformó la espiritualidad de la humanidad. Algunos podrán pensar que en una sociedad globalizada poco sentido tiene mantener costumbres así, sin embargo, el calendario hebreo nos enseña que el judaísmo hace del día a día, del paso del tiempo y de las estaciones, un encuentro con el mundo de lo divino. Tal y como decía el rabino Abraham J. Heschel:

> «El judaísmo es una religión del tiempo que apunta a la santificación del tiempo. A diferencia del hombre de mentalidad espacial para quien el tiempo es invariable, iterativo, homogéneo, para quien todas las horas son iguales, sin calidad, conchas vacías, la Biblia siente el carácter diversificado del tiempo. No hay dos horas iguales. Cada hora es única y la única que se da en el momento, exclusiva e infinitamente preciosa.
>
> El judaísmo nos enseña a apegarnos a la santidad en el tiempo, a apegarnos a los acontecimientos sagrados, a aprender a consagrar santuarios que emergen del paso de los años»[15].

SHABAT

Shabat es el día sagrado por excelencia, un día de descanso y abstención del trabajo especialmente dedicado a la espiritualidad, a la comunidad y a la vida en familia.

Un origen etiológico para el sábado se proporciona en Génesis 2:1-3, que habla de Dios cesando en la obra de la creación en el séptimo día, bendiciendo el día y declarándolo santo:

> «Así se completaron los cielos y la tierra en toda su plenitud. En el séptimo día, Dios terminó la obra que había hecho; así que en el séptimo día descansó de todo su trabajo. Entonces, Dios bendijo el séptimo día y lo santificó, porque en él descansó de toda la obra de creación que había hecho».

---

15   Abraham J. Heschel, *El Shabat.*

Perfumador o *Besamim*. Foto: Rebeca García Merino.
Museo Sefardí. Ministerio de Cultura y Deporte.

El Shabat ha sido una piedra angular en la práctica religiosa israelita desde los tiempos más remotos. Esta importancia queda reflejada en la mención constante del Shabat en las fuentes bíblicas. En el Pentateuco, la observancia del Shabat se legisla repetidamente en términos generales en los pasajes de: Éxodo 20:8-11; 23:12; 31:12-17; Levítico 23:3; Deuteronomio 5:12-15. La Torá regula igualmente una serie de trabajos que están prohibidos, tales como recolectar alimentos, arar y cosechar, encender fuego y cortar leña (Éxodo 16:29-30; 34:21; 35:3; Números 15:32-36). Pero el Shabat no consiste en una mera lista de prohibiciones, sino en la afirmación del carácter sagrado de la existencia humana y del inmenso valor de la naturaleza que nos rodea; por ello, la Torá establece el descanso para todos, incluyendo el de los extranjeros, siervos y animales de labranza (Éxodo 20:10; 23:12; Deuteronomio 5:14).

El tiempo puede ser cíclico o lineal. Los meses en la tradición hebrea dependen del ciclo lunar; los años, del ciclo lunisolar. La semana, sin embargo, forma parte de un tiempo que es lineal. Una línea en la que cada siete días hacemos una parada, el Shabat. El número siete simboliza una realidad casi perfecta, pero a la que le falta algo. Los siete días de la semana representan la totalidad de la Creación, pero la Creación no es perfecta, está incompleta, es decir, el mundo en el que vivimos no es perfecto. La plenitud no existe aún, habrá que esperar un futuro tiempo mesiánico, será entonces cuando las heridas de este mundo serán curadas y el ser humano vivirá en plenitud junto al prójimo y en armonía con la naturaleza. Cada sábado, los judíos crean un ambiente especial, mágico y diferente al resto de la semana, que representa la paz y la armonía de la anhelada redención que traerá el Mesías. El Shabat es la antesala de esa era mesiánica, el tiempo en el que el mundo será curado de todas sus heridas, un tiempo de paz, de una paz perfecta, completa. Cada viernes, al dar la bienvenida al Shabat, los judíos se saludan diciendo: *Shabat Shalom*, «que tengas un Shabat de paz». La palabra *shalom* no solo significa «paz», sino también algo «pleno, unido, libre de toda fractura, de toda división». Al decir *Shabat Shalom* deseamos que pronto, este mundo que ahora sufre, encuentre el consuelo, el reposo, la paz. Las semanas son líneas, caminos, estelas que tienden al infinito, al *Ein Sof*, a Dios... y el Shabat es la oportunidad de saborear ese infinito al que nuestro corazón anhela algún día retornar.

El Shabat es una gran fiesta, los cabalistas lo viven como la celebración de una gran boda: el matrimonio místico entre Dios y el pueblo de Israel. Como en toda boda, los preparativos no se dejan para el final, sino que durante toda la semana ya se va preparando tan importante día con todo lujo de detalles. El miércoles y el jueves se hace la compra de todo lo que vaya a ser necesario. El jueves ya comienzan a cocinarse todo tipo de ensaladas, entrantes y postres. La variedad culinaria de las recetas sabáticas es inmensa: cada región, cada comunidad y familia tiene sus propias recetas, que en muchos casos han sido transmitidas de generación en generación durante siglos. Los judíos askenazíes de Europa Central y Europa del Este suelen cocinar un plato principal llamado *cholent*, un guiso de alubias y carne cocinado a fuego lento desde las vísperas del Shabat, de manera que así, aunque no se cocine ni se manipule fuego alguno durante el día santo, la familia podrá degustar un delicioso plato caliente. Hay que tener en cuenta que en sábado no se permite cocinar ni encender ni apagar fuego (esta prohibición se extiende hoy día a la electricidad), por este motivo todo debe prepararse con anterioridad a la puesta del sol del viernes noche. Esta limitación a la hora de cocinar es el origen de una gran lista de recetas de platos fríos o servidos a temperatura ambiente. En la tradición de los judíos españoles se prepara un rico y contundente guiso conocido con el nombre de adafina o *hamim*. Este popular plato es el origen de los distintos tipos de cocidos que se cocinan en la península. Tal y como ocurre con el cocido, existen múltiples tradiciones. Generalmente, se trata de un guiso, cocinado lentamente desde el viernes al sábado a medio día, a base de garbanzos, carne de pollo y carne de vacuno, patatas y cebollas que se sirve con huevos *haminados* (cocidos lentamente desde la víspera), arroz y trigo sarraceno.

La casa se limpia, se compran flores frescas y una bella mesa vestida de blanco preside la sala principal de la casa. Cada uno se prepara aseándose con cuidado y vistiendo especialmente para la ocasión. Algunos incluso acuden al baño, *mikvé*, para purificarse antes de la entrada de Shabat. No es un día más, sino el gran día en el que se celebra la belleza de la creación, la libertad de la esclavitud, el don de la Torá y la esperanza en la futura redención del mundo. Hay una leyenda que ilustra la importancia de la preparación del

Shabat: cada viernes por la noche, cuando los judíos vuelven del rezo en la sinagoga, dos ángeles los acompañan a casa. Si al llegar a casa todo está bien preparado, la casa limpia, una bella mesa puesta, el ángel bueno dirá que el próximo Shabat sea tan bueno como este. Y el ángel malvado responderá: «Amén». Si al llegar a la casa, no hemos preparado nada en honor del Shabat todo será un desastre. Si no hay nada listo para honrar al Shabat, el ángel malvado dirá que el próximo Shabat sea igual a este. Y el ángel bueno se verá obligado a asentir y decir: «Amén». Esta leyenda nos enseña que el modo en el que nos preparamos para Shabat, el modo en el que vivimos cada uno, afecta a los siguientes shabatot que vendrán en el futuro y, por lo tanto, afecta a los días que hay entre un Shabat y otro. Preparar con cariño cada Shabat y vivirlo como un día único y especial, distinto a todos los demás, es algo que influye positivamente, es algo que ilumina el resto de nuestros días, nuestra vida en general.

Durante la semana, el final del viernes es esperado con impaciencia. Al caer el sol y aparecer las primeras estrellas sobre el firmamento, se abrirá la puerta a un mundo pleno de encantos y de espiritualidad: el mundo del Shabat. El olor de las recetas antiguas y del pan recién horneado inundarán la casa mientras que la familia termina de prepararse para recibir tan esperado momento. Dos rituales especialmente bellos dan la bienvenida cada semana al Shabat: el primero es el encendido de las velas de Shabat en cada casa. Se encienden al menos dos que representan, por un lado, la obligación de guardar Shabat y, por otro, el deber de recordarlo. La luz de las velas ilumina la casa y simbolizan la elevación espiritual del alma en este día santo.

Otro ritual consiste en acudir a la sinagoga al servicio de *Kabalat Shabat*. Se trata de un servicio religioso que combina textos y melodías ancestrales cuyo origen se remonta al Templo de Jerusalén, con poemas litúrgicos escritos por los más importantes poetas hebreos medievales y por los cabalistas de Safed en el siglo XVI. Una cuidada liturgia de alegres melodías y cánticos que dan la bienvenida al Shabat como si fuera una novia que viene vestida con sus mejores galas a desposar a su amado. Tras el rezo en la sinagoga, la familia regresará al hogar y alrededor de la mesa recitará la oración *kidush* sobre el vino, una oración destinada a consagrar al Shabat como día santo; un día diferente a todos los demás en el que celebramos en libertad la culminación de la obra creadora de Dios. «En libertad»: no podríamos vivir la plenitud del sábado si fuéramos esclavos, es por ello por lo que el *kidush* sobre el vino recuerda cada viernes la liberación del pueblo de Israel de la esclavitud de Egipto. Quien no respete el Shabat, en cierto modo, retornará a la esclavitud. El vino simboliza la alegría y el poder creador que Dios decidió compartir con el ser humano. Tras bendecir el vino y proceder al lavado de las manos recitando la correspondiente bendición, se bendecirá el pan, que habrá sido preparado especialmente en honor del Shabat y tendrá forma trenzada, *jalá*. En Shabat colocamos sobre la mesa dos *jalot*, estos dos panes recuerdan el doble maná que los israelitas recibían del cielo cada sábado durante su peregrinar en el desierto. La mesa es un elemento central en esta celebración, un altar en el que la familia y amigos alzan su oración en forma de bendiciones, platos deliciosos y alegres cánticos. El judaísmo no se vive exclusivamente en la sinagoga, tan o incluso más importante es el hogar y las tradiciones familiares transmitidas con cariño de generación en generación.

La celebración del Shabat depende lógicamente del nivel de práctica religiosa de cada individuo y de cada familia, así como de la tradición a la que estos pertenezcan. Para algunos el Shabat será la reunión con la familia, el descanso, el paseo con los amigos o el disfrute de la naturaleza, sin embargo, para otros el Shabat tendrá también una carga religiosa importante que generalmente se centrará en los rituales de la sinagoga. Las personas más practicantes suelen acudir a la sinagoga al menos en tres ocasiones ese día: una, el viernes por la tarde para *Kabalat Shabat*; otra, el sábado por la mañana del oficio matutino de Shaharit y Musaf; una última, por la tarde del oficio de Minjá.

Cada Shabat en el oficio de Shaharit se hace la lectura pública de la Torá. La liturgia de la lectura de la Torá reproduce en su coreografía el momento de la Revelación en el Sinaí; es como si cada judío fuera Moisés que vuelve a subir a la cima de la montaña a recibir el don de la Torá. La lectura pública de la Torá es un ritual que se remonta a los tiempos de Ezra y el retorno a Jerusalén del exilio de Babilonia en el 459 a. e. c. Cada semana se lee una porción o *parashá*, de manera que a lo largo de un año se completa el ciclo de la lectura del Pentateuco. Muchos tienen la costumbre de estudiar y meditar la lectura de la Torá que se hará en el próximo Shabat. Este estudio se puede hacer tanto de forma individual como en grupos o *javrutot*, parejas de estudio. Tradicionalmente, cada Shabat en la sinagoga algún miembro destacado de la comunidad, generalmente el rabino, suele realizar una *drashá*, una interpretación-comentario del texto bíblico. A la lectura de la Torá le sigue la de la *Haftará*, un fragmento de algún libro de los profetas cuya temática esté relacionado con la lectura de la *parashá* semanal.

Los sabios enseñaron que en Shabat cada uno recibe un alma adicional. El alma, la *neshamá*, forma una unidad con la vida de modo que el ser humano vive en la unidad entre el mundo del espíritu y el de la materia: alma y vida van unidas. Tener un alma adicional en Shabat simboliza la plenitud por excelencia, la plenitud de lo humano y lo divino por igual. El final del Shabat produce nostalgia y esperanza a la vez; nostalgia por dejar atrás la paz de este día santo y esperanza de que la plenitud del Shabat ilumine la nueva semana que comienza. Estos deseos quedan reflejados en la ceremonia de Havdalah que pone fin al sábado. En esta sencilla y bella ceremonia se realizan bendiciones sobre el vino, un puñado de especias o un ramillete de plantas aromáticas, y sobre la llama de una vela, simbolizando nuestra esperanza de que la alegría, los aromas y la luz del Shabat nos acompañen durante la semana. Al finalizar esta oración, los presentes se desean buena semana diciendo en hebreo: *shavua tov*.

Durante demasiado tiempo, especialmente en aquello que algunos llaman el primer mundo, y que a veces no comprendo por qué le hace ser mejor al segundo o al tercero, hemos vivido en una burbuja que nos apartaba de lo real en la que pretendemos vivir sin dolor y a toda velocidad. Es algo así como viajar en un tren AVE anestesiados. Un viaje en el que una ecuación domina nuestras vidas como un dictador domina y somete a su pueblo. La ecuación de más trabajo y más dinero igual a mayor felicidad. Y así pasan nuestros días sin darnos cuenta, esclavos de una dinámica que nos aleja de quien verdaderamente somos. La experiencia del coronavirus ha sido como aquel que presiona el freno de emergencia de ese tren. El tren se ha parado de manera brusca y dolorosa... aún estamos sumergidos en el más profundo *shock*. Algunos dicen que el mundo tras el coronavirus no volverá a ser el mismo. Yo no lo creo. Pero sí creo que nosotros no deberíamos ser los mismos tras pasar por esta dolorosa experiencia, que es, por otro lado, una invitación a parar y a encontrarnos.

Shabat es esa parada en el tiempo lineal que nos conduce al infinito. Una parada para encontrar nuestro lugar en el mundo, una oportunidad para escuchar nuestra voz interior. El mundo, la sociedad, muchas de nuestras familias, muchos de nosotros, estamos pasando por momentos muy duros y dolorosos. Shabat es la medicina que nuestras almas, nuestras vidas y el mundo necesita en este momento. Paremos y desconectemos de tanto dolor, cojamos fuerzas para volver a una vida en la que valoremos lo que verdaderamente es importante. Una vida fuera de toda burbuja. Una vida en la que descubrir que mirar al mar sosteniendo la mano de la persona que amamos tiene más valor que una cuenta bancaria plagada de ceros, pero que no nos deja tiempo parar alzar la vista y ver el horizonte, la eternidad.

Hay diversas interpretaciones al hecho de encender dos velas en Shabat. Una de ellas es aquella que nos recuerda que en Shabat recibimos un alma adicional, una *neshamá y'teirah*. Tenemos la *neshamá* que recibimos al ser creados y otra especial que nos acompaña durante el día santo. Cada sábado, nuestra vida toma una nueva dimensión, estamos doblemente vivos, como doble fue la porción de maná que nuestros padres recibieron en el Shabat durante su peregrinar en el desierto. Decimos *l'haim al hacer kidush. Haim* es un dual y significa las dos vidas: la vida física y la vida espiritual. Shabat es un gran *l'haim*, la oportunidad de estar doblemente vivos: física y espiritualmente.

Deberíamos vivir más que nunca la alegría del Shabat. Necesitamos de sus cuidados, de su protección. Veamos en el Shabat una oportunidad para vivir más despacio, haciendo hincapié en esas pequeñas cosas que antes ignorábamos, dando importancia a aquello que es verdaderamente importante.

Decía A. J. Heschel: «Más que los judíos guardar el Shabat, ha sido el Shabat quien ha guardado a los judíos».

La vivencia profunda de cada Shabat construye un puente de luz que nos conduce hasta el próximo Shabat y así sucesivamente de Shabat en Shabat hasta la eternidad.

Rosh Hashaná, literalmente «cabeza del año», es el año nuevo hebreo. Una fiesta que suele caer en el mes de septiembre del calendario gregoriano y que inaugura el otoño. Curiosamente, este año nuevo tiene lugar al comienzo del mes de Tishréi, que en realidad es el séptimo mes del año, contando desde Nissan, el mes de la primavera. Según la Torá, el primer mes del año hebreo es el mes de Nissan, donde se celebra la Pascua en honor a la liberación de la esclavitud en Egipto. Pero ¿qué referencia encontramos en la Torá a este día? Leemos en Levítico 23:24:

> «Habla a los hijos de Israel y diles: "En el mes séptimo, el primero del mes, será un Shabat para vosotros, un recuerdo del toque del shofar, una ocasión santa"».

Tal y como podemos ver, la Torá no hace referencia a *Rosh Hashaná* ni mucho menos a que el primer día del mes séptimo de *Tishréi* sea el año nuevo, se habla de este día como uno santo y especial, una especie de Shabat que reúna a la comunidad, un día en el que se hace sonar un cuerno llamado *shofar*. De hecho, uno de los nombres que recibe la fiesta es *Yom HaTeruáh*, el día del sonido del *shofar*. Por lo tanto, aunque la fiesta tiene orígenes bíblicos, la Biblia no hace mención a esta fiesta como año nuevo. Según la opinión mayoritaria, el origen de la celebración del año nuevo hebreo en esta fecha se remonta a la época del exilio en Babilonia. El exilio tras la destrucción del Primer Templo en el año 536 a. e. c. provocó su encuentro con una sociedad mucho más avanzada en Babilonia. Los judíos adoptaron numerosas costumbres babilónicas como su calendario incluyendo el nombre de sus meses que en ocasiones estaban dedicados a divinidades paganas. Tal es el caso del mes de Tamuz, que lleva el nombre de una figura parecida a Perséfone, cuya muerte y resurrección se alinea con el ciclo de las estaciones. Una de estas tradiciones incorporadas en el exilio de Babilonia fue el año nuevo babilónico, que se celebraba el primer día del mes de otoño de Tishréi. La tradición rabínica posterior decidió designarlo como el comienzo del año, pero con una carga mucho más espiritual a esos «años nuevos» a los que la cultura occidental nos tiene acostumbrados. Los rabinos vieron en este día la oportunidad para conmemorar

Manuscrito iluminado referido a la festividad de *Ros ha-Shanah*.
Foto: Rebeca García Merino. Museo Sefardí. Ministerio de Cultura y Deporte.

la Creación de Dios, algo así como el aniversario del día en que se creó la humanidad. Otra explicación sobre el origen de esta fiesta se puede encontrar en el significado de Tishréi como el séptimo mes del año, de ahí que se considere a este día como un gran Shabat. En todo caso, estamos hablando tanto de un momento de regocijo y celebración como de un momento para la introspección y la reflexión: una invitación a hacer balance de la propia vida.

Rosh Hashaná es también conocido como el día del sonido del *shofar*: Yom HaTeruáh. El *shofar* es un instrumento de viento realizado a partir de la cornamenta de un animal *casher* (apto para el consumo judío). Su uso tanto como ritual como meramente instrumental se remonta a la antigüedad. El libro de Josué describe cómo los israelitas lo hicieron sonar contra las murallas de Jericó en su conquista de la tierra de Canaán. La razón de hacer sonar el *shofar* el día de Rosh Hashaná en la sinagoga es la de ser una llamada de atención, una alarma espiritual que nos lleve a la reflexión, a realizar un profundo examen de conciencia. El *shofar* nos invita a dejar atrás todo el mal que pudimos hacer en el año anterior y comenzar el año nuevo con un renovado deseo de mejora personal. Maimónides escribe a este respecto en su *Mishné Torá*:

> «A pesar de que el toque del *shofar* en Rosh Hashaná es un decreto divino [que su significado es desconocido para nosotros], de todas maneras, hay en él una insinuación. Es como si nos estuviera diciendo: "Despierten de su sueño quienes duermen; y aquellos que están dormitando, despierten de su letargo. Revisen sus acciones, arrepiéntanse de sus pecados y recuerden a su Creador. Aquellos que se olvidan de la verdad con el pasar del tiempo y aquellos que pierden sus años en pos de la vanidad y la locura, que no tienen propósito alguno y no pueden salvarte, miren en sus almas y mejoren sus caminos y sus actos. Abandonen todos los caminos del mal y los pensamientos que no ofrecen ningún beneficio[16]"».

Los dos días de *Rosh Hashaná* marcan el comienzo de los Diez Días del Arrepentimiento, *Aseret Yemei Teshuvá*, que culminan en el día principal de *Yom Kipur*, el Día del Perdón. Se tratan de diez

---

16   *Mishné Torá*, Hiljot Shofar 3:4.

días dedicados al examen interior y que forman parte de un proceso más largo que comienza el mes anterior, llamado Elul. El mes de Elul y los diez días entre *Rosh Hashaná y Yom Kipur* forman parte de un periodo de profunda carga espiritual. Al examen de conciencia le acompaña el recitado de una serie de poemas litúrgicos, *selihot,* cuyo fin es pedir perdón. En otras culturas, el año nuevo es un día de animada fiesta, en la tradición judía lo es también y se vive con alegría, pero el carácter festivo de *Rosh Hashaná* nunca podrá llegar a ser tal que nos impida la reflexión. *Rosh Hashaná* es también conocida como *Yom HaDin,* el Día del Juicio. En este día, según la tradición, se escriben tres libros: en uno se apunta los nombres de los malvados; en otro, los nombres de los justos, y un tercero —en el que nos encontramos la mayor parte de los judíos—, los nombres de aquellos que no son ni justos ni malvados. Es por ello por lo que *Rosh Hashaná* es tan importante, entre el comienzo del año hebreo y el día de *Yom Kipur,* cada uno de nosotros tenemos la oportunidad de hacer que la balanza se incline a nuestro favor y así ser inscritos en el Libro de la Vida. *Rosh Hashaná* es una oportunidad única para mejorar como personas y así hacer que nuestro entorno sea cada año un poco mejor.

La liturgia sinagogal de Rosh Hashaná es especialmente rica. A las oraciones habituales, la tradición ha añadido lecturas, poemas litúrgicos o *piyutim,* y tradiciones que realzan la importancia de este día en el calendario hebreo. Estas vienen recogidas en el *Mahzor.* El *Mahzor* (en hebreo מחזור), literalmente «ciclo», de la raíz ḥ-zr «volver», es un libro que contiene las oraciones y las piezas litúrgicas de las Altas Fiestas (*Rosh Hashaná y Yom Kipur*) y de las *Shalosh Regalim,* las Fiestas de Peregrinación (*Sukot, Pésaj y Shavuot*). En este sentido, constituye una versión especial del *Sidur,* el libro de oraciones utilizado para los días de semana y el Shabat, al cual complementa con los elementos específicos de estos días festivos.

Son muchos los elementos litúrgicos propios de las oraciones de . Entre ellos destacan:

- «El canto de *Avinu Malkenu*», Nuestro Padre y Nuestro Rey. Según el tratado *Taanit* del Talmud, esta oración nació durante un periodo de extrema sequía en la tierra de Israel en los tiempos de rabbi Akiva (siglos I y II de la e. c.). Los sabios habían proclamado un día de ayuno y plegarias para hacer llegar la lluvia. Según la leyenda, rabbi Eliezer salió a la calle para dirigir las plegarias, pero las lluvias esperadas no llegaron. En ese momento, rabbi Akiva, uno de los discípulos de rabbi Eliezer, salió, miró al cielo diciendo: «Padre Nuestro, Rey Nuestro, hemos pecado ante ti. Padre Nuestro, Rey Nuestro, no tenemos otro Rey más que Tú», en ese momento, comenzó a llover en abundancia. *Avinu Malkenu* es uno de los cantos más solemnes y bellos de la liturgia. Se recita tradicionalmente en Rosh Hashaná, en los días de Teshuva, y en Yom Kipur. En esta oración nos dirigimos a Dios como padre y soberano implorando compasión, vida y felicidad.

- La lectura de la Torá y los profetas. El servicio de la Torá comienza con la apertura del *Arón HaKodesh*, el arca donde se guarda la Torá. Seguidamente, la Torá es llevada en procesión por toda la sinagoga mientras la comunidad canta en su honor.

La lectura del primer día de *Rosh Hashaná* pertenece al capítulo 21 del Génesis. Narra la historia de Sarah, la mujer de Abraham. Ella era una mujer de avanzada edad que vivía angustiada por no haber podido tener hijos. La historia cuenta cómo Dios «visitó» a Sara y cumpliendo con su promesa le anuncia que dará a luz a Isaac. El propósito de esta lectura es recordar que Dios se mantiene fiel a su promesa y que traerá la Redención. La lectura del segundo día, extraída de Génesis 22, cuenta la historia de la *Akedat Itzhak* en la que Dios pone a prueba a Abraham pidiéndole que sacrifique a su hijo Isaac.

En ambos días hay una lectura adicional, el *Maftir*, que contiene instrucciones bíblicas sobre los sacrificios que se ofrecían en el Templo en *Rosh Hashaná*. El servicio de la Torá también incluye la *Haftará*, la lectura de un fragmento de un libro de los profetas. La *Haftará* del primer día del primer libro de Samuel cuenta la historia de Hana, cuya angustia por la falta de hijos se asemeja a la de Sara; la historia nos dice que Dios «se acordó» de Hana emocionado por la sinceridad de su oración humilde y silenciosa. El segundo día, la *Haftará* del profeta Jeremías relata la promesa de Dios de «recordar» a Efraín y redimir al pueblo de Israel.

El servicio de la lectura de la Torá concluye con el recital de bendiciones en favor de la comunidad, de los enfermos y de las autoridades del país tras las bendiciones, la Torá regresa al arca.

- *Shofar.* Tal y como hemos visto, uno de los nombres que recibe el año nuevo es *Yom HaTeruah*, el Día del *shofar*. El *shofar* ocupa un lugar central en la liturgia sonando un total de cien veces durante los oficios de la mañana.

  Hay tres tipos de toques de *shofar*: *tekiah*, *shevarim* y *teruah*. La *tekiah* es un sonido largo que recuerda a un grito de angustia; los *shevarim*, tres explosiones más cortas, y el *teruah*, nueve toques entrecortados. Estos toques representan respectivamente gemidos y sollozos. Hay una leyenda judía que dice que el sonido del *shofar* representa el llanto de Sara al creer que su esposo Abraham había cumplido finalmente con la prueba divina de sacrificar a su hijo Isaac. Un llanto simbólico que al comienzo del año nos recuerda que, a pesar de estar de celebración, debemos empatizar con el dolor de aquellos que sufren. La primera vez que se hace sonar el *shofar* es precisamente tras finalizar el servicio de la lectura de la Torá.

Tras la lectura de la Torá en la mañana de *Rosh Hashaná*, se procede con el *Musaf*, un oficio adicional para *Shabat* y días festivos, conmemora el sacrificio adicional ofrecido en estos días en el Templo de Jerusalén. El comienzo y el final de la *Amidah del año nuevo judío* es prácticamente idéntica a la que se realiza todos los días del año, es decir contiene diecinueve bendiciones centrales, en la conmemoración de este solemne día se añaden al centro tres secciones que son únicas de la liturgia de *Rosh Hashaná*: *Maljuyot*, *Zijronot*, y *Shofarot*. Estas secciones adicionales tienen que ver con la proclamación de la soberanía de Dios, el recuerdo y el sonido del *shofar*. Los versos de *Maljuyot*, *Zijronot* y *Shofarot* realzan la rica compleja teología de *Rosh Hashaná*. El año nuevo es tiempo para reconocer aquello verdaderamente valioso en nuestras vidas, qué elementos del pasado queremos dejar atrás y cuáles deseamos que nos acompañen en el futuro. Un día de meditación y reflexión sobre el papel que cada uno desempeña en este mundo: ¿Qué podríamos aportar para hacer de este un mundo mejor? Desde el punto de vista espiritual: ¿cuáles son nuestros retos y metas? En cada una de estas secciones encontramos ejemplos de la más bella poesía litúrgica, así como versos de la Torá, de los salmos y los profetas. Cada verso es una llamada, una invitación a recordar la importancia de este día: el cielo es testigo de que no existe un hombre bueno o malo por naturaleza, sino que cada individuo tiene en el ejercicio de su libertad la potestad de elegir entre el bien y el mal. Al final de cada una de estas secciones, se hace sonar el *shofar* hasta completar el total de los cien toques que hacen de *Rosh Hashaná Yom HaTeruá*.

El oficio matutino culminará con el recitado de *Alenu*, una oración originariamente compuesta para el Musaf de *Rosh Hashaná* pero que a lo largo de los siglos alcanzó tal popularidad que hoy día se recita al final de cada uno de los oficios religiosos en las sinagogas de todo el mundo. Parece ser que el origen de tal popularidad tuvo lugar en Blois, Francia, donde en el año 1171, un grupo de teinta y cuatro hombres y diecisiete mujeres fueron quemados en la hoguera por negarse a renunciar a su fe. Se dice que fueron a la muerte cantando con tanto fervor el *Alenu* que incluso los verdugos estaban conmovidos. Algunos han sugerido que este acto de martirio inspiró a muchos rabinos europeos a incorporar *Alenu* en la liturgia diaria. Es así como esta oración pasó de ser un elemento extraordinario de la liturgia del año nuevo hebreo a ser una oración recitada con piedad varias veces al día. El *Alenu* está compuesto por dos párrafos en los que se expresan a la vez la particular relación del pueblo de Israel con Dios y el mensaje universal del judaísmo. En su primer párrafo se alaba a Dios creador del universo y su soberanía sobre cielos y tierra. El segundo párrafo proclama el necesario reconocimiento universal de Dios: «Y toda la humanidad invocará tu nombre». El texto termina con un verso del profeta Zacarías invocando el reinado de Dios sobre todo lo creado: «Y el Señor será rey sobre toda la tierra; en aquel día habrá un Señor con un solo nombre».

Tal y como ocurre con todas y cada una de las fiestas judías, existe una rica tradición culinaria en torno a la celebración, con la peculiaridad de que en el caso de Rosh Hashaná se trata de recetas y alimentos con una fuerte carga simbólica. La *jalá*, el pan típico del Shabat y las fiestas, adopta para el año nuevo una forma redonda simbolizando así la eternidad del ciclo de la vida. Generalmente, el resto del año se añade un puñado de sal al pan en el momento de su bendición antes de comenzar el banquete festivo, pero en este caso en lugar de sal, *la jalá* se sumerge en miel simbolizando nuestro deseo de que el año venidero sea dulce. De hecho, uno de los saludos típicos con el que amigos y familiares se desean un feliz año es *Shana Tova uMetuká*, «que tengas un año bueno y dulce», o como se dice en ladino: «*Anyada buena y dulce*». Otra tradición para que el año nuevo sea un dulce año es tomar gajos de manzana bañados en miel, esta costumbre ha dado origen, a su vez, a una infinidad de dulces y postres a base de manzana y/o miel.

Muchas familias, especialmente de origen sefardí, siguen la tradición cabalística de hacer un *Seder* de Rosh Hashaná, se trata de una serie de alimentos acompañados de su correspondiente bendición antes de comenzar con la cena festiva en sí. Los alimentos del *seder* pueden variar según la comunidad o la familia, pero en cualquier caso todos ellos simbolizan nuestra esperanza de un buen y próspero año nuevo. La razón por la que se eligieron estos alimentos suele estar ligada a que su significado hebreo representa nuestros deseos para el año que comienza. Una oración acompaña su consumo, esta oración expresa uno por cada alimento ingerido. La oración se recita mientras se sostiene la comida en la mano derecha, inmediatamente antes de comerla. Los ingredientes del *seder* suelen ser: alubias blancas, puerros, remolacha, calabaza, granada, manzana y cabeza de carnero o de pescado.

A la larga lista de recetas típicas del año nuevo hebreo hay que añadir algunos alimentos que según la costumbre no son recomendables para el consumo en esta fecha. De todos ellos destacan las nueces. La *gemátria*, o valor numérico de la palabra nuez, en hebreo *egoz*, coincide con el valor de la palabra *het*, «pecado». En *Rosh Hashaná*, la tradición nos dice que se abren las puertas del cielo para que nuestros pecados sean perdonados. Estas puertas se cerrarán al final del día de Yom Kipur. Para simbolizar nuestro deseo de comenzar el año totalmente purificados de todo mal se evitan este día las nueces, aunque son deliciosas y forman parte del recetario judío, por este «parentesco» con el pecado.

El año nuevo hebreo es una oportunidad única para la reflexión, para ver todo aquello que deberíamos mejorar en nuestras vidas, una oportunidad para cambiar y para que este cambio sea a mejor.

YOM KIPUR

Tal y como hemos visto, *Rosh Hashaná* abre un tiempo de especial dedicación a la reflexión, un periodo para analizar nuestro interior, la calidad de nuestras relaciones con los demás, nuestra vida espiritual, nuestro lugar en el mundo, y así ver aquello que debemos cambiar para vivir una vida de plenitud en paz y armonía con nosotros mismos, con nuestro entorno y con Dios. Según cuenta nuestra tradición, las puertas del cielo se abren para escuchar nuestras plegarias y restaurar todo aquello que no funciona, todo lo que está fracturado en nuestra vida. Estas puertas del cielo permanecen abiertas durante diez días y volverán a cerrarse al final de *Yom Kipur*. Los diez días que median entre el año nuevo israelita y el día de Yom Kipur, el día del gran perdón, son conocidos con el nombre de *Aseret Yamei Teshuvá*. *Teshuvá* significa literalmente «retorno», aunque popularmente suele traducirse como «arrepentimiento».

Cassuto, Sami. *El tañer del shofar* (2000). Foto: Rebeca García Merino. Museo Sefardí. Ministerio de Cultura y Deporte.

144

Los días de *teshuvá* son un periodo de autocrítica y reflexión cuyo fin es la reconciliación. Estos días comienzan con la llegada del año y culminan en el día de Yom Kipur. A través de la oración, la introspección y los actos de bondad buscamos remover de nuestra realidad todos aquellos errores que nos apartan de todo lo que no nos permite vivir en plenitud. Gracias a la *teshuvá*, al arrepentimiento, retornamos a Dios tomando conciencia de que el camino de retorno no lo hacemos solos. Mediante el arrepentimiento, nosotros volvemos a Dios, pero Dios también vuelve a nosotros; nos encontramos en mitad del camino y nos fundimos en un abrazo. T tal y como dice el profeta Malaquías: «Volved a mí y yo volveré a vosotros».

El día de *Yom Kipur* es el más santo del año; un día que congrega a judíos de todo origen, de toda condición, de todo tipo de práctica religiosa, en torno a la idea de la reconciliación. Un día de unidad para el pueblo de Israel. Las sinagogas de todo el mundo abren sus puertas y a ellas vienen no solo aquellos que la frecuentan cada día, y cada Shabat, sino aquellos que no la visitan a lo largo de todo el año, pero que se acercan buscando la paz. Yom Kipur es una fiesta bíblica establecida en la Torá:

«Y esto será para vosotros una ley perpetua, el séptimo mes, el décimo día del mes, mortificaréis vuestras almas; no haréis ningún tipo de trabajo, ni vosotros ni el extranjero que habita entre vosotros, porque este es un día para hacer propiciación con el fin de ser purificados. Vosotros seréis purificados de todas vuestras faltas delante del Eterno. Será para vosotros un Shabat solemne en el que mortificar vuestras almas; una ley perpetua» (Levítico 16:29-31).

> «El décimo día del séptimo mes será para la expiación, una convocación santa; afligiréis vuestras almas y ofreceréis un sacrificio al Eterno, y no haréis ningún trabajo en este día porque es para la expiación, destinado a ser rehabilitados delante del Eterno vuestro Dios» (Levítico 23:27-28, 31-32).

> «En el décimo día del séptimo mes habrá para vosotros una convocación santa: afligiréis vuestras almas y os abstendréis de todo trabajo» (Números 29:7).

Se trata del momento culminante de los Diez Días de Arrepentimiento, *Aseret Yamei Teshuvá*. La única fiesta cuya santidad equivale a la del Shabat, de hecho, se trata de un Shabat Shabaton, el sábado de los sábados.

Yom Kipur nos da la oportunidad de modificar nuestra línea de conducta, de revaluar nuestros ideales, nuestras prioridades, y así poder rectificar, mejorar nuestro comportamiento y nuestra vida. Un día que debe ser abordado con la mayor honestidad especialmente cuando confesamos al recitar las palabras de la liturgia: «nosotros somos culpables; nosotros hemos transgredido los mandamientos; nosotros nos hemos comportado con perversidad.» Esta fórmula litúrgica fue originariamente escrita por el rey Salomón y forma parte del *Vidui*, una oración utilizada para la confesión de los pecados que se repite a lo largo del día de Kipur: «Somos culpables, nos hemos comportado mal: somos culpables» (Reyes 8:47). La solemnidad de la liturgia y la emotividad de cánticos aportan gravedad a este día. Desde el recitado del Kol Nidrei en la víspera de Kipur hasta el sonido del *shofar* al final del último oficio de Neilá, el individuo se sumerge en la mágica experiencia del perdón, que comienza con la necesidad de perdonarnos a nosotros mismos, quizás la tarea más difícil del ser humano: perdonarse así mismo para así poder perdonarnos los unos a los otros.

Una de las principales *mitzvot*, las obligaciones religiosas, de este día es el ayuno. La Torá lo estipula hasta en tres ocasiones: «Esto será para vosotros una ley eterna: el séptimo mes, el décimo día del mes, vosotros mortificaréis vuestras almas.» La tradición interpreta esta mortificación como ayuno. Gracias a estas prácticas nos separamos del ruido del mundo y nos liberamos de sus exigencias; nos encontramos cara a cara con nosotros mismos: cara a cara con la realidad de nuestra existencia, cara a cara con los retos de la vida, con nuestros fracasos y con nuestros éxitos, cara a cara con Dios. Este día es una especie de retiro espiritual que nos permite encontrarnos y volver a pensar en aquello que debería verdaderamente ser el corazón de nuestra existencia, de nuestras relaciones con el mundo, con nuestro prójimo y con Dios. Este día de abstinencia nos permite responder a nuestra alma y escuchar esa vocecita que tenemos cada uno de nosotros: ver la luz que habita en nuestro interior y así reencontrar la fuerza para caminar hacia el futuro con esperanza. El judaísmo pone un acento importante sobre la autodisciplina y el autodominio; al abstenernos de la comida en el día de Yom Kipur, tomamos conciencia del hecho de que el resto de los días del año también podríamos igualmente ser los dueños y señores de nuestros apetitos. El judaísmo igualmente nos invita a actuar y tomar consciencia del lugar del otro, del prójimo, en nuestras vidas; al ayunar conectamos con todos aquellos millones de seres humanos a quienes les falta lo más básico todos los días del año.

Nuestros labios confiesan faltas a través del canto de bellos poemas litúrgicos conocidos con el nombre de *Selihot*, que se repiten continuamente como si de mantras se tratasen, y nos ayudan a tomar conciencia de nuestro mal comportamiento con respecto a nosotros mismos y con respecto a los demás. Confesamos nuestro pasado con la esperanza de que el futuro será mejor tanto para nosotros individualmente como para nuestros seres queridos y el resto de la sociedad. A pesar de la gravedad de la liturgia de *Yom Kipur*, muchos de estos himnos litúrgicos son cantos de esperanza y por ello se cantan alegremente, pues el día del perdón es de profunda dicha espiritual: el perdón tiene el poder de sanar los corazones. El arrepentimiento no es más que reconocer todo aquello que nos separa de Dios. Cuando el *shofar* vuelva a sonar en *Neilá*, el último oficio de *Yom Kipur*, las puertas del cielo que se habían abierto en el año nuevo judío, volverán a cerrarse y aquellos que hayan vivido este día con sinceridad y con recogimiento sentirán la paz y esperanza que da el sentirse escritos y sellados en el libro de la vida.

Uno de los momentos más queridos y populares del día del gran perdón tiene lugar precisamente al atardecer, cuando el sol se pone: se trata del recitado del Kol Nidrei en la sinagoga. A cada fiesta le acompañan melodías, sabores de recetas de cocina ancestrales, tradiciones y recuerdos familiares sin los cuales esa fiesta no sería tal. Las fiestas son guardianas de la memoria. Por un lado, una memoria ancestral que nos hace conectar con generaciones de judíos que han celebrado esa misma fiesta con tradiciones más o menos similares. Por otro lado, la memoria familiar, esos recuerdos de infancia caminando hacia la sinagoga cogidos de la mano del abuelo. Hay varios momentos en el día de *Yom Kipur* que la mayor parte relaciona con su familia, su tradición y su infancia: las comidas antes y después del ayuno, ponerse bajo el tallit de su padre al escuchar el sonido del *shofar* en *Neilá* y el canto del *Kol Nidrei*.

Es precisamente ese apego a la tradición y a la memoria, lo que ha salvado al *Kol Nidrei* de su desaparición de la liturgia. *Kol Nidrei* es un texto litúrgico escrito en arameo. Su fecha de redacción y su autoría son desconocidos, aunque se tiene constancia de su existencia en el periodo *geónico* (589-1038 e. c.). Su nombre se toma de las palabras iniciales y significa literalmente «todos los votos». Su finalidad es prevenir el pecado de romper los votos hechos a Dios que o no se cumplen por negligencia, o simplemente no se pueden cumplir. No es en sí una oración, más bien es una fórmula legal para anular las promesas incumplidas. Sin embargo, el *Kal Nidrei* se ha convertido tras siglos de historia en uno de los momentos más populares de la liturgia sinagogal, probablemente por el dramatismo que rodea a su interpretación, así como las bellas melodías que lo acompañan. Muchos no serían capaces de imaginar un *Yom Kipur* sin el canto de tan ancestral fórmula.

La popularidad del *Kol Nidre* lo salvó de la autocensura, pues desde muy antiguo su recital fue polémico. A los rabinos les preocupaba que si se sabía que los votos estaban sujetos a su posible cancelación anual, la gente sería mucho menos cautelosa a la hora de hacerlos. Igualmente causó ciertos problemas con la población no judía. Una liturgia dedicada a anular votos y promesas podía generar desconfianza en la palabra dada por un judío, pues este podía romper su compromiso simplemente recitando tan polémica fórmula. La conveniencia o no del *Kol Nodrei* estuvo a menudo sujeta a discusión en los círculos de especialistas en liturgia y no fueron pocos los que abogaron por su reforma o incluso desaparición. En el siglo xix, Abraham Geiger, uno de los padres del Movimiento Reformista, intentó sin éxito eliminarlo del libro de oraciones. Años más tarde, a mediados del siglo xx, Mordecai Kaplan, fundador del Movimiento Reconstruccionista, lo volvió a intentar y también fracasó.

Pensar que *Kal Nidrei* nos libera de nuestros compromisos adquiridos con nuestro prójimo es un error. Como nos recuerda la *Mishná*, *Yom Kipur* solo perdona las ofensas cometidas para con Dios, no las ofensas para con nuestros semejantes, en este caso solo somos perdonados si reparamos el daño hecho y pedimos perdón al ofendido.

Kol Nidrei es un bálsamo que cura la profunda herida que nos infligimos a nosotros mismos al hacer un mal uso de nuestra palabra. La palabra tiene el poder de crear, el mundo fue creado a través de la palabra. Pero la palabra también destruye. Cuando articulamos una promesa y no la cumplimos herimos nuestra alma creando una brecha entre nosotros mismos y *HaShem*, el Nombre, la palabra por excelencia. En *Yom Kipur* se nos ofrece la posibilidad de curar esa herida, de salvar esa brecha. Pero nada puede liberarnos de nuestro compromiso, de nuestra responsabilidad con respecto a los demás.

No puede existir fórmula alguna que justifique el mal causado por no guardar nuestra palabra, pues lo contrario sería decir que no somos responsables de nuestras acciones y omisiones. Y si algo nos enseña el judaísmo es que todos somos responsables de todos.

Rabbi Eleazar ben Shammua decía: «La tierra descansa sobre un pilar: el justo, tal y como está escrito: "El justo es la fundación del mundo"» (Proverbios 10:25).

El mundo se sostiene gracias a nuestras buenas acciones. Si nuestra palabra no valiese nada, si pudiera anularse con unos simples versos en oración, nuestro compromiso se desvanecería con todo lo que nos rodea. Fuimos creados *B'tselem Elohim*, a la imagen de Dios; esto es, somos cocreadores, corresponsables. Por eso cada judío tiene un deber que incluye no solo el servicio a nuestro pueblo, a nuestra sociedad, sino a todo el mundo. Trabajamos por un mundo mejor a través de nuestro compromiso por la verdad, la justicia y el bien común. Ninguna oración o fórmula puede liberarnos de nuestra responsabilidad, más bien al contrario: la oración en general y la oración de *Yom Kipur* en particular son una llamada a ser una fuente de bendición para todas las familias de la tierra, sin excepción.

Tal y como ocurre con todas y cada una de las fiestas hebreas, la lectura de la Torá y de los profetas ocupa un lugar central en el ritual sinagogal. Tanto por la mañana como por la tarde se realizan dos lecturas del libro del Levítico.

La lectura de la Torá de la mañana de *Yom Kipur* (Levítico 16:1-34) describe el servicio realizado en este día por el *cohen Gadol*, el sumo sacerdote, en el Templo de Jerusalén. Una característica especial de la ofrenda que se realizaba en el Templo el día *Yom Kipur* era el sorteo de dos machos cabríos, de igual edad, tamaño y apariencia, para determinar cuál de ellos se ofrecería a Dios en el Templo y cuál sería enviado al desierto cargando con los pecados del pueblo de Israel. El momento más sagrado de este día, un momento único en todo el año, era cuando el sumo sacerdote entraba en la cámara más interna del Templo, el *sanctasanctórum*. El *cohen* Gadol entraba vestido con prendas especiales de lino blanco puro cargando con una olla de carbones encendidos en la mano derecha y un cucharón que contenía un puñado de especies especialmente preparado en la izquierda, el *ketoret*. Lo colocaba sobre las brasas, esperaba a que la habitación se llenara con su humo aromático y se retiraba apresuradamente de tan sagrado lugar. «Este será un estatuto eterno para ti», concluye la lectura de la Torá. «Porque en este día, Él te perdonará, para purificarte, para que seas limpiado de todos tus pecados ante Dios... una vez al año».

Durante el servicio de *Minjá* de la tarde, leemos el capítulo 18 de Levítico, que detalla las prohibiciones contra el incesto y otras conductas sexuales ilícitas. La lectura de la Torá es seguida por la *haftarah* que en el día de *Kipur* corresponde al libro de Jonás.

La historia de Jonás es una de las más bellas de la Biblia. Él era un profeta que fue enviado a profetizar la destrucción de la ciudad Ninveh, en el actual Irak, a causa del mal comportamiento de sus habitantes. Sin embargo, Jonás en lugar de aceptar esta misión divina huyó despavorido lo más lejos posible. Embarcó en la antigua ciudad de Jaffa con dirección a Tarsis. Tradicionalmente, Tarsis se ha relacionado con algún lugar en la Península Ibérica, lugar que algunos investigadores identifican con el misterioso Tartessos. En definitiva, Jonás decidió huir al otro extremo del Mediterráneo, al *finis terrae*. La historia cuenta que estalló una gran tempestad que ninguno de los marineros a cargo de la embarcación había visto antes. Pronto comprendieron que una tempestad tan extraordinaria solo podía tener un origen divino y que la causa de tal embestida de la naturaleza era la presencia de Jonás, que fue arrojado al mar donde un gran pez lo engulló y transportó en su interior durante tres días devolviéndolo a las costas de Israel. Este supo que no podía huir de su misión y decidió marchar y predicar en Nínive. La ciudad de Nínive, al escuchar las palabras de Jonás, decidió cambiar de actitud obteniendo así su salvación.

La historia de Jonás resume perfectamente el mensaje de *Yom Kipur*: «Nadie es malvado o justo por naturaleza; cada ser humano es libre y en uso de la libertad puede elegir entre el bien y el mal, la bendición o la maldición, la vida o la muerte. En nuestras manos está nuestro devenir; en nuestras manos está optar por curar las heridas del pasado y mirar hacia el futuro con esperanza».

SUCOT

Sucot, también conocida como la fiesta de los Tabernáculos o de las Cabañas, es una de esas fiestas con un fuerte acento en el ciclo agrícola. En la antigüedad, su celebración estaba marcada por el final de las cosechas y el comienzo del otoño. Asimismo, es una de las fiestas de peregrinaje, junto con *Pésaj* y *Shavuot*, donde la tradición obligaba a realizar una peregrinación al Templo de Jerusalén. Su celebración está estipulada en el libro del Levítico:

> «Dile a los hijos de Israel: "El día quince del mes séptimo será la festividad de las cabañas (Sucot) para el Eterno, que durará siete días. El primer día será de santa convocación: no haréis trabajo servil. Los siete días, brindaréis ofrendas ígneas al Eterno. Al octavo día, que será de santa convocación para vosotros, presentaréis ofrenda ígnea al Eterno y no haréis trabajo servil"» (Levítico 23:34-36).

Contenedor de *etrog*. Foto: Rebeca García Merino.
Museo Sefardí. Ministerio de Cultura y Deporte.

151

La fiesta comienza el día 15 de Tishréi, en la luna llena, cinco días después de *Yom kipur*. Esta alegre fiesta agrícola recibe el nombre de las cabañas en las que habitaron los israelitas durante su peregrinar en el desierto. En Israel, el primer día de la fiesta, y en la Diáspora, el primero y el segundo, son considerados *Yom Tov*, es decir, días festivos en los que no está permitido trabajar, sin embargo, los días intermedios son días laborables. Tal y como leemos en la Torá, inmediatamente después de Sucot, al octavo día se celebra otro día festivo conocido como Shemini Atzeret. En este octavo día en Israel se celebra *Simhat Torá*, la alegría de la Torá, fiesta que conmemora el final del ciclo anual de la lectura pública de la Torá. En el resto del mundo, *Simhat Torá* se celebra un día más tarde, es decir, nueve días después del comienzo de *Sucot*.

Tres son las *mitzvot* o mandamientos principales concernientes a la fiesta de *Sucot* según la Torá: cada judío debe habitar en la *sucá*, debe igualmente reunir las cuatro especies mencionadas en la Torá y celebrar con alegría la festividad. Junto a estas tres *mitzvot*, habitar en la cabaña, las especies y la alegría, existen otros rituales y costumbres en torno a la fiesta como son el recitado de las *Hoshanot*, alabanzas realizadas mientras se gira en círculo en la sinagoga y se procede a la lectura del libro del Eclesiastés; invitar a los *ushpizin*, unos invitados simbólicos que son recibidos cada día en la cabaña, y todos los rituales asociados a *Hosha'na rabba* en el séptimo día de la festividad. Se realizan dos lecturas de la Torá, en los dos primeros días de la fiesta estas lecturas tienen que ver con los mandatos referentes a las fiestas de peregrinación y con lo estipulado en lo concerniente a rituales y sacrificios en el Templo.

La *sucá* es la estructura en forma de cabaña que los judíos construyen como parte de la observancia de la fiesta de *Sucot* conforme al mandamiento bíblico: vivirás en cabañas durante siete días. El Talmud recoge una disputa sobre si realmente la Torá se refiere a cabañas o al contrario se refieren a algo simbólico y metafísico. El Talmud habla de unas nubes de gloria que acompañaron y protegieron a los israelitas durante los cuarenta años en el desierto. Según esta lectura talmúdica, la *sucá* no es una cabaña física, sino una metáfora sobre la protección divina. Algunos creen que esta costumbre tuvo su origen en las construcciones temporales que los jornaleros construían para habitar en el campo durante la cosecha. Con el paso del tiempo, estas cabañas perdieron su sentido como morada para los temporeros, pero se convirtieron en una tradición que reunía a familia y amigos para celebrar la protección de Dios. Algo parecido a muchas de las ferias que se celebran en España, que tuvieron su origen en ferias de ganado y que con el tiempo pasaron a ser una fiesta más del folclore popular. La *sucá* debe ser una estructura temporal lo suficientemente resistente como para soportar el viento y debe tener un mínimo de tres muros. Puede construirse con cualquier material, aunque tradicionalmente se utilizan ramas de árboles, hojarasca y palmas, especialmente para la techumbre, pues esta debe dejar ver el cielo. La razón es sentir la temporalidad y fragilidad de esta construcción, que representa a su vez la de nuestra propia existencia. Al poder ver el cielo y las estrellas sentimos la presencia de la protección divina. Durante siete días, los rayos del sol y las gotas de la lluvia entran en nuestra morada temporal y nos hacen recordar nuestra debilidad y la necesidad del auxilio divino. Igualmente, la experiencia de la *sucá* nos invita a conectar con la naturaleza y con el sufrimiento de todos aquellos que no tienen hogar.

Tradicionalmente, la *sucá* se decora con frutos que recuerdan las ofrendas de las cosechas realizadas en el Templo. Estos frutos no pueden ser consumidos. También se decora con versos de la Biblia o con símbolos y escenas que recuerdan a la tierra de Israel. El Talmud recomienda decorar la cabaña con tapices, alfombras, guirnaldas, granadas, racimos de uva, almendras y todo tipo de frutos. La construcción de la cabaña comienza inmediatamente después del final de *Yom Kipur*, de manera que una fiesta quede entrelazada a la otra como una cadena que comenzó con el año nuevo hebreo y que termina con esta fiesta agrícola del otoño hebreo. Durante los días de *sucot*, la cabaña se convierte en la vivienda de la familia temporal, en la que cada vez que uno entra y se sienta, recita la bendición correspondiente para así recordar el mandamiento bíblico de habitar en cabañas durante estos días. Aunque no todas las familias, sobre todo aquellas que viven en países lluviosos y fríos, habitan la *sucá* durante todos los días de la fiesta, se acostumbra al menos a realizar en ella las comidas principales del día. No es obligatorio dormir ni tampoco comer cuando llueve con fuerza. Para aquellos que no pueden construir su propia *sucá*, las sinagogas suelen construir cabañas comunitarias donde los miembros de la comunidad acuden a celebrar la fiesta.

Los recién casados están exentos del mandamiento de comer y habitar en la *sucá*, probablemente basándose en el principio de no mezclar dos celebraciones, en este caso, la de la boda y la de sucot.

Igualmente, están exentos de habitar en la *sucá* aquellos que participan en la realización de otros mandamientos o deberes religiosos, la base para esta exención está en el principio talmúdico que establece que una persona no está obligada a cumplir con un mandamiento mientras está ocupada cumpliendo con otro. Los enfermos tampoco están obligados así como una persona que esté pasando por un momento de tribulación. También está permitido abandonarla cuando empieza a llover. Tanto la *Mishná* como el *Shuljan Aruj* establecen una lista con aquellos supuestos en los que una persona queda liberada de habitarla.

La *sucá* es un símbolo de la protección divina tal y como leemos en el libro de oraciones al pedir a Dios que extienda «su *sucá* de paz sobre nosotros». El Midrash narra cómo Dios protegió a los israelitas con *Sucot* durante su peregrinar en el desierto. Estas *Sucot*, que comúnmente identificamos como tiendas o cabañas, serían según parte de la tradición rabínica una especie de nubes de origen divino que guiaban y protegían a los israelitas en el desierto. La *sucá* es también un recuerdo de aquella tienda, testimonio de hospitalidad, que construyó Abraham y en la que acogió a tres misteriosos ángeles.

Para Maimónides, una persona debe recordar tanto los momentos duros de la vida como los días de prosperidad para así tener una vida más modesta y humilde. Por ello, en *Sucot*, dejamos la comodidad de nuestras casas para habitar en humildes cabañas y recordar que hubo un tiempo en el que vivimos en el desierto en la más absoluta precariedad y que, a pesar de eso, no nos faltó lo necesario para salir adelante. Esta festividad es también una llamada a reflexionar sobre la transitoriedad de la riqueza material y la solidez de los bienes espirituales hasta eternidad.

Sucot es una celebración cargada de gran simbolismo; además de las cabañas hay que destacar los *arba'ah minim*, literalmente «las cuatro especies». De estas cuatro, las más conocidas son el *lulav*, una rama de palmera, y el *etrog*, una especie de cítrico que recuerda a un limón. Las otras dos especies están unidas a los lados de la rama de palmera: las ramas de mirto, llamadas *hadasim*, y las ramas de sauce, llamadas *aravot*. La fuente bíblica para esta observancia es Levítico 23:40: «El primer día, tomarás el producto de árboles de *hadar*, ramas de palmeras, ramas de árboles frondosos y sauces del arroyo, y te regocijarás ante el Eterno, tu Dios, durante siete días». Los rabinos interpretaron que el fruto del *hadar* era el *etrog* o *cidro* y que las ramas de árboles frondosos se referían al mirto. La tradición nos ofrece maravillosas explicaciones de por qué se eligieron estas especies para su uso en *Sucot*. Se dice que las «cuatro especies» representan las diferentes partes del cuerpo humano: la palma representa la columna vertebral; la hoja de mirto representa los ojos; el sauce representa los labios, y el *etrog* representa el corazón. Al reunir todos ellos en sus manos, el creyente indica su intención de unir todas las partes del cuerpo en la adoración a Dios.

Las cuatro especies simbolizan también los diferentes tipos de judíos. El *etrog* o cidro, que tiene tanto sabor como fragancia, representa al piadoso y erudito que combina el aprendizaje con las buenas obras. El *lulav* o palma, que tiene sabor pero no tiene fragancia, representa al que persigue el saber sagrado, pero que no logra realizar buenas acciones. El mirto, que tiene una fragancia deliciosa pero no tiene sabor, representa al que activamente hace buenas obras, pero que nunca dedica tiempo para estudiar la Torá en serio. Finalmente, el sauce, que no posee fragancia ni sabor, es representativo del que combina la falta de interés en el estudio de la Torá con la falta de interés en realizar buenas obras.

Los *arba'ah minim* representan la unidad en la diversidad. El pueblo judío es muy diverso y cada uno es un mundo aparte, sin embargo, los hebreos constituyen un solo pueblo. Cada uno cuenta, sin cada uno de ellos, el pueblo de Israel no estaría completo. Todos tienen su lugar personal en el plan de Dios para el mundo, y cada uno tiene algo personal e irremplazable para contribuir a su cumplimiento.

El *lulav* y el *etrog* forman parte del culto y de la liturgia de la fiesta. La práctica general es sujetarlos y agitarlos antes de la recitación del canto del *Hallel*, una colección de salmos cantados en los días festivos. Durante los siete días de la fiesta, al final del servicio matutino, se organiza una procesión en torno a un rollo de la Torá colocado en el *bima*, y toda la comunidad, *lulav* en mano, gira cantando oraciones e himnos llamados *hoshanot*. El estribillo *hosha'na* significa «por favor, sálvanos».

Sucot es la fiesta de la hospitalidad por antonomasia. Maimónides advirtió que cualquiera que se siente cómodamente con su familia en la *sucá* pero no la comparta con los pobres, no está cumpliendo con el verdadero sentido de la fiesta, sino que solo se preocupa de su propio estómago. Es tradición extender invitaciones personales a los necesitados. Antiguamente, era costumbre invitar al menos a una persona pobre a una de las comidas de *Sucot*; hoy día, muchos sustituyen esta costumbre por donativos a causas sociales. La hospitalidad de *Sucot* simboliza nuestro deber de compartir aquello que más amamos, nuestra familia y nuestro hogar, con los demás.

Los cabalistas del siglo XVI dieron un paso más en lo que a hospitalidad se refiere. Durante la festividad, la cabaña se convertía en un hogar temporal donde acoger lo divino. A partir de una fórmula basada en el Zohar, en cada noche de *Sucot* invitamos a un personaje bíblico a compartir la *sucá* con nosotros. Dice el Zohar:

> «Cuando una persona se sienta a la sombra de la fe (la sucá), la *Shejiná* (Presencia Divina) extiende sus alas sobre él desde arriba y Abraham y otros cinco justos de Dios (y David con ellos) hacen su morada con él. Un hombre debería regocijarse cada día de la fiesta con estos invitados».

La inspiración para *hajnasat orjim*, la hospitalidad hacia los invitados, se remonta al relato bíblico en el que vemos cómo Abraham se sentaba a la entrada de su tienda y acogía en ella a los caminantes necesitados de comida y reposo. La tradición cuenta que Abraham acogía a la sombra de su tienda a los viajeros más sucios y polvorientos y cocinaba recetas con los más selectos ingredientes. Un *Midrash* basado en el libro apócrifo de los Jubileos afirma que la primera *sucá* que existió en la historia fue la tienda de Abraham en la que acogió a aquellos misteriosos ángeles llegados para anunciar que su esposa Sara estaba en cinta y que daría a luz a su hijo Isaac.

El ritual para acoger a estos huéspedes divinos incluye bendiciones y oraciones. La breve ceremonia para dar la bienvenida a los *ushpizin*, «invitados» en arameo, está recogida en el *Majzor*, el libro de oraciones utilizado para la fiesta. En el primer día, decimos: «Invito a mi comida a los invitados exaltados, Abraham, Isaac, Jacob, José, Moisés, Aarón y David. Que te plazca, Abraham, mi invitado exaltado, que todos los demás huéspedes exaltados moren conmigo y contigo: Isaac, Jacob, José, Moisés, Aarón y David». Cada día, se destaca siguiendo este orden a un diferente invitado de entre estos siete.

El séptimo día de la fiesta se llama *Hosha'na rabba*, «el gran Hoshana-Salvación». En este día se procesiona con los ramos de palmas, sauces y mirto alrededor de la *bimah*, el pupitre en el que se lee la Torá. La costumbre consiste en dar siete vueltas alrededor de la Torá. El número siete recuerda los días de la creación más el día de Shabat, así como a las siete cualidades de Dios: grandeza, poder, gloria, autoridad, majestad, realeza y suprema dominación.

El día de *Hosha'na rabba*, al final del servicio matutino, el suelo se golpea con las hojas de sauce. Este rito simboliza la renovación de la vida: vendrá la lluvia y las ramas, golpeadas y despojadas de sus hojas, brotarán en la primavera. A nivel espiritual, este rito expresa el deseo de ser purificado durante estas fiestas de otoño que dan la bienvenida al nuevo año hebreo. El sauce simboliza la humildad y una invitación a reflexionar sobre nuestra realidad presente y el futuro que deseamos construir. Simboliza también al judío que ni realiza buenas acciones ni estudia y que merece ser castigado.

En el último día de *Sucot*, el día de *Hosha'na rabba*, tras siete días de celebración, estudio y reflexión, se alcanza un cierto clímax místico, resultado de una peregrinación que emocionalmente recorre en una semana el proceso de desarrollo espiritual vivido por los israelitas durante sus cuarenta años de andanza en el desierto. El estudio de la Torá en la última noche de *Sucot* simboliza el punto de llegada a este estado de maduración espiritual e intelectual. Existe una antigua costumbre cabalística que consiste en dedicar la noche de *Hosha'na rabba* al estudio. Esta noche, al igual que la noche de *Shavuot* en la que se recuerda el don de la Torá en el Sinaí, es especialmente propicia para la experiencia mística. Una noche en la que, según la tradición de los *jasidim*, los secretos son revelados.

Al octavo día, una vez finalizada la fiesta de *Sucot*, se celebra *Shemini Atzeret*, fuera de Israel se sigue habitando en la *sucá*, pero sin hacer la bendición correspondiente. En este día también se acostumbra a realizar una oración especial por los difuntos denominada *Yzkor*.

La fiesta de *Simjat Torá* pone fin a este periodo de celebración. En este día se acostumbra a leer el final y el principio de la Torá. En las sinagogas se saca en procesión los rollos de la Ley con cánticos alegres. A esta danza con los rollos de la Ley alrededor de la sinagoga se le conoce como *hakafot*.

Tanto el día de *Shemini Atzeret* como el día de *Simjat Torá* son los que se acostumbra a estudiar en largas veladas nocturnas hasta el amanecer.

JANUCÁ

Janucá significa literalmente «dedicación», es una fiesta de ocho días que comienza el 25 del mes de Kislev, en diciembre, y conmemora la victoria de Judá Macabeo y sus seguidores sobre el ejército sirio de Antíoco Epífanes. En el siglo IV a. e. c., las fuerzas griegas bajo el mando de Alejandro Magno conquistaron gran parte del mundo conocido incluyendo el Medio Oriente e Israel. A la muerte de Alejandro, en el 320 a. e. c., estalló un fuerte conflicto armado entre sus dos principales generales que pretendían sucederle en el poder. Finalmente, Ptolomeo consiguió el poder sobre Egipto y Seleucus, sobre Siria. La tierra de Israel, cruce de caminos en el mundo antiguo, quedó bajo dominación siria.

En el año 168, el rey Antíoco intentó helenizar a todos los pueblos bajo su dominio como parte de esta política unificadora en torno a la cultura griega. Todas aquellas minorías con cultura y creencias propias fueron perseguidas con el fin de asimilarlas a la cultura helena predominante. Los israelitas se vieron obligados a abandonar prácticas tan importantes como el Shabat o la circuncisión. El Templo de Jerusalén fue profanado y convertido finalmente en un templo dedicado a las divinidades griegas. Muchos hebreo aceptaron esta globalización en torno a la cultura griega clásica con entusiasmo; sin embargo, muchos otros se resistieron a la helenización y fueron martirizados.

Cuenta la historia que cuando un israelita de la ciudad de Modi'in se preparó para realizar un ritual pagano, el sacrificio de un cerdo, Matatías, un respetado israelita descendiente de *cohanim,* se enfureció tanto que tomó a sus cinco hijos y a otros seguidores y, refugiándose en las montañas, organizaron una guerra de guerrillas contra el poder greco-sirio y sus aliados. Tras la muerte de Matatías, el liderazgo de los rebeldes pasó a su tercer hijo, Judá, quien emprendió una brillante campaña contra las fuerzas invasoras que dio como resultado la final derrota de los seléucidas a manos de los hebreos. Judá recibió el sobrenombre de Macabeo, cuyo origen posiblemente esté en la palabra hebrea *makav,* «martillo», seudónimo que hace referencia a su fuerza y determinación. Judá Macabeo y sus camaradas lograron finalmente liberar Jerusalén y recuperar el control sobre el Templo. Al llegar demolieron el altar pagano que había sido erigido por los greco-sirios y construyeron uno nuevo el e25 de Kislev, en

Lámpara de Hanuká. Museo Sefardí. Ministerio de Cultura y Deporte.

el tercer aniversario de la revuelta. El Templo fue «rededicado» con alegría y ofrendas. Según la *Mishná* esta celebración duró ocho días; es por ello que la fiesta de *Janucá* tiene esta duración. Otra explicación sobre la duración de esta fiesta es que cuando Salomón dedicó el Templo en la fiesta de *Sucot* se realizaron ofrendas y celebraciones durante ocho días.

Pero si por algo es conocida la fiesta de *Janucá* es por el milagro del aceite. El milagro de la luz de Janucá, así como la costumbre de encender velas, son hechos que no son mencionados en ninguno de los documentos históricos más próximos a la fecha de su acaecimiento. El principal documento histórico donde se recoge la historia de Janucá se encuentra en los dos libros de los Macabeos. Ninguno de estos dos libros hace mención a milagro alguno. Curiosamente, ninguno de estos dos libros forma parte del canon de la Biblia hebrea, sino que forma parte de los apócrifos. De hecho, el original hebreo del texto llegó a perderse y tan solo se conserva su versión en griego. Estos dos libros excluidos del canon hebreo forman parte del canon de las iglesias cristianas. Tampoco, el historiador judío Flabio Josefo menciona el milagro del aceite en sus escritos.

Para conocer la historia del milagro de Janucá tendremos que esperar a los rabinos del Talmud. Fue en esta épocaa cuando se extendió la creencia general que narra que, cuando los macabeos entraron en el Templo, descubrieron que los greco-sirios habían profanado las jarras que contenían el aceite utilizado para encender la *menorá*, un objeto fundamental en la vida religiosa del Templo de Jerusalén. Esta lámpara de siete brazos encendida representaba la presencia de la divinidad en el Santuario. Tras buscar, encontraron finalmente una pequeña jarra de aceite sin profanar precintada con el sello del sumo sacerdote. Esta jarra contenía aceite para que la *menorá* permaneciera encendida durante tan solo un día. Sin embargo, continuó encendida durante ocho días, tiempo suficiente para poder conseguir aceite puro para el Templo. Para conmemorar este milagro, los rabinos decretaron que esta fiesta debía festejarse anualmente encendiendo lámparas de Janucá durante ocho días y es así como comenzó a conocerse también como la festividad de las luces o de las luminarias. Así narra el Talmud los acontecimientos:

«A partir del 25 de Kislev, los días de Janucá son ocho. No debemos hacer duelo o ayunar en ellos porque los griegos, al entrar en el Templo, contaminaron todo el aceite. Cuando la dinastía de los asmoneos los venció y los derrotó, ellos comprobaron y encontraron solamente una vasija de aceite en el lugar con el sello del sumo sacerdote. Pero esta contenía (aceite) solamente para encender (la menorá) un solo día. Un milagro se hizo con él y se encendieron del mismo durante ocho días. Al año siguiente (los sabios) fijaron esos (días), como días de fiesta, alabanza y acción de gracias» (B. Talmud Shabat 21b).

El Talmud pone el acento sobre el milagro del aceite omitiendo cualquier referencia a la victoria militar de Judá Macabeo sobre el poder invasor. Las circunstancias históricas en las que se encontraba el pueblo judío en los primeros siglos de la era común hicieron que a la hora de elaborar el canon hebreo de la Biblia se optase por la no inclusión del libro de los Macabeos. La sucesión de derrotas sufridas por los hebreos en las distintas guerras judeo-romanas animaron a los rabinos a poner el acento en los milagros. El futuro del pueblo judío no podía residir en el uso de la fuerza, sino en la fe en la futura redención mesiánica. Los rabinos dieron un giro a la historia: *Janucá* pasó a ser ante todo la celebración de un milagro, que en tiempos de tribulación alimentaba la llama de la esperanza.

La relevancia del milagro de *Janucá* queda reflejada en la liturgia de la festividad. Durante los ocho días se añade un párrafo conocido en hebreo como *Al-Hanisim,* sobre los milagros, a la decimoctava bendición de la *Amidah,* la oración central del rezo. Este párrafo se añade igualmente a la acción de gracias *Bircat Hamazón* recitada después de cada comida. La primera vez que aparece este texto sobre el milagro de *Janucá* es en *Soferim 20:8,* un tratado no canónico del Talmud compuesto alrededor del siglo VIII, aunque la versión utilizada actualmente proviene del libro de oraciones compuesto por Rav Amram Gaon en el siglo IX. La oración sobre los milagros *Al-Hanisim* dice así:

«Por los milagros, y por la redención, y por las poderosas acciones, y por las salvaciones, y por las guerras que Tú has hecho para con nuestros antepasados en aquellos días, en esta época. En los días de Matitiah, hijo de Iojanán, el Sumo Sacerdote, el jashmonái y sus hijos, cuando se levantó el malvado Imperio griego contra Tu pueblo, Israel, para hacerles olvidar Tu Torá y hacerles violar los decretos de Tu voluntad. Pero Tú, por Tu gran misericordia, Te erigiste junto a ellos en su momento de aflicción, libraste sus luchas, defendiste sus derechos y vengaste el mal que se les había infligido. Entregaste a poderosos en manos de débiles, a numerosos en manos de pocos, a impuros en manos de puros, a malvados en manos de justos y a lascivos en manos de los que se dedican a Tu Torá. Y para Ti hiciste un Nombre grande y Santo en Tu mundo, y para Tu pueblo Israel hiciste una inmensa salvación y redención como este día. Luego, Tus hijos entraron al Santuario de Tu Casa, limpiaron Tu Templo, purificaron Tu Santuario, encendieron luces en Tus sagrados atrios, y fijaron estos ocho días de Janucá para agradecer y alabar Tu gran Nombre».

La observancia y tradiciones clave de esta fiesta están relacionadas con la luz y el milagro del aceite. De todas ellas la más importante es el encendido de la lámpara de Janucá o *janukiya*. Esta lámpara está compuesta de ocho lamparitas, una por cada día de la fiesta, y una novena denominada *shamash,* que se utiliza para encender las demás. Las velas o lucernarios de aceite deben estar dispuestas en una fila uniforme lo suficientemente separadas para que las llamas no se fundan en una sola y puedan distinguirse una de las otras con claridad. El *shamash* puede o debe estar a un lado, o más abajo, o diferenciado de alguna manera para que no se confunda con una de las lámparas correspondientes a cada día. El encendido de la *janukiya* constituye la principal observancia religiosa de la fiesta, por ello, tal y como es costumbre con la ejecución de todo mandamiento, este debe realizarse con el mayor decoro y belleza posible. Por este motivo, las lámparas de Janucá suelen ser de gran belleza, algunas son realizadas en materiales nobles como la plata. La imaginación de los artesanos judíos ha dado origen a las más diversas formas y colores. La única regla es poder distinguir perfectamente cada una de las ocho lamparitas. Tal diversidad hace que algunos tengan la costumbre de coleccionar lámparas de Janucá.

En cuanto a la forma de encender la lámpara, hay diferentes tradiciones. En el mismo Talmud encontramos un debate entre los rabinos Hillel y Shamai. La costumbre es comenzar encendiendo una sola mecha la primera noche y, luego, ir añadiendo mechas progresivamente: dos en la segunda noche, tres en la tercera y así sucesivamente, hasta la octava noche, cuando las ocho, más el *shamash*, arden juntas en la lámpara de Janucá. La finalidad de las luminarias de *Janucá* es proclamar la alegría del milagro y por ello no deben utilizarse con otro fin que no sea este. Antes de encender la lámpara se recita la correspondiente bendición.

La primera vela se coloca en el extremo derecho de la *janukiya*; la segunda se coloca a la izquierda de este, y la tercera a la izquierda de la segunda, así sucesivamente. Sin embargo, a la hora de encender se comienza por la situada más a la izquierda, es decir, aquella que se acaba de añadir y que corresponde a la propia del día. Esta es la costumbre más extendida hoy día, pero las tradiciones a la hora de encender pueden variar de una comunidad a otra.

Dado que el propósito de encender las velas es *Pirsum haNes*, «para anunciar el Milagro», las lámparas de *Janucá* deben encenderse en público si es posible y colocarse donde puedan verse, en el alféizar de una ventana, por ejemplo.

Janucá es una de las celebraciones con una mayor variedad de usos y costumbres. Una de las tradiciones consiste en comer alimentos hechos con aceite. Los judíos askenazíes cocinan una especie de tortitas de patata y cebolla llamadas latkes. También hacen una especie de bollitos fritos llamados en hebreo *sufganiyot*. El recetario sefardí no se queda atrás, desde los buñuelos hasta las fiyuelas, pasando por todo tipo de rosquillas y, cómo no, los deliciosos *sfenj* marroquíes, una especie de donut frito en aceite de oliva.

Hoy en día es muy común hacer regalos a los niños. Quizás por esto y porque la fiesta se celebra en diciembre, algunos la conocen como la «navidad judía», aunque lógicamente no tiene nada que ver. También se ha extendido la costumbre *askenazi* de jugar con el dreidel. La palabra *dreidel* proviene del *yiddish*, en hebreo se le llama *sebibón*, se trata de una especie de peonza. En esta se escriben cuatro letras del abecedario hebreo, *nun, guimel, hei* y *sham*, acrónimo de *nes gadol hayá sham*: «Un gran milagro ocurrió allí». En los dreidels hechos en Israel en lugar de la letra *shin* se escribe la letra *pei* de *pó*, que significa «aquí» y que corresponde con la frase «un gran milagro ocurrió aquí (en Israel)».

Janucá representa la victoria de la justicia sobre la injusticia, el bien sobre el mal, la luz sobre la oscuridad. El Dios de Israel se identifica con la luz. El *Midrash* representa al Dios de Israel como un «Dios envuelto en un manto de luz e iluminado con el esplendor de su gloria, de un extremo al otro del mundo»[17].

Esta lucha del bien contra el mal, de la luz contra las tinieblas, sigue estando de actualidad. Cada año al recordar la persecución religiosa que sufrieron nuestros antepasados a manos de Antíoco, debemos ser conscientes de que muchas personas hoy en día son perseguidas por sus creencias, ideas u orientación sexual.

El mal reina por la pasividad de los justos. Al encender la *janukiya*, afirmamos nuestra responsabilidad común de hacer el bien en este mundo, de iluminarlo. Dios puede ser la luz, pero nosotros somos el aceite. El espíritu del hombre es la lámpara del Señor[18]. Un Midrash sobre Éxodo 27:20 declara que Israel es como un olivo verde: «así como el aceite da luz, así también el pueblo judío debe dar luz al mundo.»

Janucá es una invitación al optimismo. La luz siempre vence a la oscuridad. Pero también es una llamada a nuestra acción personal, a nuestro compromiso por construir un mundo mejor.

PURIM

La fiesta de Purim, en el 14 de Adar hebreo, celebra la salvación de los hebreos de Persia del malvado Hamán, que planeaba el asesinato de todos los judíos del reino. El nombre de esta fiesta proviene de la palabra persa *pur* qué significa «lotería», esto hace referencia al sorteo que realizó Hamán para decidir la fecha en la que la comunidad israelita debía ser aniquilada. Esta fue el 13 del mes de Adar, que generalmente coincide con el final de febrero o principio del mes de marzo. Sin embargo, el ambiente festivo puede sentirse desde comienzos del mes pues según comentan los rabinos en el Talmud «desde comienzos del mes de Adar nuestra alegría aumenta considerablemente».

---

17   Bereshit Rabá 3:4.
18   Proverbios 20:27.

La parte central de la celebración de *Purim* consiste en la lectura pública en la sinagoga de la *Meguilat Esther*, el libro de Esther, donde se narra la historia de cómo tras la caída de la reina Vashti, el rey Asuero eligió a Esther como nueva reina. Esta, aconsejada por su tío Mordejai, ocultó su origen hebreo. Ella vivía en palacio como una reina persa más. Cuenta la historia que un día Hamán, el gran visir, salió con su séquito de palacio; el protocolo persa obligaba a todo presente a hacer una genuflexión al paso del visir, sin embargo, el viejo hebreo Mordejai se negó a inclinarse ante él. Hamán, enfurecido, manipuló al rey Asuero argumentando que los judíos no reconocían su soberana majestad y que por lo tanto debían ser destruidos. El rey Asuero decretó el exterminio de todos los hebreos residentes en su reino. Cuando Mordejai supo de los planes de Hamán y Asuero, ideó un plan secreto con Esther, que consistía en que ella organizaría una cena de gala en honor del rey a la que invitaría al malvado Hamán. Esther, que había logrado ganarse el favor del rey, desveló en esta fiesta su origen hebreo y rogó a Asuero que los salvara del sanguinario plan de su primer visir. El rey aceptó la petición y mandó ahorcar a Hamán. Los judíos fueron autorizados a atacar a todos sus

Rollo de *Ester* o *Meguilá*. Foto: Rebeca García Merino.
Museo Sefardí. Ministerio de Cultura y Deporte.

enemigos y Mordejai y Esther establecieron el día de Purim como una festividad anual con el fin de recordar estos sucesos.

Aunque la celebración de Purim es motivo de alegría, el libro de Esther es un amargo recuerdo de las vivencias en el exilio. La descripción que Hamán hace de los judíos como: «Un pueblo disperso entre otros pueblos» es desafortunadamente una realidad en la historia. El relato de una comunidad judía en la Diáspora viviendo a merced del favor o la inquina de cualquier gobernante se ha repetido a menudo. A lo largo de la historia, han tenido que hacer frente a múltiples «Hamán» y, por desgracia, a diferencia de lo que ocurre con la historia de Purim, el final no fue feliz.

Desde las persecuciones de Roma a los ataques antisemitas en la Europa medieval, pasando por la inquisición, los pogromos y, finalmente, la barbarie nazi, los judíos han sufrido el odio de aquellos que los vieron como un elemento extraño que debía ser extirpado de la sociedad. El triunfo del débil frente al poderoso opresor narrado en la *Meguilat Esther* ha servido como un bálsamo de esperanza en una comunidad que a menudo se sentía amenazada. En la historia, algunas comunidades han celebrado otros *Purims* para conmemorar y agradecer la salvación de otras situaciones similares.

El gran sabio sefardí, Maimónides, interpretando el *Midrash*, decía que incluso si algún día, en los venideros tiempos mesiánicos, todas las festividades fueran anuladas, Purim nunca desaparecería, al tratarse de un ejemplo perfecto de cómo la comunidad judía ha sido protegida por la providencia divina. El gran cabalista Isaac Luria resaltó la importancia de la fiesta remarcando que el nombre hebreo del Día del Gran Perdón, yom ke-Purim, «un día como Purim».

En el libro de Esther, leemos que *Purim* es un tiempo para «banquetes y alegrías», así como para «enviarse regalos unos a otros y regalos a los pobres». Por ello, una de las tradiciones de esta fiesta consiste en enviar cestas de comida a amigos y seres queridos (*mishloaj manot*) así como obsequios a los más desfavorecidos (*matanot l'evyonim*). Compartir con los demás, especialmente con los más necesitados, forma parte del espíritu del judaísmo y es algo que se hace muy presente en esta festividad.

Además de leer la *Meguilat*, la costumbre es disfrazarse y realizar una fiesta en la que no faltan los dulces típicos, el vino y otras bebidas alcohólicas y los famosos *spiels* de *Purim*, unas breves obras de teatro dedicadas a enfatizar los momentos más significativos de la historia de *Purim*. Aunque la mayoría de estas representaciones narran la historia de Esther, es común que los participantes aprovechen la oportunidad para burlarse de sí mismos y de sus idiosincrasias.

El recetario de *Purim* es muy amplio. Quizás el dulce más conocido de la fiesta sea las orejas de Hamán, o *hamantashen* en *yiddish*. Se trata de unos pasteles de tres picos que se suelen rellenar de semillas de amapola, mermeladas o chocolate. En Israel, durante las semanas previas a *Purim*, el olor de los *hamantashen* recién horneados sale de las casas y panaderías aromatizando las calles y plazas. Se cree que su forma triangular recuerda al sombrero o las orejas de Hamán. En el mundo sefardí se cocinan las famosas monas de Purim, una especie de *brioche* con un huevo en su interior que simboliza la vida y la supervivencia del pueblo de Israel. Los sefardíes del norte de Marruecos cocinan las deliciosas fiyuelas u hojuelas de *Purim*, unas bellas y deliciosas flores de pasta frita bañadas en almíbar.

El ambiente festivo de *Purim* recuerda al carnaval. Muchos niños y adultos se disfrazan. Algunos atribuyen esta tradición al hecho de que Esther inicialmente «enmascaró» su identidad judía. Ahora, como una costumbre ampliamente practicada, algunos eligen vestirse como personajes de la historia de *Purim*, mientras que otros lo hacen de personajes históricos judíos o cualquier otro carácter de ficción.

En Israel, las celebraciones son especialmente extravagantes y emocionantes. Gente de todas las edades salen a la calle, regocijándose con desfiles, fiestas, disfraces y carnavales. El desfile por las calles de Tel Aviv es especialmente divertido y pintoresco. Incluso en lugares donde normalmente reinan el decoro y la formalidad, como pueden ser las sinagogas o el famoso Kotel, el Muro Occidental o Muro de los Lamentos, la seriedad deja paso a la alegría y la fiesta.

La lectura de la *Meguilat Esther* es tan importante que, según el Talmud, «el estudio de la Torá se interrumpe por la lectura de la *Meguilat*». Maimónides estipula: «La lectura de la *Meguilat* ciertamente reemplaza a todas las demás *mitzvot*», lo que es equivalente a decir que uno puede interrumpir la realización de otro deber religioso para ir y escuchar la lectura de la historia de *Purim*. Tradicionalmente, el *Libro de Esther* se lee en los servicios vespertinos y matutinos. Varias costumbres están asociadas con su lectura. Hamán, el enemigo de los judíos en esta historia, está asociado con todos aquellos que han tratado de destruir al pueblo de Israel a lo largo de la historia. Por lo tanto, es costumbre hacer ruido, verbalmente o con carracas, a cada mención del nombre de Hamán; se trata de destruir simbólicamente a aquel que deseó el exterminio de los judíos y que encarna a todos aquellos que a lo largo de la historia han deseado su desaparición. Esta carraca también es conocida con el nombre de *groguer*, una palabra *yiddish* de origen polaco que significa «sonajero».

La historia que se cuenta en el *Libro de Esther* es notable, pero debemos ser conscientes de que, en opinión de la mayoría de los estudiosos, los hechos reales que se relatan en el libro nunca sucedieron. Por lo que sabemos, gracias al historiador griego Heródoto, ni Esther ni Vashti fueron reinas ni estuvieron casadas con Asuero. El testimonio de Heródoto es importante por ser contemporáneo de los hechos narrados en la *Meguilat*.

Por lo tanto, no debemos considerar el de Esther como un libro histórico.

Para los sabios del Talmud, también fue problemático. En el Talmud, en el tratado de *Meguilat* hay todo un debate sobre la canonicidad del libro. Esto es si Esther debería ser parte del canon hebreo o no. El principal problema fue la ausencia del nombre de Dios. La ausencia de Dios en el texto fue también un problema para los cristianos y es por esto por lo que, en la versión cristiana de la Biblia, la Septuaginta, agregaron a Dios a la historia. Si se lee la versión cristiana del *Libro de Esther*, sorpresa: ¡Dios sí está presente!

Entonces, si los eventos descritos en el libro no son históricos y Dios está «ausente» de la historia: ¿Por qué es tan importante Esther? La historia narrada en el *Libro de Esther* es una invitación a reflexionar sobre dos aspectos importantes:

El primero es la importancia de mirar más allá de lo obvio. En hebreo, *Esther* proviene de la raíz *Sameh-Tav-Resh* que significa «cubrir», «escondite», «secreto». El *Libro de Esther* es el «libro de lo oculto», de aquello que no es obvio, pero está ahí. ¿Dónde está Dios en la *Meguilat*? Está escondido detrás de Esther. Esther actúa como un instrumento de Dios. Nos enseña a mirar más allá, a buscar en nuestra vida al Dios escondido en las pequeñas cosas ordinarias.

Mordejai y Esther eran ambos descendientes de la tribu de Benjamín. Lo fascinante es que Kish, el padre del rey Saúl de Israel, también era descendiente de Benjamín. Hamán, el consejero del rey de Persia, que quería matar a los judíos, es denominado el «Agagita». Por lo tanto, Hamán desciende de Agag, rey de los amalecitas, enemigo del rey Saúl. Así que parece que seiscientos años después de la batalla entre Saúl y Agag, sus tataranietos se reunieron en la corte del rey Asuero y reprodujeron la lucha a vida o muerte entre Israel y Amalek.

Juguemos ahora un poco con la «historia». El libro de Esther nos dice que Hamán y sus diez hijos fueron asesinados, pero no dice nada sobre sus hijas, tíos, primos... Esto permite que otros miembros de la familia de Hamán hayan sobrevivido. ¿Dónde están estos «descendientes» hoy? Hamán vivió en la antigua Persia, el Irán moderno. Algunos rabinos ven un hilo invisible en esta historia que conecta a los líderes iraníes con los descendientes directos de Hamán.

Como hemos dicho, se trata de jugar con la historia, al fin y al cabo, el *Libro de Esther* en el que Dios se esconde, en que la misma Esther oculta su identidad en la corte real es una invitación a ver más allá de lo tangible. Podríamos concluir que es una alegoría de la lucha de cada generación judía por sobrevivir y mantenerse fiel a sus valores, tradiciones e identidad. La pregunta para nosotros hoy sería: «¿Cómo queremos enfrentarnos a los desafíos que tenemos como judíos del siglo XXI?». Esther tuvo que esconderse. Lo hemos visto muchas veces en nuestra historia.

Por ejemplo, en España en la época de la Inquisición, donde los judeoconversos tuvieron que esconder su judaísmo. ¿Cómo lidiar hoy con el antisemitismo? ¿Qué está tratando de hacer el movimiento BDS (Boicot, Desinversion y Sanciones) cuando boicotean a un cantante judío o israelí solo por su identidad religiosa o su nacionalidad? Parece que siglos después algunos intentasen silenciar la voz de todo un pueblo. El Hamán moderno es el antisemitismo de hoy.

He aquí el segundo aspecto importante sobre el que la *Meguilat* nos hace reflexionar. Nuestra forma de abordar el antisemitismo en la actualidad no puede ser la misma que la de la reina Esther. El desafío es cómo seguir siendo nosotros mismos en una sociedad global donde todos parecen ser una copia de alguien más. Hoy más que nunca, el pueblo hebreo no debe esconderse detrás de disfraz alguno, sino estar muy orgulloso de su identidad y ser visibles en la política, las artes, la ciencia, la medicina. Esto es lo que Israel está haciendo, Uno de los países más pequeños del mundo, pero líder en muchas áreas. Esther estaba bien para esconderse, pero ese no es el caso ahora. Nuestro silencio sería el camino de la asimilación.

Purim no es una fiesta fácil, un viaje fácil. De hecho, es muy difícil. Purim encierra un mensaje que debe hacernos. Una llamada a la empatía con tanta gente que aún hoy lucha por sobrevivir a las injusticias del siglo xxi.

PÉSAJ

Pésaj, la Pascua, es una de las festividades más importantes del año y su punto culminante es el Séder, la cena en la que se recuerda la liberación y la salida de Egipto.

El tema central de la festividad es la redención: la historia del Éxodo, que a los judíos se les ordena contar a sus hijos todos los años en la Pascua. En Pésaj, no solo se celebra la rededención física de la

Belforte, Selomó. *Séder Hagadah shel Pesaj.* Foto: Rebeca García Merino. Museo Sefardí. Ministerio de Cultura y Deporte.

esclavitud, a esta fiesta se le conoce con el nombre hebreo de *z'man heyruteinu*, el tiempo de nuestra libertad, también la redención espiritual. Los hebreos fueron liberados de la esclavitud mental y física y esto los preparó para que siendo un pueblo libre pudieran recibir la Torá en el monte Sinaí. No se trata, por lo tanto, de una mera liberación de un estado de falta de libertad corporal, sino del principio fundador del pueblo de Israel como uno plenamente desarrollado en lo espiritual en torno a los valores de la Torá. El Éxodo supone la base fundacional del pueblo judío. Lo que antes era un grupo de esclavos gana identidad como nación. La libertad es requisito *sine qua non* para poder vivir en plenitud el pacto con Dios que se materializará en la entrega de la Torá en el Sinaí.

Egipto en hebreo se dice *Mitzraim*, que proviene de la raíz *tzar*, que significa «estrecho o restringido». Para salir de Egipto, cada individuo debe romper con la estrechez personal, haciéndose libre para alcanzar su pleno potencial espiritual.

Antes de la celebración de la fiesta que tendrá lugar el día 14 del mes hebreo de Nissan, el mes de la primavera, debe realizarse una limpieza meticulosa de toda la casa, especialmente de la cocina y sus utensilios. Su finalidad es retirar toda partícula de *jametz*, es decir, todo resto de alimentos elaborados con la harina de cinco tipos de granos: trigo, cebada, centeno, avena, escanda, y los fermentados con levadura. El *jametz* representa la arrogancia y el *yetzter hara*, la inclinación al mal. De este modo, lo que para otros sería una mera limpieza de primavera, para el judío la limpieza del *jametz* es una metáfora, una oportunidad para reflexionar sobre todo aquello que nos impide ser mejores personas y vivir una vida de plenitud.

El 14 de Nissan marca el comienzo de la Pascua judía, que durará siete días en la tierra de Israel y ocho, en la Diáspora. Tres son los principales elementos que marcan la fiesta: la celebración del *Séder*, la prohibición de comer *jametz* y la obligación de consumir la *matzah* o el pan ácimo.

En la Diáspora se realiza el *Séder*, la cena pascual, las dos primeras noches de Pésaj, y en Israel tan solo la primera noche. La palabra *séder* significa «orden» y hace alusión al ritual ancestral que sigue escrupulosamente el orden establecido en la Hagadá. La Hagadá o relato suele ser un libro bellamente decorado que guía la celebración de la cena pascual. El ritual del *Séder* es probablemente el más antiguo conservado en todo el mundo Occidental. Tiene su origen una noche de hace 3300 años, en el reinado de Ramsés II, cuando los israelitas celebraron su última cena en preparación para su camino hacia la libertad. El texto que ha llegado a nuestros días tiene múltiples capas. Cada generación ha aportado algo a este bello ritual conservado con devoción durante siglos. La Hagadá de Pésaj contiene elementos bíblicos como las tortas de pan ácimo o referencias a las Escrituras. A los versículos de la Torá recitados desde antiguo se le añadieron, a lo largo de los siglos, citas de los grandes rabinos de la época del Segundo Templo, tal es el caso de rabbi Hillel, que aparece con frecuencia en el *Séder*. A estos textos se le añadieron otros durante la Edad Media. Cada comunidad a su vez ha desarrollado sus propias recetas, cánticos y tradiciones. El *Séder* es algo más que un ritual, es el recuerdo de una historia transmitida con amor desde tiempos inmemorables y el fotograma en el que vemos la evolución del judaísmo desde la época bíblica hasta la actualidad.

El recital del Éxodo es el máximo exponente de la memoria judía. No se trata de recordar la historia, sino de hacer del pasado una memoria viva. Cada generación de judíos está obligada no solo a recordar la salida de Egipto, sino a revivirla como si ellos mismos hubieran sido los liberados de la mano opresora del faraón. Esta es la función principal de la *Hagadá de Pésaj*, a través de relatos, oraciones y de la ingesta de ciertos alimentos simbólicos, volver a revivir el Éxodo, algo así como una máquina del tiempo que nos hace retroceder tres mil años para recorrer el camino de nuestros ancestros hacia la libertad.

La mesa pascual reúne cada año a la familia y a la comunidad alrededor de lectura de la *Hagadá*. En el centro suele colocarse la *keará*, un plato con alimentos que recuerdan tanto la amargura de la esclavitud como la alegría de la liberación. Estos son:

- *Beitzá*, un huevo duro que simboliza la dureza del corazón del faraón. En el judaísmo, el huevo también es un símbolo de vida.
- *Zeroa*, carne asada como recuerdo del sacrificio pascual.
- *Maror*, hierbas amargas en recuerdo de la amargura de la esclavitud.

- *Jaroset*, una pasta marrón que en el mundo sefardí suele realizarse con dátiles, frutos secos, vino dulce y naranja, que simboliza el adobe fabricado por los esclavos hebreos para las construcciones del faraón.
- *Karpás*, suele ser apio, que simboliza la vida. Durante la cena se moja en agua salada, símbolo de las lágrimas derramadas en Egipto.
- *Jazeret*, rábano, su amargor recuerda la amargura vivida en tierras egipcias.
- En la mesa también se coloca la copa *kidush* para la bendición del vino, una jarra para hacer el lavado de las manos y una bandeja con tortas de pan ácimo.
- El *Séder* incluye numerosas alusiones a una futura redención mesiánica. La tradición nos dice que ese día será anunciado por el profeta Elías. Por ello, cada año sentamos simbólicamente al profeta colocando una copa en su honor, la copa de Elías, y abriendo la puerta de casa para invitarle a entrar. Dentro de la salvación de Egipto están las semillas de la redención futura. La libertad plena solo llegará el día en el que la salvación llegue al mundo. No es algo que deba darse por sentado, sino que es una lucha interior que marca la existencia de todo hebreo que debe permanecer vigilante tal y como dice la Torá: «Esta es una noche de vigilia al Señor para todos los hijos de Israel en todas sus generaciones» (Éxodo 12:42).
- *Pésaj* es la fiesta de la memoria, una memoria que en el pueblo judío tiene el poder de unir pasado y presente: todas las generaciones, las de ayer, las de hoy y las del mañana, parecen sentarse juntas a la mesa pascual. El recital del *Maguid*, la narración del Éxodo, no utiliza la tercera persona del plural como si los eventos no tuvieran que ver con nosotros, sino la primera persona del plural: somos nosotros los judíos del siglo XXI que celebramos nuestra libertad:

«Fuimos esclavos del faraón en Egipto y el Señor nuestro Dios nos sacó de allí con mano fuerte y brazo extendido. Y si el Santo Bendito no hubiera sacado a nuestros padres de Egipto, nosotros, nuestros hijos y los hijos de nuestros hijos estaríamos aún esclavizados por el faraón en Egipto».

La tradición manda que cada uno debe verse así mismo como si él personalmente hubiese sido salido de Egipto. La historia se hace memoria. El pasado se hace presente. En este momento de la celebración de la Pascua continuamos viviendo las consecuencias del pasado. Si los eventos del Éxodo no hubieran tenido lugar, ningún otro evento de la historia del pueblo de Israel habría podido ocurrir. Lo que somos ahora es el resultado de lo que ocurrió entonces.

La transmisión de la memoria, *zajor*, en hebreo, ocupa un lugar fundamental en cada fiesta, y muy especialmente en *Pésaj*. Por ello, los niños y niñas tienen un gran protagonismo en la fiesta. Son ellos los garantes de que este relato milenario siga transmitiéndose de generación en generación. Es especialmente emotivo el momento del *Séder* en el que el más joven de la casa pregunta cantando: «¿Ma Nishtanah? (¿qué hace a esta noche diferente a todas las demás?)». A esta pregunta del pequeño de la casa responden todos cantando: «Todas las otras noches comemos pan normal o pan ácimo, pero en esta solo pan ácimo…», y así, sucesivamente, el canto recorre todos aquellos aspectos que hacen de la noche de *Pésaj* la más mágica del año. La respuesta a este bello canto, liderado por los más pequeños, la tiene el cabeza de familia: «Esclavos fuimos del faraón en tierras de Egipto…».

En la *Hagadá* tradicional no se menciona a Moisés, el líder que sacó al pueblo judío de Egipto; de este modo, al narrar la historia del Éxodo y de las plagas que lo precedieron se enfatiza el papel de Dios como protagonista de la historia. La *Hagadá* enfatiza que no fue un mensajero o un ángel, sino Dios quien redimió a los hebreos. Los eventos y circunstancias del Éxodo, desde la llamada de Moisés en la zarza ardiente hasta las plagas traídas contra los egipcios, demuestran, sin lugar a duda, al faraón y a toda la humanidad que Dios es Soberano sobre toda la tierra y que el Dios israelita no es ajeno al sufrimiento humano, sino alguien que interviene en la historia de la salvación.

Tal y como hemos explicado, el ritual del *Séder* ha evolucionado durante siglos gracias a las aportaciones de las distintas generaciones de rabinos, sabios poetas. La cena de *Pésaj* es probablemente el mejor ejemplo de liturgia inclusiva, cada generación ha aportado algo y todos en la mesa participan por igual, hombres y mujeres, ancianos y niños. La música es sin duda alguna el mejor instrumento para animar a todos a participar. La tradición dispone de un amplio repertorio de canciones populares que todos aquellos invitados a la mesa cantan con fervor. De entre todas ellas destaca *Had Gadya,* en arameo, o *Kavretico,* en ladino, la lengua de los sefardíes. La canción narra la historia de un padre que compra a su hijo un pequeño cabrito, que pronto ve su vida amenazada por un gato, por un perro... y así sucesivamente, peligro tras peligro, hasta que, finalmente, el cabritico salva su vida. Es un cántico que simboliza la historia de supervivencia del pueblo judío.

Un kavretiko ke lo merko mi padre
por dos levanim, por dos levanim

I vino el gato
i se komio al kavretiko
ke lo merko mi padre por dos levanim

I vino el perro
i modrio al gato,
ke se komio al kavretiko
ke lo merko mi padre por dos levanim

I vino el palo
i aharvo al perro, ke modrio al gato,
ke se komio al kavretiko
ke lo merko mi padre por dos levanim ...
I vino el fuego
i kemo al palo ke aharvo al perro,
ke modrio al gato, ke se komio al kavretiko
ke lo merko mi padre por dos levanim

I vino la agua
i amato al fuego ke kemo al palo, ke aharvo al perro,
ke modrio al gato, ke se komio al kavretiko
ke lo merko mi padre por dos levanim

I vino el buey i se bevio la agua ke amato al fuego,
ke aharvo al perro, ke modrio al gato,
ke se komio al kavretiko
ke lo merko mi padre por dos levanim

I vino el shohet i degoyo al buey ke se bevio la agua,
ke amato al fuego, ke aharvo al perro, ke modrio al gato,
ke se komio al kavretiko
ke lo merko mi padre por dos levanim

I vino el mal'ah amavet i degoyo al shohet ke degoyo al buey,
ke se bevio la agua, ke amato al fuego, ke kemo al palo,
ke aharvo al perro, ke modrio al gato, ke se komio al kavretiko
ke lo merko mi padre por dos levanim

I vino el Santo Bendicho El i degoyo al mal'ah amavet
ke degoyo al shohet, ke degoyo al buey,
ke se bevio la agua, ke amato al fuego, ke kemo al palo,
ke aharvo al perro, ke modrio al gato, ke se komio al kavretiko
ke lo merko mi padre por dos levanim

Pésaj también contiene una fuerte conexión con la naturaleza. La sociedad israelita antigua era fundamentalmente agrícola, por ello, muchas de las fiestas, así como parte de la razón de ser del calendario hebreo, están estrechamente unidos al ciclo de las cosechas. En tiempos bíblicos, el mes de Nissan era el primero del año, es uno de los cuatro nuevos años del calendario hebreo recogidos en la *Mishná* y a partir de él se calculaba la duración de los reinados de los reyes de Israel. Nissan inaugura la primavera. Uno de los nombres hebreos de la Pascua judía es *Hag Aviv*, la fiesta de la primavera. Pésaj celebra el renacimiento y la renovación de la naturaleza, simbolizados por las hierbas verdes y el huevo en el plato del *Séder*. También es el momento en el que comienzan a cosecharse los primeros cereales, es el comienzo, el nacimiento de Israel como pueblo. Como nación recién nacida, los judíos comenzaron su viaje en el desierto para recibir la Torá en el monte Sinaí.

Pésaj es también conocida con el nombre de Hag Matzot, la fiesta de los panes ácimos. La mitzvah en torno a los ácimos tiene una doble vertiente: por un lado, la prohibición de comer pan ordinario fermentado; y, por otro, la obligación de comer *matzah*. Al comienzo de la cena de *Pésaj*, el oficiante eleva los panes ácimos y dice:

«Este es el pan de la aflicción que comieron nuestros padres en tierras de Egipto. Aquellos que tengan hambre, que vengan y coman; aquellos que tengan necesidad, que se unan a nosotros para celebrar Pésaj.

Ahora estamos aquí, el año venidero en tierras de Israel; ahora, aquí, esclavos, pero el año venidero seremos liberados».

Este bellísimo texto ilustra por sí solo el profundo valor espiritual de la Pascua judía. Tradicionalmente, se ha dicho que el pan ácimo representa la urgente salida de Egipto. Según esta tradición, los israelitas tuvieron que partir apresuradamente aprovechando el permiso del faraón sabiendo que este en cualquier momento se arrepentiría e iría tras ellos. Esta urgencia hizo que los israelitas no tuvieran tiempo para hacer fermentar el pan y por ello hornearon unas simples tortas de pan cenceño. Pero ¿por qué habla la *Hagadá* de pan de la aflicción? Según Abraham Ibn Ezra, un gran comentarista bíblico español del siglo xii, la *matzah* era el pan que los israelitas comían a diario durante la esclavitud. La *matzah* simboliza la opresión, el dolor de la esclavitud. Este texto comienza hablando del pan de la aflicción, de nuestra esclavitud, pero termina hablando de la esperanza de la libertad. *Pésaj* celebra precisamente eso, el paso de la esclavitud a la libertad. Pero ¿cómo seremos capaces de pasar de un estado a otro? ¿Cómo podremos transformar el pan de la esclavitud en pan de la libertad? El mismo texto nos da la respuesta: «Aquellos que tengan hambre, que vengan y coman; aquellos que tengan necesidad, que se unan a nosotros para celebrar *Pésaj*». Es la capacidad de compartir con los demás, de salir de nuestro ego lo que nos hace ser seres verdaderamente libres. *Pésaj* es la fiesta de la empatía: la capacidad de conectar no solo con nuestros antepasados esclavos del faraón y revivir el *Séder* como si fuéramos nosotros los que saliésemos de Egipto hace tres mil años, es también la capacidad de conectar con todo aquel que sufre, con el oprimido, comer su pan.

Es también la fiesta de la esperanza. Cada año, al terminar decimos: «Leshana habaah byrushalaim habnuyah», cuya traducción algunos recortan diciendo «el año próximo en Jerusalén», y cuya traducción completa diría: «El año próximo en Jerusalén reconstruida». ¿Qué quiere decir esto de Jerusalén reconstruida? ¿Acaso la bella ciudad dorada está en ruinas? Se trata de la Jerusalén mesiánica, de un ideal de paz y armonía, de nuestro deseo y esperanza de que las heridas de este mundo sean por fin sanadas y que todos podamos vivir juntos en un mundo mejor.

SHAVUOT

El comienzo de la Pascua judía inaugura un periodo de preparación para la fiesta que conmemora el evento más importante de su historia espiritual: la revelación de la Torá en el Sinaí. Este periodo entre *Pésaj* y *Shavuot* es conocido como la Cuenta del Omer.

El Omer se refiere al periodo de cuarenta y nueve días entre la segunda noche de *Pésaj* y la festividad de *Shavuot*. Este periodo marca el comienzo de la cosecha de la cebada cuando, en la antigüedad, los judíos traían las primeras ofrendas de cereal al Templo como una forma de agradecer a Dios los frutos de la tierra. La palabra *omer* literalmente significa «gavilla» o «manojo» y se refiere a estas ofrendas tempranas.

La Torá misma dicta que se realice esta cuenta durante las siete semanas siguientes a *Pésaj*:

Siddur avodat Israel. Museo Sefardí. Ministerio de Cultura y Deporte.

«Contaréis desde la víspera del segundo día de Pésaj, cuando se ha de traer un omer de grano como ofrenda, siete semanas completas. El día después de la séptima semana de vuestra cuenta serán cincuenta días, y ofreceréis una nueva ofrenda de cereal a Dios (Levítico 23:15-16)».

En su contexto bíblico, este cómputo solo parece relacionar la primera ofrenda de grano realizada en Pascua con la ofrenda hecha en el momento cúspide de la cosecha allá por los meses de mayo-junio. A medida que la festividad de *Shavuot* se asoció con la entrega de la Torá, y no solo con una celebración agrícola, el periodo del *Omer* comenzó a simbolizar el vínculo espiritual entre *Pésaj* y *Shavuot*.

Mientras Pésaj celebra la liberación inicial del pueblo judío de la esclavitud en Egipto, *Shavuot* marca la culminación del proceso de liberación, cuando los hebreos se convirtieron en un pueblo autónomo con sus propias leyes y normas. *Pésaj* simboliza la libertad física: los israelitas dejan de estar sometidos a la voluntad opresora del faraón. Pero esta libertad no es nada sin la libertad interior. El camino entre *Pésaj* y *Shavuot* es de maduración espiritual. El pueblo que sale de Egipto aún tiene una mentalidad de esclavo, es un pueblo que incluso añora la esclavitud; un adolescente rebelde que quiere ser libre pero aún no sabe cómo dejar de depender de los cuidados de sus progenitores. La *Cuenta del Omer* es un proceso de maduración intelectual y espiritual que prepara al pueblo judío para tomar las riendas de su futuro, para ser responsable de su propio destino. *Shavuot* simboliza la llegada a la edad adulta. Este momento será aquel en el que en el Sinaí los israelitas aceptan vivir responsablemente conforme a los valores de la Torá.

Shavuot significa literalmente «semanas», se trata de la fiesta que se celebra justo siete semanas después del comienzo del *Pésaj*. Un tiempo de alegría en honor a la Torá. Su origen es eminentemente agrícola; el cereal no solo era la base de la alimentación israelita, era también usado para alimentar el ganado. Celebrar la recolección del grano que regala la tierra era una manera de agradecer a Dios por el sustento. *Shavuot* es una de las tres fiestas de peregrinación, junto con *Pésaj* y *Sucot*, en la que los israelitas peregrinaban al Templo y ofrecían sacrificios y ofrendas. Entre estas destaca la de piezas de pan recién horneado, pan que debía realizarse con el trigo recién cosechado.

Con el tiempo, perdió su carácter agrícola y fue adquiriendo un significado más espiritual. Pasó de ser la festividad de la cosecha del cereal a ser la celebración que conmemoraba el don de la Torá en el Sinaí.

La víspera de Shavuot es costumbre acudir al *Beit Midrash*, a la casa de estudio, o a la sinagoga y pasar la noche entera en el *Tikkun Leil Shavuot*, «el estudio de la noche de *Shavuot*». Se dice que fue establecido oficialmente por el famoso cabalista del siglo XVI, el rabino Isaac Luria, comúnmente conocido como el Arizal o el Ari. Sin embargo, hay referencias a esta costumbre en el *Zohar*, el libro base del estudio cabalístico cuyos orígenes se remontan a la época del Segundo Templo de Jerusalén y al rabino Simón Bar Yohai y cuya forma final vio la luz en la España del siglo XIII.

Como hemos visto, *Shavuot* celebra la entrega de la Torá por parte de Dios al pueblo judío, pero, según el *Midrash*, los israelitas se quedaron dormidos la mañana en que debían recibirla y tuvieron que ser despertados por Dios que hizo sonar un *shofar*, un cuerno de carnero. *Tikkun* significa «corrección», mientras que *Leil Shavuot* significa «noche de Shavuot». Como corrección por haberse quedado dormido, Ari inició el hábito de estudiar durante toda la noche.

Pero la costumbre parece remontarse mucho antes. El *Zohar* al hablar de la noche de *Shavuot* dice:

«Hemos aprendido que la Torá en la que debemos trabajar en esta noche es la ley oral, para que juntos seamos purificados por el manantial profundo del arroyo. Es por esto por lo que los primeros jasidim (piadosos) no dormían esa noche y ponían su esfuerzo en la Torá».

En muchas comunidades se organizan esta noche actividades culturales, conferencias y sesiones de estudio. Si bien no es obligatorio aprender algo específico, hay un texto especial para el *Tikkun Leil Shavuot* que algunas personas tienen la costumbre de estudiar. Se trata de un texto que contiene extractos de las cincuenta y cuatro lecturas semanales de la Torá, las *parashiot*, así como extractos de los libros de los Profetas y *Midrashim*. También muchos suelen cantar *piyutim*, poemas litúrgicos de origen medieval en honor de la fiesta.

Durante esta noche es costumbre comer productos lácteos y todo tipo de dulces hechos con leche y queso. El origen de esta costumbre es recordar la promesa divina de la Tierra de Israel, una tierra rica en «leche y miel».

Al estudio de *Shavuot* y al canto de los *piyutim* hay que sumarle la lectura del *Libro de Ruth*.

Ruth fue una mujer de gran carácter que tuvo la valentía de dejar su tierra y costumbres por amor. Ella defendió el derecho de los pobres a recoger las sobras de la cosecha de cebada, rompió con las reglas sociales de la sociedad patriarcal de su tiempo al enfrentarse con Boaz, un familiar de su suegra Naomí con quien finalmente contrajo matrimonio. Del matrimonio con Boaz desciende el mismísimo rey David. Esta es también una historia que celebra la libertad del individuo a elegir sus propias creencias. Ruth es considerada la primera conversa al judaísmo, algo que también nos invita a reflexionar sobre la integración del otro, del extranjero: nada más y nada menos que el rey David, de quien vendrá el futuro Mesías de Israel, desciende de una moabita conversa al judaísmo. Ruth aceptó vivir conforme a los valores del judaísmo y lo hizo por amor. Cada año, al leer esta historia en *Shavuot*, el pueblo judío recuerda que la Torá no es algo que deba imponerse, sino que debe ser una elección personal por amor en el ejercicio de la libertad de cada individuo.

Cada año en *Shavuot* los judíos celebran el regalo de la Torá, el tesoro más grande que jamás haya poseído el pueblo de Israel. Un tesoro sobre el que durante siglos cada generación ha basado su vida, su cultura, su espiritualidad y sus valores.

La Torá fue entregada en el desierto del Sinaí, en medio de la nada, a un pueblo errante que anhelaba llegar al hogar que Dios le había prometido. Tal vez hubiera tenido más sentido que algo tan sagrado y precioso como la Torá hubiera sido entregado en un lugar de mayor importancia como Jerusalén. Este hecho encierra en sí una importante enseñanza: la humildad es un requisito sin el cual es imposible tener una experiencia auténtica de la espiritualidad.

El *Midrash* dice: «Quien no se presenta con la sencillez/humildad del desierto no puede adquirir la sabiduría de la Torá» (Bamidbar Rabah 1:7). En la misma línea, dice el Talmud: «Si una persona no es humilde como el desierto, que está abierto a todos y se deja caminar por todos, su estudio de la Torá no permanecerá, se le escapará de las manos» (B. Eruvim 54a).

El desierto simboliza la humildad necesaria para recibir la Torá.

El *Midrash* continúa diciendo: «Cuando Dios se estaba preparando para dar la Torá, todas las montañas se adelantaron y declararon por qué pensaban que se les debía dar la Torá. Una decía: "Yo soy la más alta". Otra defendía: "Yo soy la que tiene la mayor pendiente". Finalmente, Dios escogió el monte Sinaí por ser el más humilde».

La palabra «desierto», en hebreo *midbar*, comparte una raíz con *dabar*, que significa «cosa, palabra». Es en el desierto donde, aparentemente, no hay nada, donde encontramos el Todo, la Palabra. Es en lo pequeño, en lo que los demás suelen ignorar, donde podemos encontrar los cimientos sobre los que construir algo grande. Como dice el salmo, «la piedra que desecharon los arquitectos se ha convertido en piedra angular».

Shavuot nos recuerda que el conjunto de enseñanzas de la Torá, sin las que no podría entenderse el legado espiritual de los tres monoteísmos, judaísmo, cristianismo e islam, no fue entregado a uno de los pueblos más pequeños sobre la faz de la tierra; un pueblo que vagaba en medio de la nada en busca de un hogar.

El mensaje de *Shavuot* es el de la humildad. En estos tiempos donde cada uno quiere alzar la voz y no escucha al otro, es importante recordar que Dios habla a cada uno en voz baja. Deberíamos aprender del silencio del desierto y escuchar el mensaje que cada uno guarda en su corazón. En *Shavuot* celebramos que Dios no es un ser ajeno al ser humano y que al igual que habló a los israelitas de aquel tiempo en el Sinaí, Dios continúa buscando a la humanidad para transmitirle un mensaje. Cada pueblo, cada religión, cada hombre y cada mujer es destinatario de un mensaje que se transmite según su lengua, su cultura y su capacidad para entender. La tradición nos enseña que en el Sinaí Dios habló en setenta lenguas.

Decía el gran rabino del Reino Unido rabbi Lord Jonathan Sacks:

«A lo largo de la historia, Dios ha hablado a la humanidad en muchos idiomas: a través del judaísmo a los judíos; del cristianismo a los cristianos; del islam a los musulmanes. Este Dios es verdaderamente trascendental, no solo más grande que el universo natural, sino también más grande que el universo espiritual que pueda ser articulado en una sola fe. ¿Cómo puede un texto sagrado transmitir tal idea? Yo diría que Dios es el Dios de toda la humanidad, pero ninguna fe es o debería ser la fe de toda la humanidad».

Shavuot no solo es una invitación a celebrar el mensaje que Dios transmitió a los israelitas, sino también un día para reflexionar sobre el mensaje que Dios nos transmite a cada uno de nosotros hoy.

TISHA B'AV Y ELUL

Tisha b'Av, el noveno día del mes de Av, suele celebrarse en julio o agosto. Quizás al ser una época en la que muchos están de vacaciones su importancia pase desapercibida.

Tiene una relevancia fundamental en la cadencia del calendario hebreo. Se trata del principal día de duelo, un día para la memoria en el que los judíos recuerdan algunos de los mayores desastres acontecidos en la historia. La principal conmemoración es la destrucción del primer y segundo Templo de Jerusalén en 586 a. e. c. y 70 e. c., respectivamente. En el mundo sefardí se recuerda también la

Martín, J.B. *Unción y coronación de los reyes de Israel y Judá.* Foto: Rebeca García Merino. Museo Sefardí. Ministerio de Cultura y Deporte.

expulsión de la península. La observancia principal que todo judío debe respetar en este día es el ayuno.

Aunque se desconoce la fecha exacta de la destrucción de los Templos, los principales líderes de las grandes escuelas rabínicas de Palestina y Babilonia, fijaron como fecha de referencia el 9 de Av, Tisha b'Av. Según aclara rabbi Hayyim Schaus, ninguno de los dos fue destruido el 9 de Av. El *Libro de los Reyes* establece que el primero fue destruido el 7 de Av, en otras fuentes aparece el 10 de Av como fecha. Igual ocurre con el segundo que fue destruido el 10 de Av. La tradición talmúdica estableció el 9 de Av, pues en ese día tuvo lugar la caída de Bar Kohva a manos de las tropas de Adriano.

Los rabinos de la era talmúdica, afirmaron que Dios hizo de este un día de dolor en castigo por la falta de fe evidenciada por los israelitas durante su peregrinaje por el desierto después del éxodo de Egipto.

El primer evento que evidenció la infidelidad de los israelitas fue el episodio del becerro de oro. Según el relato del libro del *Éxodo*, los israelitas desesperados por la ausencia de Moisés decidieron construirse un ídolo a modo de los dioses de Egipto. Mientras Moisés estaba recibiendo en el Sinaí las Tablas de la Ley, los israelitas adoraban con danzas y cánticos festivos al becerro de oro. Cuando regresó al campamento y vio aquello, rompió las Tablas de la Ley. Según los sabios de la *Mishná*, este evento ocurrió el 17 del mes de Tammuz, tres semanas antes del 9 de Av. Ambas fechas están relacionadas, según la literatura rabínica, aunque la destrucción del Templo fue el 9 de Av, el comienzo de su destrucción tuvo lugar el 17 del mes de Tammuz. Ambas fechas forman, por lo tanto, parte de una cadena de desgracias cuyo origen es la falta de fidelidad de los israelitas: en el 17 de Tammuz, Moisés destruye las Tablas de la Ley, símbolo del pacto de Dios con Israel, y en el 9 de Av, el Templo fue arrasado.

Pero el episodio del becerro de oro no fue el único que patentó la deslealtad de los israelitas. El *Libro de Números* narra la historia de los doce espías enviados por Moisés a explorar la tierra de Canaán, donde los israelitas debían establecerse tras peregrinar en el desierto con el fin de saber las condiciones en la que esta se encontraba. Según el relato del texto bíblico de los doce espías, diez informaron negativamente, de manera que los israelitas perdieron la fe y la esperanza en el plan divino de establecerse en la tierra prometida. Los israelitas iniciaron una revuelta contra Moisés exigiendo volver a Egipto. Tan solo dos espías, Yehoshúa y Caleb, decidieron no unirse a esta rebelión; ellos animaron al pueblo a no desfallecer y a tener confianza en Dios. Según el Talmud, este evento tuvo lugar el 9 de Av, día en el que Dios decretó como castigo, por tal falta de fe, que los israelitas mayores de veinte años no entrarían en la tierra de Israel.

Según la tradición rabínica, la destrucción física aquí representada por la pérdida del primer y segundo templo tienen su origen en la devastación espiritual del pueblo de Israel.

Tisha b'Av en sí es un día de luto intenso, cuya práctica es similar a la de *Yom Kipur* en muchos aspectos. Es un día de ayuno, donde uno también debe abstenerse de lavarse, tener relaciones sexuales, usar perfumes y otros ungüentos, así como de toda celebración.

El cénit litúrgico de este día de recuerdo es la lectura de la *Meguilat Eija*, el *Libro de Lamentaciones*. Está rodeada de un gran dramatismo, los asistentes se sientan en el suelo en señal de duelo, en muchas comunidades el recitado de Eija se realiza a oscuras, tan solo unas pocas velas iluminan la sinagoga. Los *melismas del hazan*, el cantor de la sinagoga, recuerdan a alguien herido de muerte que gime con dolor…

El *Libro de las Lamentaciones* se encuentra en la sección de *Ketuvim del Tanaj*, la Biblia hebrea. Las Lamentaciones son un bello entrelazado de cánticos de duelo que describen a una Jerusalén asediada testigo de la destrucción de su tesoro más querido: el Templo; es la elegía de una ciudad que llora como la madre que ha perdido a sus hijos, como una viuda solitaria que se siente abandonada por los suyos. El texto es capaz de transmitir al lector el horror del asedio: niños que suplican en vano pan y agua; madres que devoran a sus propios hijos; nobles que mueren ahorcados; mujeres que son violadas… «les fue mejor a los que murieron a espada que a aquellos que perecieron de hambre».

Tradicionalmente, se ha atribuido la autoría del texto al profeta Jeremías, que lamenta la destrucción de la ciudad santa, y culpa a la inmoralidad e idolatría de los israelitas por la tragedia. Sin embargo, a pesar de acusarlos por su corrupción y deslealtad, el profeta da voz a los ciudadanos de Jerusalén para que puedan expresar su dolor e incluso enfrentarse con un Dios que debía en todo caso ser misericordioso. En el capítulo tercero, el creyente se desespera y se enfrenta a Dios acusándole de ser un león al acecho de su víctima. El profeta parece perder su fe y clama: «Pensé que mi fuerza y mi esperanza en el Señor habían perecido». Las Lamentaciones navega desde el llanto por la destrucción de Jerusalén hasta la esperanza en el retorno de los exiliados y el renacer de la ciudad santa:

> «Esto recapacitaré en mi corazón, por lo tanto, esperaré. Por la misericordia del Señor no hemos sido consumidos, porque nunca decayeron sus misericordias. Nuevas son cada mañana; grande es tu fidelidad. "Mi porción es el Señor", dijo mi alma; por tanto, en él esperaré» (Lamentaciones 3:21-24).

El libro de las Lamentaciones se lee en voz baja al principio. El volumen de la voz del lector aumenta hasta el clímax, que es cantado en voz alta por toda la congregación: «Vuélvenos a ti, oh, Señor, y regresaremos. Renueva nuestros días como antaño».

Tisha b'Av inaugura un periodo en el que el pueblo judío navega en la destrucción: la de las Tablas de la Ley, del Templo, de una relación de intimidad y proximidad con Dios. Es un periodo para la reflexión y para mejorar como personas, un periodo para hacer *Tikún*.

A menudo hablamos de *Tikún Olam*, la reparación del mundo, nuestro compromiso por mejorar aquello que nos rodea, por crear una sociedad más justa. Pero a menudo olvidamos algo importante y es que el ser humano construye la casa por el tejado y no por sus cimientos.

Tikún Olam comienza con *Tikún adam*: la corrección/reparación de la persona. Es necesario un pequeño cambio en la conciencia de cada uno de nosotros. No se puede cambiar el mundo sin transformarnos primero a nosotros mismos, es decir, un trabajo interno es necesario para que cada uno de nosotros repare en su vida todo aquello que le impide comprometerse sinceramente en la tarea de mejorar la vida del otro, de mejorar el mundo y la sociedad en la que vivimos.

Este periodo de reparación comienza el 17 de Tamuz, un día de ayuno en el que se recuerda el comienzo de la destrucción del Templo y la destrucción de las Tablas de la Ley tras el episodio del becerro de oro. En ese día se inicia un periodo de duelo que culminará con *Tisha b'Av*, donde se conmemora la destrucción total del Templo de Jerusalén.

Un periodo en el que el pueblo judío pasa de la destrucción, que representan *Tamuz* y *Tisha b'Av*, a la reconstrucción representada aquí por el día del perdón, el *Yom Kipur*.

La destrucción que conmemora *Tisha b'Av* va más allá de la mera destrucción material del Templo. Según la tradición, esta destrucción tuvo lugar a causa de la infidelidad personal que apartó a cada individuo de la posibilidad de vivir de acuerdo con los valores de la Torá. En lugar de pensar en el Templo como un edificio, *Tisha b'Av* es una invitación a imaginar nuestro cuerpo, nuestro ser, como un templo en el que reside la *Shejiná*, la presencia divina. Cada ser humano es un templo.

Sin embargo, estas fechas guardan un mensaje de esperanza: el mensaje oculto en estas fechas señaladas es que a pesar de que el ser humano se aparte de Dios, Él espera el reencuentro con brazos abiertos. Durante las siete semanas después de *Tisha b'Av*, en las sinagogas se leen las siete *haftarot* del profeta Isaías en las que el habla de la futura redención del pueblo de Israel, es decir, la reparación de esa relación única y personal de cada hombre, de cada mujer con Dios.

Estas siete semanas llenas de magia y simbolismo culminan con la llegada de *Rosh Hashaná* y, diez días después, el pueblo judío celebra *Yom Kippur*, el perdón, es decir, la reparación total de nuestra relación con la Divinidad, fuente de toda vida.

En este periodo de verano y de vacaciones, el calendario hebreo nos recuerda que nuestra vida es imperfecta, que hay muchas cosas que debemos reparar en nosotros mismos. Durante este tiempo, desde *Av y Elul* hasta *Tishréi*, experimentamos una experiencia profunda que nos llevará de la destrucción a la reparación, de nuestra relación rota con Dios al perdón, nuestra reconciliación con la fuente de toda existencia.

Durante estas semanas, las lecturas del profeta Isaías nos acompañan para recordarnos que vale la pena mejorar, que Dios está esperando y continúa confiando en el ser humano. Y si esto no fuera suficiente, el 15 de Av se celebra *Tu b'Av*, la fiesta del amor. Este es el día de San Valentín de la tradición judía, un día dedicado a la celebración del amor. En conclusión, a pesar de nuestros defectos y de nuestro abandono de la espiritualidad, el amor y la promesa de redención nos esperan. Dios, en su amor infinito, no nos abandona y sale al encuentro del hombre.

Los judíos del siglo II decían: «¿Quién es un héroe? El que domina sus pasiones, como se dice: "El que tarda en enojarse es mejor que el hombre fuerte, y quien domina sus pasiones es mejor que el guerrero que conquista una ciudad"».

El verano judío no es solo un tiempo para las vacaciones, sino también un tiempo para reflexionar sobre todo aquello que tenemos que mejorar, un tiempo dedicado a ser verdaderos héroes.

El ser humano no está solo en esta tarea. Hay un hermoso *Midrash* que cuenta cómo Dios nos acompaña según su capacidad personal:

> «El versículo dice: "Noé caminó con Dios". Rav Yehuda apunta: "Esto se puede comparar a un rey que tiene dos hijos: uno es adulto y el otro, un niño. Al niño le dice: 'Camina conmigo'. A Abraham, cuya fuerza era mayor, Dios le dijo: 'Camina delante de mí y sé perfecto'. Sin embargo, a Noé, cuyas fuerzas eran menores que las de Abraham, la Torá dice: 'Noé caminó con Dios'"».

Dios no nos pide lo imposible, se adapta a nuestra capacidad, a nuestros límites, pero espera de todos el compromiso para mejorar como personas.

Es posible que no tengamos las cualidades de Abraham y por ello no podamos caminar delante de Dios. Entonces, debemos ser humildes y vernos como niños y ser como Noé: Noé caminó con Dios.

Las semanas que median entre *Tisha b'Av* y *Yom Kipur* son de gran importancia en el calendario hebreo. Un tiempo para hacer una pausa y hacerse grandes preguntas: «¿Cómo puedo mejorar mi vida interior? ¿Cómo puedo mejorar mi relación con los demás? ¿Cómo puedo mejorar mi relación con Dios?».

El verano judío es un tiempo de paz, alegría, pero también de reparación y superación personal. Es así como cada uno podrá prepararse para estar en disposición de construir una sociedad más justa, un mundo mejor.

El ciclo de la vida

NACIMIENTO

Sillón de Elías. Foto: Miguel Ángel Otero.
Ministerio de Cultura y Deporte.

189

El nacimiento de un bebe es un motivo de gran alegría en todas las familias. Al traer una nueva vida al mundo, los padres participan del poder creador de Dios y cumplen con el primer mandamiento recogido en la Torá: «Fructificad y multiplicaos» (Génesis 1:28). En la tradición hebrea no existe algo parecido al celibato de los sacerdotes católicos, bien al contrario, cada judío está llamado a crear una familia. El Talmud anima a los padres a tener tantos hijos como les sea posible[19]. Sin embargo, esta tradición que anima a tener familias numerosas debe ponerse en práctica junto a conceptos como el de paternidad, que supone prestar atención a las condiciones físicas, económicas, psicológicas y sociales que envuelven el acto de procrear. Igualmente, debe ser respetada la decisión de cada individuo sobre qué tipo de familia desea construir.

Las ceremonias que acompañan al nacimiento de un hijo varón son la circuncisión, o *Brit Milah* en hebreo, y la redención de los primogénitos, o *Pidyon ha-Ben*, que tienen lugar al octavo y al trigésimo primer día del nacimiento respectivamente. Tradicionalmente, el judaísmo no ha desarrollado ningún ritual relativo al parto en sí, aunque la Torá hace referencia al dolor de la madre y al peligro que todo parto conlleva: el *Génesis* asocia los dolores del parto al pecado de Eva en el jardín del Edén (Génesis 3:16) y recoge la trágica muerte de Raquel al dar a luz (Génesis 35:18). La literatura rabínica también menciona la muerte de Michal, la esposa del rey David, en el alumbramiento (B. Sanhedrín 21a). Debido al gran peligro, sobre todo en épocas pasadas, que la madre sufría en el paritorio, muchas costumbres del folclore local de cada país fueron adoptadas por las familias israelitas para proteger a la madre y al bebe de los «malos espíritus».

En todo el mundo sefardí, los eventos más relevantes del ciclo de la vida solían ir acompañados de numerosas prácticas populares. Con demasiada frecuencia, los académicos y los líderes rabínicos han criticado muchas de estas prácticas por considerarlas supersticiosas. Sin embargo, un cuidadoso estudio de estas tradiciones, que formaban parte integral del mundo sefardí, nos brinda una preciosa información sobre el modo en el que estas comunidades abordaban los peligros que conllevan el embarazo y el parto, así como sobre el

---

19   B. Yevamot 62b.

intercambio cultural de estas comunidades con las culturas de los países en los que los hebreos de origen español se establecieron tras la expulsión de 1492.

Si bien los sefardíes celebraban la nueva vida, la prevalencia de las prácticas populares durante el embarazo y el parto muestran la gran aprensión que estos sentían por los *danyadores* o *shedim*, espíritus malignos o demonios. No había nada inusual en la creencia en los espíritus malignos: las comunidades judías de todo el mundo, askenazíes y sefardíes por igual, y muchas otras comunidades (cristianas, musulmanas y otras) adoptaron un vasto y elaborado mundo de prácticas populares para protegerse de peligros como el «mal de ojo». Una de estas costumbres consiste en no desvelar el nombre del bebé hasta el momento de la circuncisión, en el caso de los niños, o hasta la ceremonia de la *Simjat Bat*, en el caso de las niñas. Al no saber nadie el nombre de la futura criatura, nadie puede hacer mal uso de él. El mundo fue creado por la palabra y estas tienen el poder de crear, pero también de destruir. Protegiendo el nombre, protegemos la vida.

Una de las técnicas más comunes utilizadas para mantener alejados a los malos espíritus y al mal de ojo era el uso de *kame'ot*, o amuletos. Si bien, las mujeres lideraban el canto de *kantikas* de tradición oral que festejaban el nacimiento, los *kame'ot*, parte de la cultura escrita, eran dominio del hombre. Incluso muchos rabinos escribían bendiciones a modo de amuleto en un pequeño pergamino que se guardaba junto al recién nacido.

En comunidades sefardíes del Imperio Otomano y del Magreb, los rabinos desarrollaron una rica tradición de prácticas relacionadas con los *kame'ot*. Una de estas tradiciones consistía en realizar dos amuletos con nombres de ángeles y con el nombre de Lilith, la tradición rabínica creía que Lilith, una mujer diabólica, se dedicaba a atacar a los recién nacidos. Uno de estos amuletos los guardaba la madre y el otro se disponía junto al bebé. Dado que la creencia era que Lilith tenía alas, muchas veces el amuleto tenía una forma alada. Este amuleto en ocasiones se realizaba en plata. En algunas regiones de España, las familias cristianas colocan en la cuna un medallón de plata con un ángel de la guarda o con la imagen de un santo, una costumbre que probablemente tenga su origen en la cultura judeoespañola.

El embarazo es crucial para el futuro ser que nacerá. A la fragilidad de esa nueva vida que se está formando hay que unirle la fortaleza con la que la vida se abre camino. Un periodo que no solo es de formación física, sino también de crecimiento espiritual. Los sabios del Talmud dicen que en el vientre de la madre el bebé aprende la totalidad de la Torá[20]. Sin embargo, cuando llega a este mundo olvida todo lo aprendido. El estudio de la Torá no es un aprendizaje *ex novo*, sino un retorno a la sabiduría recibida en el vientre materno.

La *brit milah*, la circuncisión, es una de las señas más importantes de la identidad judía. Se trata del primer ritual del ciclo vital recogido en la Torá[21]. La palabra hebrea *brit* significa alianza o pacto, la circuncisión simboliza la entrada del niño judío en el pacto que Dios hizo con Abraham hace unos cuatro mil años. El judaísmo ha visto siempre en la circuncisión un símbolo primordial de la pertenencia al pueblo judío de todo varón hebreo. Según el relato del *Génesis*, Abraham se circuncidó a sí mismo a la edad de noventa y nueve años, así como a su hijo Ismael, de trece años, y a todo hombre a su servicio como respuesta al mandamiento divino[22]. Al año siguiente, Abraham circuncidó a su hijo Isaac cuando este tenía ocho años[23]. La tradición sostiene que la circuncisión de Abraham tuvo lugar el día 10 de Tishréi, fecha que más tarde se convertiría en el día del *Yom Kipur*.

La ceremonia de la circuncisión debe celebrarse ocho días después del nacimiento, salvo que, por motivos médicos, esta deba retrasarse. Puede tener lugar tanto en el hogar como en la sinagoga. El niño es recibido por todos con cánticos y alegría y con el saludo hebreo *baruj ha-ba*, bienvenido. Antes de comenzar la ceremonia, la madre da el bebé a los padrinos. El *sandek* o padrino se sienta en el sillón de Elías y coloca al bebé en sus rodillas. El sillón de Elías es una silla especial, bellamente decorada con madera tallada y bordados que antiguamente solía dejarse libre para que fuera ocupada simbólicamente por el profeta Elías en el momento de la circuncisión. La figura del profeta Elías ocupa un lugar destacado en algunos rituales hebreos como la Pascua por ser el profeta que anunciará la

---

20   B. Nidah 20b.
21   Génesis 17:11-12.
22   Génesis 17:9-14, 23-27.
23   Génesis 21:4.

llegada de la era mesiánica. Se piensa que Elías protege al bebé en un momento tan delicado como la circuncisión, esta tradición se basa en la historia bíblica narrada en el *Libro de los Reyes* en la que Elías resucitó al hijo de una viuda[24].

Antes de proceder al acto físico de la circuncisión, el padre del bebé debe recitar una serie de bendiciones en las que declara estar preparado para cumplir con este precepto divino. Estas bendiciones permiten participar simbólicamente al padre de un acto que, aunque debería ser realizado por él, según dice la Torá, es ejecutado por un especialista: el *mohel*. Este, tras recitar las bendiciones correspondientes, procede a cortar el prepucio del niño. Es en este momento cuando oficialmente el bebé entra a formar parte del pacto de Dios con Abraham. Seguidamente, se bendice el vino, al niño y a la familia y se anuncia con gran alegría el nombre hebreo del bebé. Tras la ceremonia, es costumbre ofrecer una comida festiva a todos los presentes.

El primer viernes por la noche después del nacimiento de un niño se lleva a cabo una ceremonia llamada *ben zajor* o *shalom zajor* para expresar la alegría si se trata de un niño ya que, tal y como dice el Talmud: «tan pronto como un varón viene al mundo, la paz viene al mundo»[25]. En esta ceremonia se recita el *Shemá Israel*, una de las piezas centrales de la liturgia judía. Consta de tres párrafos con versículos de los libros del Deuteronomio y de *Números*. El tema central de esta oración es la proclamación de la unidad de Dios y el deber de cada judío de amarle por completo. Tal y como estipula la Torá, este mensaje debe transmitirse de padres a hijos cada generación. Junto al texto del *Shemá* se recitan otros textos bíblicos y se cantan salmos.

En la tradición askenazi se realiza una ceremonia casera la noche anterior a la circuncisión, conocida en *yiddish* con el nombre de *vakhnakht*, que significa «vigilia». La costumbre consiste en encender velas por toda la casa y, después de una comida festiva, con frijoles y guisantes cocidos, se recitan oraciones y se estudia la Torá hasta pasada la medianoche. Antes de partir, los invitados recitan el *Shemá* en voz alta al lado de la cama de la madre. Esta costumbre se menciona ya en el Talmud con el nombre *yeshu'a ha-ben* o *shevu'a*

---

24   Reyes 17:17-24.
25   B. Nidah 31b.

haben[26]. Probablemente, el origen de esta ceremonia era la visita que el *mohel* realizaba para verificar el estado de salud del bebé antes de la circuncisión. A lo que en su momento fue una simple visita médica se le sumó la visita del padrino y otros familiares y amigos que venían a felicitar a los padres. Esta costumbre más tarde se asoció con la creencia de que era necesario proteger al niño contra Lilith y otros espíritus malignos, cuidándolo durante toda la noche anterior a la circuncisión recitando oraciones y estudiando la Torá. Esta vigilia, también muy popular entre los judíos sefardíes, se llama *Midrash* debido a que en ella un sabio o *jajam* suele hacer un discurso interpretativo de la sección semanal de la lectura de la Torá. El *hazán* o cantor recita poemas religiosos y el Kadish. En esta ceremonia se sirven semillas de amapola, pastel de miel y café. En Salónica, la víspera de la circuncisión se conocía como *veula* o vigilia. Durante esta vigilia, la madre permanecía despierta toda la noche protegiendo a su hijo de los malos espíritus que no desean que el bebé hebreo entre en el pacto de Abraham por la circuncisión. En Yemen, en la víspera de la circuncisión, se tenía cuidado de no dejar solos a la madre y al niño y se quemaba incienso dentro de la habitación para alejar a los malos espíritus.

En Persia y Kurdistán se celebraba una ceremonia conocida como *Lel Ikd ill Yas* durante la cual se preparaba el sillón de Elías y se adornaba con coronas de plata y flores. En las comunidades askenazíes era costumbre colocar el cuchillo de *mohel* debajo de la almohada de la madre hasta la mañana siguiente. En algunos hogares también se colocaba el libro cabalístico de Raziel. Era costumbre donar a la sinagoga los pañales en los que se envolvía al niño en la circuncisión; este pañal ricamente bordado se usaría después como banda para envolver el rollo de la Torá. En Salónica, se tenía la costumbre de enterrar el prepucio cortado en el cementerio. Como vemos, existe un inmenso mar de tradiciones en torno al nacimiento y la circuncisión.

Dado que la *brit milah* solo se practica a los varones, se carecía de un ritual de bienvenida para las niñas. En los años 70, comunidades comprometidas con un judaísmo más igualitario vieron la necesidad

---

26   B. Sanhedrin 32b.

de desarrollar una liturgia para acoger en la comunidad a las niñas recién nacidas al igual que ocurre con los niños. En el mundo anglosajón se desarrolló una ceremonia denominada *simjat bat*, que literalmente significa «la alegría de la hija», y se celebra el octavo día después del nacimiento. Esta ceremonia suele incluir pasajes del *Cantar de los Cantares*, *Salmos* y referencias a mujeres importantes de la Biblia como Sarah, Míriam, Deborah, Hannah, Abigail, Huldah y Esther.

Sin embargo, las comunidades sefardíes llevan siglos celebrando el nacimiento de sus hijas con una ceremonia llamada *zeved ha-bat* o, en ladino, las *fadas* o la *fijola*. Aunque algunos historiadores datan esta costumbre sefardí en el siglo xx basándose en los *sidurim* (libros de oración) de esa época, existen libros de oración sefardíes del siglo xvii en los que ya aparece la ceremonia del *zeved ha-bat*, e incluso algunos investigadores afirman que esta tradición se remonta a la España medieval.

Uno de los elementos que a pensar en el origen español medieval de este ritual es el uso del término *fadas*, que procede del castellano antiguo y que significa «hadas». Parece ser que los sefardíes tomaron prestado el término *fadas* de sus vecinos cristianos, quienes creían que las hadas estaban presentes cuando nacían los bebés y ofrecían bendiciones a su llegada. A medida que los sefardíes se iban estableciendo tras la expulsión de 1492 en zonas del Imperio Otomano, la ceremonia comenzó a conocerse también con el nombre ladino de *fijola*, que procede de la palabra castellana «hija».

Si bien los sefardíes no compartían la creencia cristiana en las hadas, adoptaron la noción de que era importante conferir bendiciones a los recién nacidos. La ceremonia de nombramiento del bebé giraba en torno a los miembros de la familia que oraban para que la niña recién nacida tuviera un futuro exitoso. Muchos le deseaban: «*Novya ke la veamos*» («que te veamos como novia»).

El primer verso del *Cantar de los cantares* describe una paloma que emerge de las grietas de un acantilado para que otros puedan escuchar su canto arrullador, una alusión a la niña que emerge, por primera vez, como miembro de la comunidad judía:

«Mi paloma en reskisyos de la penya en enkuvierta del eskalon azme ver a tu vista azme oir a tu boz ke tu boz savroza i tu vista donosa».

Rica es también la práctica con respecto a los nombres hebreos que generalmente suelen ser hebreos, aunque también hay quienes prefieren elegir un nombre en *yiddish* o ladino. Muchos tienen de hecho dos nombres, uno hebreo, que es usado fundamentalmente en el ámbito religioso comunitario de la sinagoga, y otro «civil» más propio del país. A modo de ejemplo, podemos encontrarnos con un joven a quien todos conocen con el muy castizo Pepe y, sin embargo, en la sinagoga es llamado Yosef al ser invitado para subir y leer la Torá.

En las comunidades de origen askenazi es común poner nombres de familiares queridos que hayan fallecido; es un modo de mantener viva la memoria de aquellos que nos dejaron. Muchas familias de tradición judeoespañola, sin embargo, tienen la costumbre de poner a los hijos los nombres de los abuelos, estén vivos o no.

La costumbre de nombrar a un niño en honor a alguien, generalmente un miembro de la familia, que ha muerto tiene que ver con la esperanza de que ese niño o niña, al recibir el mismo nombre, emule en vida las virtudes del homónimo fallecido. Hasta cierto punto, también se cree que el alma de la persona amada vive en el niño que ahora lleva su nombre. De hecho, aprender sobre las personas por las que uno lleva el nombre es una excelente manera para que los niños se identifiquen con la historia de su propia familia y, por extensión, con la historia de todo el pueblo judío.

Cada nacimiento es motivo de alegría para la comunidad y la familia. El judaísmo se transmite de generación en generación, de padres a hijos. Los niños son el futuro, los garantes de una tradición milenaria. Sin embargo, el nacimiento del primer varón tiene un significado muy especial y conlleva su propia liturgia. En la antigüedad, existía la creencia de que los dioses tenían derecho sobre las primeras cosechas, las primeras crías de ganado y los primeros nacidos. Por ello existían rituales que consistían en ofrecerlos como ofrenda y sacrificio a la divinidad. Sorprende al lector bíblico la facilidad con la que Abraham acepta sacrificar a su hijo Isaac. ¿Cómo es posible que un padre aceptase tal mandato? Abraham vivía en un contexto cultural donde este tipo de ofrendas eran algo común. Es por ello por lo que no debió resultarle extraño la petición que Dios. Sin embargo, este relato del *Génesis*, que tan cruel nos puede parecer hoy, muestra cómo el judaísmo trascendió estos primitivos conceptos eliminando de entre sus costumbres los sacrificios humanos.

El relato de la *Akedah*, el sacrificio de Isaac, culmina con la intervención divina impidiendo la ejecución de Isaac y proponiendo el sacrificio de un cordero en su lugar. Según la tradición, ese episodio tuvo lugar en el monte Moriá, espacio que posteriormente sería ocupado por el Templo de Jerusalén. La Torá quiere transmitir un claro mensaje con esta historia: la vida humana es sagrada y ninguna costumbre o creencia puede ponerla en peligro.

A pesar de la prohibición de realizar sacrificios humanos, en el judaísmo ha quedado una reminiscencia de estos: la ceremonia del *Pidyon ha-Ben* o redención del primogénito. Según el libro del *Éxodo*, Dios mandó diez plagas a los egipcios para forzar al faraón a liberar a los israelitas. La décima consistió en la muerte de todos los primogénitos. Todos los primogénitos tanto del ganado como de los humanos fallecieron, pero no así los hijos de los israelitas que fueron protegidos. En recuerdo de este milagro, todo primer varón nacido debía ser dedicado a Dios en una ceremonia realizada por los sacerdotes del Templo. Parte de esta consistía en el pago de cinco *shekels*, precio por el cual el bebé era redimido.

La ceremonia del *Pidyon ha-Ben* no es una ceremonia muy popular, pero algunas comunidades la siguen practicando. Esta suele tener lugar en la sinagoga el trigésimo primer día después del parto. Durante la ceremonia, el padre del niño presenta su hijo a un *cohen*, un descendiente de los sacerdotes del Templo, y le hace entrega de cinco monedas de plata en recuerdo de los cinco *shekels* que se pagaban en el Templo de Jerusalén para redimir al primogénito.

LA *BAR-BAT MITZVAH*

La *bar mitzvah*, para los chicos, y la *bat mitzvah*, para las chicas, es la celebración que marca la llegada a la mayoría de edad religiosa. *Bar/bat mitzvah* significa literalmente «hijo/hija del mandamiento». La palabra *bar* es de origen arameo y significa «hijo». *Bar* también indica aquel que posee algo o una cualidad. En la tradición judía encontramos expresiones como *bar-mazal*, «aquel que posee buena suerte o fortuna», o *bar-daat*, «aquel que posee conocimiento». *Bar mitzvah* sería «aquel que posee la *mitzvah*».

Bolsa para los *tefillin*. Museo Sefardí. Ministerio de Cultura y Deporte.

La palabra *mitzvah* es igualmente compleja en su traducción. Proviene del verbo *letsavot* que significa «mandar, ordenar algo». En su traducción más común, la *mitzvah* es un mandamiento recogido en la Torá, mandamientos que posteriormente fueron desarrollados con todo detalle en el Talmud. La Torá contiene un total de trescintos sesenta y cinco *mitzvot* o mandamientos, de ellos, doscientos cuarenta y ocho son positivos, es decir, cosas que hay que hacer, y ciento diecisiete son negativos, todo aquello que no debe hacerse. La tradición identifica doscientos cuarente y ocho con las partes del cuerpo humano, y trescientos sesenta y cinco con los días del año. La bar/bat *mitzvah* está relacionada con el cuerpo y el tiempo, cuando un judío llega a esta edad está obligado a cumplir con todo su ser, cada uno de los días de su vida, con los mandamientos de la Ley.

Cada cultura tiene ritos de pasaje o iniciación que marcan el paso a la edad adulta. La *bar/bat mitzvah* es el rito de iniciación a la mayoría de edad religiosa por excelencia en el judaísmo a los trece años para los niños y a los doce para las niñas. El día de su cumpleaños, el niño o la niña se convierten en *bar/bat mitzvah*, donde reciben la carga de vivir con plenitud su identidad religiosa. La ceremonia que tiene lugar en la sinagoga celebra lo que es una realidad, pero la ceremonia no imprime carácter: a la edad de la responsabilidad, como ocurre con la vejez, se llega, queramos o no queramos. La tradición hebrea prefiere ver en esta carga, que uno recibe involuntariamente, una oportunidad para una vida plena de sentido y no un yugo que cae sobre los hombros.

La importancia del libro: la palabra *bar* tiene también otras connotaciones importantes. «BR» son las dos primeras letras de la Torá que comienza su narración con la palabra *bereshit*, que podemos traducir como «al principio» o «a la cabeza». Este aspecto es fundamental pues fusiona dos conceptos esenciales de la cultura judía: la edad adulta del *bar mitzvah* y el valor de la palabra. La lectura, la interpretación y el estudio del texto forman parte del proceso del crecimiento personal de cada judío. Cada cultura tiene sus ritos para señalar el paso a la edad adulta, en el judaísmo este paso está íntimamente unido a la centralidad del «Libro». La relación entre la palabra *bar* y la palabra *bereshit* del comienzo del *Génesis* muestra que el «Libro» no es algo accidental al ser humano, sino que forma parte de su esencia. El hombre es literalmente un «ser para el Libro».

El estudio de la tradición y sus textos más importantes marcan el camino preparatorio para la *bar/bat mitzvah*. Es un largo camino que comienza años antes de la llegada a la edad adulta religiosa. Un proceso de crecimiento y fortalecimiento de la identidad hebrea. En este proceso, el estudio en su sentido más amplio y rico del término es el eje central. Un estudio que no consiste en memorizar, sino en cuestionarlo todo, cuestionarse a uno mismo, cuestionar incluso lo sagrado. Es una especie de volver a nacer.

Los padres inscriben a sus hijos en el Talmud-Torá de la sinagoga, la escuela religiosa de la comunidad. Al menos, una o dos veces a la semana, los estudiantes asisten a clases en las que aprenden la historia del pueblo de Israel, el significado de cada una de las fiestas, las oraciones y bendiciones más importantes, así como los pasajes más relevantes de la Biblia hebrea. Incluso en algunas escuelas, los niños se introducen ya a la literatura rabínica estudiando los fundamentos de la *Mishná*. El objetivo de esta formación es que el estudiante sea capaz al llegar a la edad adulta de vivir en plenitud su judaísmo. Cada niño debe interiorizar lo aprendido gracias al estudio, pero también a la reflexión; cada futuro judío debe encontrar su camino, reconocerse a sí mismo en esta tradición milenaria. La tradición de todo un pueblo y la tradición familiar tienen un peso inmenso, el secreto para vivir un judaísmo maduro está en encontrar un equilibrio entre la herencia recibida y lo que uno personalmente construye a partir de la misma.

El estudio de la lengua hebrea es un pilar principal en la educación. La tradición rabínica nos dice que Dios antes de crear el mundo, creó el alfabeto y que todo el universo fue creado a través de la palabra. Las palabras y sus guardianes, los libros, son el mapa que guía nuestra existencia. Dios habló a cada pueblo en su lengua y el hebreo es con la que se manifestó al pueblo de Israel. Es la lengua de la Torá y de la oración. Es por esto por lo que los niños aprenden al menos a leerlo con el fin de poder participar activamente en la vida religiosa. La parte central de la ceremonia del *bar/bat mitzvah* consiste en que el joven adulto lea por primera vez una porción de la Torá. Esta porción corresponde con la lectura semanal, la *parashá*. No es una tarea fácil si el hebreo no es lengua materna del estudiante, pues es una lengua consonántica. Cuando el niño lea por primera vez del rollo de la Torá se encontrará con un texto en el que solo aparecen consonantes. Para poder pronunciarlo correctamente, el niño se preparará con un texto puntuado con *nekudot*, un sistema de puntuación desarrollado en torno al siglo II de la e. c. que facilita una lectura precisa del texto bíblico. Pero esta no es la única dificultad. En el ritual de la sinagoga, la Torá no se lee, sino que se canta. La razón de esta tradición tiene que ver con el deseo de embellecer y dar solemnidad a su lectura pública. Junto a las *nekudot*, los sabios idearon otro sistema de puntuación denominado *teamim*, que en este caso facilita el canto de las *Escrituras*, canto que a su vez marca el lugar exacto en el que se deben hacer las pausas. Ambos sistemas son de enorme utilidad para que la lectura cantada se haga con precisión de manera que no se altere el sentido del texto.

La lectura de la Torá es el corazón de la celebración del inicio de la vida adulta de cada judío. Es el cimiento sobre el que se construye una vida de compromiso con los valores de la Torá. Al leer por primera vez en la sinagoga, el joven adulto manifiesta públicamente su deseo de vivir conforme a la Ley de Moisés. Hasta entonces, los padres están obligados a garantizar la vida religiosa del niño, sin embargo, a partir de este momento quedan liberados de tal responsabilidad.

Uno de los nombres que recibe la escuela religiosa judía es el de *Beit Midrash*, que literalmente se traduce como «casa de estudio». Pero el *Beit Midrash* no es una escuela al uso, la raíz de la palabra *midrash* es *dalet, resh*, y hace referencia a la búsqueda e interpretación del sentido profundo del texto. La enseñanza de la Torá en su conjunto y de la *parashá* que el joven leerá públicamente en la sinagoga en particular son una invitación a buscar aquello que no es evidente a la lectura literal del texto. Los niños aprenden a profundizar en los secretos más ocultos de las Escrituras. El cuestionamiento, el debate y la discusión en grupo y por parejas de estudio son características del método pedagogía hebrea. En muchas comunidades, los niños dan un discurso el día de su *bar/bat mitzvah* en el que exponen su interpretación personal del texto de la Torá leído esa semana en la sinagoga.

Cada hebreo tiene el derecho y el deber de estudiar e interpretar la Torá. Los rabinos, al contrario de lo que ocurre en otras tradiciones, no tienen el monopolio de la interpretación y la enseñanza de las Escrituras. No existe en el judaísmo un sacerdocio que tenga derecho por encima de los demás a la hora de compartir el profundo significado de los textos sagrados en la sinagoga. Es emocionante ver cómo el niño que acaba de cumplir trece años alza su voz sobre la de los adultos y todo el mundo calla y espera con atención la interpretación de la lectura de la Torá que el joven adulto desea compartir con el resto de la comunidad. La tradición mosaica nos enseña que en el monte Sinaí cada judío recibió un trocito de la Revelación, un fragmento de la Torá que es único. Solo cuando escuchamos la voz de los otros podemos reunir las piezas del puzle y acercarnos al mensaje divino.

Pero el vínculo que el *bar mitzvah* crea con los textos no se reduce a la Torá. El joven es también invitado a liderar a la comunidad durante algunas secciones de la oración. La oración se realiza siguiendo el orden establecido en el *Sidur*, un antiguo libro de rezos en hebreo cuyo ejemplar más antiguo se remonta a la Bagdad del siglo IX, el *Sidur de Amram Gaon*. En algunas comunidades también debe leer un fragmento de uno de los libros proféticos denominado *haftarah*. El pueblo de Israel es conocido como «el pueblo del Libro» (o quizás deberíamos decir de los libros) y no podía haber mejor ritual de paso a la edad adulta que la lectura e interpretación frente a familiares y amigos de textos milenarios.

En algunas comunidades sefardíes a la ceremonia de la *bar mitzvah* se le conoce como los *tefilín*, por ser la primera vez que el niño que ya es adulto ata sobre su brazo y coloca sobre su cabeza estas filacterias, símbolo de la unión del pueblo judío con la Torá.

Los *tefilín* consisten en dos cajas de cuero negro y correas para sujetarlas. Uno se usa en el bíceps y su correa, que se ata con un nudo especial, se enrolla siete veces alrededor del antebrazo y la mano: en el brazo izquierdo, para los diestros, y en el derecho, para los zurdos. El otro se coloca en la frente, en la línea del cabello, con sus correas alrededor de la parte posterior de la cabeza, conectadas en la parte superior del cuello con un nudo especial y colgando al frente a cada lado.

En el interior de las cajas de los *tefilín* se guardan cuatro pasajes de la Torá escritos a mano sobre pergamino. Estos pasajes son una llamada a los israelitas a tener siempre presente las palabras de Dios «atándolas como una señal en sus manos y haciéndolas totafot (un término enigmático), una señal entre sus ojos». Cada vez que el judío se pone los *tefilín* celebra su vínculo con la Torá y con el resto del pueblo judío. Mientras se colocan estas filacterias se recitan unos versículos del profeta Oseas que hacen que este gesto reproduzca simbólicamente el matrimonio místico entre Dios y el pueblo de Israel:

> «Y yo te desposaré para siempre, y te desposaré conmigo con rectitud y con justicia, y con bondad y con misericordia, y te desposaré conmigo con fe, y conocerás al Eterno» (Oseas 2:21-22).

Cada una de las tradiciones y rituales en torno a la liturgia de la *bar/bat mitzvah* tiene la finalidad de resaltar que a partir de ese momento, el niño, la niña, tiene que vivir conforme a los mandatos o *mitzvot* de la Torá.

El mundo de las *mitzvot* es central en la tradición. Consideremos por ejemplo rituales tales como encender velas de *Shabat*, encender la *janukiya*, la circuncisión, poner una *mezuzá* sobre la puerta o lavarse las manos antes de las comidas vienen acompañados de la siguiente bendición: «Bendito seas tu Adonai, nuestro Dios, rey del universo» (…) «asher kidesahnu bemitzvotav vetzivanu», que significa que «nos has santificado con mandamientos y que nos has mandado realizar "X"».

Se trata de un pequeño gesto que hace de las *mitzvot* un instrumento del judaísmo para tomar consciencia de la presencia de lo divino en la rutina diaria.

El judaísmo como llamada a la acción, como un modo de ver o vivir la existencia, se hace visible desde los comienzos de la Biblia: «Sed fructíferos, multiplicaos, llenad la tierra y gobernadla». La idea es clara, desde el primer encuentro con lo divino, el hombre, la mujer son llamados a hacer algo, a la acción. Esta llamada divina continúa con Noé, Abraham y el resto de los patriarcas y llega a su cénit con Moisés.

Recibir la Torá es recibir una serie de mandamientos que marcan no solo un camino a seguir, sino cómo seguirlo. Ser judío es caminar conforme a la bondad de nuestras acciones.

Vivir conforme a una serie de mandatos religiosos impuestos es algo difícil de aceptar hoy día por la sociedad individualista occidental. Sin embargo, en el judaísmo se le da un gran valor. Dice el Talmud: «Rabbi Hanina decía: "Es más grande aquel que, habiendo sido mandado, hace una acción que aquel, que no ha sido mandado a hacerla y la hace"». Las *mitzvot* desarrollan una disciplina que nos hace ser conscientes de la necesidad de comportarse de cierto modo.

Las *mitzvot* moldean nuestro comportamiento; esta disciplina nos hace tener consciencia de algo superior, y es al ser conscientes de este algo superior cuando comenzamos el camino espiritual. A través de las prácticas de las *mitzvot,* el ser humano practica la humildad de saberse una parte y no un todo del universo, un universo en el que Dios es soberano.

El mundo de las *mitzvot* nos ayuda a recordar que hay algo superior pero también algo muy importante, junto con nuestros derechos también tenemos responsabilidades. El ser humano es importante, pero no lo es todo. La Ley mosaica es una invitación a encontrar el equilibrio: el ser humano es magno en dignidad, es creado a la imagen de Dios, pero Dios solo hay uno. Las *mitzvot* nos ponen en nuestro sitio y en él alcanzamos la armonía.

Rabbi Mordejai Kaplan conceptualizaba el encuentro de todo hebreo con la vida judía en tres aspectos: creencias, comportamiento y pertenencia. El judaísmo, a diferencia de otras tradiciones, pone más acento en el comportamiento que en la creencia pues el comportamiento nos conduce a la creencia. «Na'aseh v'nishma» («haremos y entenderemos»), esta fue la respuesta de los israelitas al recibir la Ley. La acción es la senda del conocimiento. La acción nos lleva a la fe.

MATRIMONIO

Decía Aristóteles:

> «El ser humano es un ser social por naturaleza, y el insocial por naturaleza y no por azar o es mal humano o más que humano (...). La sociedad es por naturaleza anterior al individuo (...) el que no puede vivir en sociedad, o no necesita nada para su propia suficiencia, no es miembro de la sociedad, sino una bestia o un dios» (*Ética* de Aristóteles).

La Torá nos transmite una idea similar. En el libro del *Génesis* se nos dice que Dios tras crear a Adán, el primer ser humano, reconoció que no era bueno que este viviera en soledad, «no es bueno que

Contrato matrimonial o *Ketubá*. Foto: Rebeca García Merino.
Museo Sefardí. Ministerio de Cultura y Deporte.

el hombre esté solo», y es así como Dios creó a una compañera: Eva. Esta primera pareja sería el origen de la humanidad, de la sociedad en la que el ser humano podría desarrollarse en plenitud.

Hombre y mujer se necesitan mutuamente. La pareja es un medio para encontrar la perfección, la plenitud. En la cultura Occidental hablamos de nuestra media naranja, es decir, necesitamos a nuestra otra mitad para completarnos a nosotros mismos, para alcanzar la anhelada unidad. El mito de la media naranja tiene su correspondiente en la interpretación *midrashica* de la creación de la primera pareja humana en capítulo primero del Génesis. En la Torá hay dos versiones de la creación del hombre. La más conocida es aquella en la que Dios toma arcilla y moldea a Adán y, posteriormente, crea a Eva a partir de su costilla. Esta es la versión del capítulo dos del *Génesis*. En el primero se dice que la primera criatura era *zajar unekeba*, masculina y femenina. Parte de la tradición interpreta este versículo como que el primer ser humano era andrógino en un principio y Dios lo separó en dos mitades: hombre y mujer. Por ello cada hombre, cada mujer, busca a ese otro yo arrebatado y no descansa hasta que el amor vuelve a unir a estas dos caras de una misma moneda.

El matrimonio israelita no es un simple acto con consecuencias legales, sino una unión santificada por Dios. La parte central de la ceremonia matrimonial recibe el nombre de *kidushin*, que significa «santificación». Por ello las obligaciones del matrimonio no son meramente materiales, sino que a través de este la pareja se consagra a construir un hogar en el que vivir la espiritualidad hebrea y a contribuir al bien común y a la armonía universal.

Dios se hace presente como un «compañero silencioso» santificando la relación.

El judaísmo ve el matrimonio como la base fundamental sobre la que fundar la familia y es la piedra angular de la comunidad. Es el marco en el que se cumple el primer mandato divino del *Génesis*, así como la obligación de transmitir la tradición *ledor vador*, de generación en generación.

Cualquier día es bueno para celebrar el matrimonio, sin embargo, hay algunos en los que esta celebración no se permite. De entre todos ellos destacamos el *Shabat*, el día más sagrado del judaísmo.

En el día de la boda debe firmarse la *ketubah*, el contrato matrimonial. En *Shabat*, está prohibido escribir, luego los novios no podrían firmar. Por este motivo, la tradición rabínica prohibió la celebración de bodas en sábado. La principal preocupación de los rabinos estaba relacionada con que la *ketubah* pudiera escribirse y ser firmada. Por otro lado, la noción tradicional del matrimonio hebreo es que este es una forma de *kinyan*, de adquisición, y la compra-venta y transmisión de bienes forma parte de la lista de actividades no permitidas en este día de santo. Algunas fuentes rabínicas desde el siglo XII han permitido que las bodas se lleven a cabo en circunstancias particulares y en situaciones de emergencia en *Shabat*. Aparte de estas prohibiciones de carácter más legalista, existe otro motivo más profundo y espiritual para evitar la celebración de enlaces en este día.

Existen otros días en los que está prohibido contraer matrimonio, estos son los días de *Rosh Hashaná*, *Yom Kipur*, *Pésaj*, *Shavuot*, así como en ciertos días de ayuno.

Hemos dicho que es un *kinyan*, un acto de adquisición, una compra-venta. Efectivamente, en el pasado la boda representaba la adquisición de la mujer por parte del futuro marido. El anillo que el esposo colocaba en la mano de la esposa simbolizaba el precio que había pagado a su suegro. Con el tiempo, el matrimonio ha evolucionado de una transacción de propiedad a un compromiso más espiritual.

Antiguamente, los padres solían concertar el matrimonio de sus hijos. Debido a que el padre perdía la ayuda de su hija en las tareas domésticas, solía recibir una compensación por parte de la familia del novio. Este recibía el nombre de *mohar*. El valor del anillo de bodas de la novia estaba relacionado con el precio de esta compensación. El novio también cumplía con la costumbre de hacer un regalo a la novia llamado *mattan*.

En la Edad Media, en épocas de crisis económica e inestabilidad muchos hombres tenían miedo de casarse y asumir la responsabilidad de mantener a su esposa. Surgió así la costumbre de la dote. Su finalidad era atraer a más candidatos. Para facilitar la celebración del matrimonio se suavizó la costumbre de tener que pagar el *mohar*, el precio, para que el novio pudiese desposar a la novia. En lugar de tener que pagar en el momento de la celebración, esta suma se convirtió en una compensación que el esposo pagaría a la esposa en caso de divorcio. Este cambio también le dio a la novia cierta protección contra un divorcio arbitrario. Con el tiempo, esta indemnización en caso de divorcio se fijó en: 200 dinares en el caso de una joven soletera, y 100 en el caso de una viuda. Esta cantidad quedaba recogida en la *ketubah*, el contrato matrimonial.

Hasta finales de la Edad Media, el matrimonio solía realizarse en dos ceremonias separadas en el tiempo: el compromiso o *kidushin*, y la boda real o *nisuin*. En muchos casos, entre una ceremonia y otra mediaba un año. El compromiso o *kidushin* ya tenía efectos legales y este solo podía disolverse por un divorcio formal, sin embargo, la novia permanecía en casa de su padre hasta la celebración del *nisuin*. En el *kidushin*, el novio ya adquiría el derecho sobre su futura mujer, sin embargo, la posesión no tenía lugar hasta la ceremonia del *nisuin*. Entre una fecha y otra, la novia se preparaba para sus futuras responsabilidades como esposa y madre.

El compromiso fue un matrimonio legal y solo pudo ser disuelto por un divorcio formal, sin embargo, la mujer permaneció en la casa de su padre; constituía la «compra» real de la novia y su posterior traslado a la casa del novio, la «entrega» de la «propiedad» comprada. Al tratarse de dos ceremonias separadas en el tiempo una de la otra, se crearon dos documentos para dar seguridad jurídica a la pareja y sus familias: los *tenaim* o documento con las condiciones del compromiso, y la *ketubah*, el contrato final de matrimonio que se firmaba en los *nisuim*. Antiguamente, tras los *nisuim* se celebraba la consumación del matrimonio en presencia de varios testigos, a esta ceremonia se le conocía como *yihud*, «unión». Esta última se ha mantenido hoy día de modo simbólico, tras la boda la pareja se retira a una habitación a solas en la que toma una copa y algún aperitivo antes de unirse al resto de los invitados.

A lo largo de los siglos y en cada una de las comunidades de la Diáspora se han ido desarrollando multitud de tradiciones en torno a la celebración del matrimonio. Desde Irán a Polonia, desde Alemania a Marruecos, sefardíes, askenazíes y orientales han construido sus propios rituales, ideado todo tipo de recetas o compuesto todo tipo de cánticos. Todos comparten un elemento común: la alegría por el triunfo del amor. Y decimos bien: el triunfo del amor. Si bien el lenguaje, rituales y tradiciones de épocas pasadas nos recordaban más bien a un contrato en el que dos partes protegían sus intereses, los judíos hoy día se casan por amor, y la ceremonia va a resaltar el romanticismo y la espiritualidad por encima de cualquier otra cosa.

Este ambiente festivo comienza ya días antes de la boda. En muchas comunidades, el *Shabat* anterior a la celebración del enlace se rinde homenaje en la sinagoga a la pareja con cánticos y bendiciones. Es el conocido como *Shabat Hatan veKalah*, el sábado del novio y la novia.

En la actualidad, las dos antiguas ceremonias se suelen celebrar el mismo día, aunque cada una de ellas mantiene su peculiar simbolismo. La ceremonia tiene lugar bajo la *jupá*, el dosel nupcial que simboliza la futura casa de los novios. Los novios suelen llegar en procesión hasta la *jupá*, primero, el novio y después, la novia. Esta, al llegar, suele dar siete vueltas alrededor de su futuro esposo como símbolo del vínculo eterno que están a punto de sellar. A lo largo de la ceremonia se realizan una serie de cánticos y bendiciones que tienen su origen en textos bíblicos. De entre estas bendiciones destacamos la bendición sobre el vino, símbolo de alegría, y la bendición final, la bendición sacerdotal que los *cohanim*, los sacerdotes del Templo de Jerusalén, utilizaban para bendecir al pueblo de Israel.

La primera parte de la ceremonia corresponde con los *kidushin*. Podríamos traducir *kidushin* como consagración. El término proviene de la palabra hebrea *kadosh*, que generalmente se traduce como santo, aunque en el caso del matrimonio se refiere más bien al acto por el cual una pareja se «separa» del resto y se dedica mutuamente, se consagra el uno al otro a través del amor. De hecho, no es el rabino quien verdaderamente casa a la pareja, sino que la pareja se casa así misma a través de su compromiso de crear juntos un hogar judío. El rabino actúa como una especie de mensajero garante que se asegura de la correcta realización del matrimonio. Esta ceremonia se celebraba en la antigüedad como parte de otra denominada *erusim*, la ceremonia de compromiso, por la cual la pareja se comprometía a contraer matrimonio en un plazo previamente fijado.

A la ceremonia de *erusim y kidushin* le sigue el intercambio de anillos y las siete bendiciones, o *sheba brajot*, que forman parte de la ceremonia de *nisuim*, el matrimonio propiamente dicho.

Otro objeto especialmente simbólico en la celebración del matrimonio judío es la *ketubah*, un documento tradicionalmente escrito en arameo que fue creado por los rabinos en tiempos talmúdicos. Su finalidad era proteger a la mujer en caso de repudio o divorcio. En la actualidad, muchas parejas deciden adaptar el texto tradicional de la *ketubah* para resaltar la belleza de su compromiso por construir un hogar hebreo sobre los valores de la Torá, el amor y el respeto mutuo, en lugar de usar un lenguaje tan «legalista».

Al finalizar, los novios rompen un vaso con el pie. Este ritual tiene varias interpretaciones simbólicas. Para algunos, representa la destrucción del Templo y los trágicos eventos de la historia judía. Las interpretaciones más modernas lo ven como un símbolo de todo aquello que en nuestra sociedad está fracturado y necesita de nuestro trabajo para ser reparado o mejorado. También es un recordatorio de la fragilidad de la pareja y de la necesidad de apoyarse mutuamente con amor para superar cualquier momento de dificultad que pueda hacer temblar su matrimonio. Como es habitual, los invitados alzarán su voz en este momento gritando un gran *mazal tov*, felicidades.

La tradición judía es muy realista y reconoce que lo que, inicialmente era una bendición puede tornarse en una maldición, en una relación tóxica que solo haga mal a ambos. Es por ello por lo que el judaísmo admite el divorcio o *get*. El *get* es una palabra aramea y se trata de un documento oficial en el que un hombre acepta divorciarse de su esposa. El problema es que tradicionalmente el hombre es quien tenía la última palabra, solo él podía conceder el *get* o divorcio. Cuando un hombre se niega a dar el *get* a la esposa, esta se convierte en una *agunah* o mujer encadenada, incapaz de divorciarse de acuerdo con la Ley y, por lo tanto, imposibilitada para volver a rehacer su vida. Aunque la mujer todavía pueda lograr un divorcio civil, sin el divorcio religioso seguirá casada a ojos la Ley y de las comunidades tradicionales que se adhieren a la misma. Esto se ha convertido en un auténtico problema en el moderno Israel donde solo existe el matrimonio religioso para los judíos.

En las comunidades hebreas fuera de Israel, el divorcio es tratado de diferentes maneras según cada movimiento religioso judío. Tanto los movimientos conservadores como los ortodoxos requieren del *get* para volverse a casar. El movimiento de reforma acepta un divorcio civil como la disolución total de un matrimonio, aunque recientemente ha visto un creciente interés en algún tipo de ceremonia de divorcio religioso. El movimiento reconstruccionista ofrece tres tipos de *get*: uno tradicional, uno iniciado por la esposa y otro iniciado de mutuo acuerdo.

A pesar de estas dificultades, cada vez más comunidades buscan soluciones que permitan, sin romper con la Ley y la tradición, evitar situaciones injustas o de indefensión para la mujer. Lo cierto es que frente a tradiciones que imponen el vínculo matrimonial hasta la muerte, el judaísmo ha entendido que el matrimonio debe ser un instrumento para crear un hogar en el que vivir en paz y armonía los valores de la Torá, y que cuando esto no es posible, más vale romper el vínculo. Probablemente, el judaísmo no haya sido la religión más a la vanguardia en cuanto a su visión del matrimonio, pero muy probablemente sí ha sido la más realista.

LA MUERTE Y EL MÁS ALLÁ

La espiritualidad está fuertemente enraizada en la vida. Los valores de la Torá exhortan a cada judío a comprometerse por hacer de este mundo, aquí y ahora, un mundo mejor en el que vivir en paz y felicidad. A la Torá se le conoce en hebreo como *Etz haim,* «el árbol de la vida. El judaísmo es una religión cuyo fin es la plena realización del ser humano en su realidad más cotidiana. Sin embargo, la muerte forma parte de nuestra realidad y, como ocurre con el resto de cada uno de los aspectos de la existencia del hombre, la tradición mosaica ha desarrollado a lo largo de los siglos su propia manera de acompañar al individuo en sus últimos momentos, así como a los seres queridos en su dolor.

El judaísmo no rehúye la muerte, sino que le hace frente como parte de la vida y la acompaña con rituales y costumbres repletas de humanidad y espiritualidad. Se presta especial atención a tratar a los difuntos con respeto, *k'vod ha-met,* y a consolar a los dolientes *nihum aveilim.* El respeto a los difuntos es tal que los sabios solían decir que la *shejiná,* la presencia divina, acompaña a la persona en sus últimos momentos[27].

Muchas prácticas relacionadas con la muerte que continúan hoy, como rasgarse la ropa, el entierro y el duelo por el difunto, tienen su

---

27   Talmud de Babilonia, Shabat 12b.

211

Lámpara sinagogal. Foto: Rebeca García Merino.
Museo Sefardí. Ministerio de Cultura y Deporte.

origen en el texto bíblico. A estas prácticas hay que sumarles numerosas tradiciones surgidas a lo largo de la historia en todos aquellos lugares en los que el pueblo de Israel se ha asentado en los últimos dos mil años. La cultura local de cada país enriqueció la forma en la que cada familia hacía frente a la muerte surgiendo así notables diferencias en las prácticas del entierro y el duelo entre unas comunidades y otras; diferencias fascinantes que han enriquecido el modo en el que la cultura hebrea acompaña a sus seres queridos en su momento final.

Los rabinos consideraron una *mitzvá*, la visita a los enfermos, una buena obra, tan importante que está considerada como una de las acciones de las que el hombre disfruta de sus frutos en este mundo mientras que la principal recompensa quedará para el mundo venidero. El Talmud regula cómo deben realizarse las visitas a los enfermos, de modo que estas alivien su dolor y, al mismo tiempo, no sean una molestiaanucá[28]. Dado que el objetivo de estas visitas es traer confort y consuelo, el Talmud establece que debemos ser atentos en nuestras visitas de manera que estas no sean una molestia. El visitante no debe venir en las primeras horas de la mañana ni tampoco a última hora de la tarde; por la mañana generalmente los cuidadores están ocupados con el paciente y en la tarde el paciente suele estar cansado. No debemos visitar a una persona enferma cuando sus necesidades han sido atendidas y esta visita se hace innecesaria; igualmente, no debemos traer noticias tristes ni mostrarnos afligidos en su presencia[29]. Si un pariente cercano enferma de gravedad está permitido violar el *Shabat* para visitarle y cuidarle. Sin embargo, uno no debe quedarse demasiado tiempo para no causar molestias innecesarias. En cualquier caso, siempre nos guiaremos por las indicaciones de los médicos o enfermeros en lo referente a la idoneidad de nuestra visita. El propósito principal de la visita a los enfermos es hacerle su convalecencia más agradable, cuidarle y rezar por su pronta recuperación.

Mucha gente se sorprende al saber que existe una oración confesional judía llamada *Vidui*. Es una oración que también existe

---

28   Talmud de Babilonia, Nedarim 40a.
29   Ídem.

en la liturgia de *Yom Kipur*, el día del perdón. En el *Vidui*, toda la congregación se levanta y se golpea el pecho simbólicamente mientras confiesa una lista de transgresiones ordenada alfabéticamente. El *Vidui*, personal más que comunitario, reconoce las imperfecciones del moribundo y busca una reconciliación final con Dios.

A diferencia de similares rituales existentes en otras religiones, recitar el *Vidui* no tiene nada que ver con asegurar un lugar para alma en el «mundo venidero». En palabras del Shulján Aruj:

> «Si sientes que se acerca la muerte, recita el *Vidui*. Haz las paces con quienes te rodean. Muchos han dicho *Vidui* y no han muerto, y muchos no han dicho *Vidui* y han muerto. Si no puedes recitarlo en voz alta, dilo en tu corazón. Y si no puedes recitarlo, otros pueden recitarlo junto a ti en tu lugar».

Esta oración se recita cuando la muerte parece inminente; puede ser dicha por el agonizante, por miembros de la familia o por un rabino. Se puede leer en hebreo o en cualquier otro idioma si así resulta más fácil. El *Vidui* puede leerse de una sola vez o en secciones, con pausas para que las personas hablen desde el corazón, expresen su arrepentimiento o sentimientos de culpa, se pidan perdón unos a otros y muestren el cariño que se tienen.

El *Vidui* también puede verse como una especie de despedida, un medio para dejar este mundo en paz. Las personas junto a la cama pueden cantar una melodía sin palabras, un *niggun*, decir algunas palabras personales de despedida y recitar juntos el *Shemá*.

Sin embargo, como en todos los asuntos relacionados con los moribundos, el agonizante es quien debe decidir si quiere decir u oír esta oración. El *Vidui* nunca debe imponerse.

El elemento central del *Vidui* es el *Shemá*, la más familiar y central de todas las oraciones judías y la declaración por excelencia de la fe en la unidad de Dios. El *Shemá* es lo último que se supone que debe decir un judío antes de la muerte, razón por la cual también se recita antes de irse a dormir por la noche (en caso de morir antes de despertar). El *Shemá* no es una oración de petición ni de alabanza a Dios. No es realmente una oración en absoluto, sino la proclamación de la unidad de Dios. También es una afirmación de la identidad y de la fe judías.

El *Shemá* termina con la palabra *ejad*, que significa «Uno». Emitido como «un último suspiro», sugiere la reconciliación final del alma con Dios.

Hasta el entierro, una persona que se entera de la muerte de un pariente de primer grado (un padre, cónyuge, hermano o hijo) es un *onen*, literalmente, «alguien intermedio». El *onen* está exento de trabajar y de cumplir con determinados preceptos religiosos para que así pueda centrarse en los preparativos del funeral. Tradicionalmente, al escuchar la noticia del fallecimiento de un ser querido se pronuncia la enigmática pero poderosa frase *baruj dayan ha-emet* cuya traducción literal es «bendito sea el juez de la verdad».

El cuerpo es preparado para el entierro con gran cuidado por la *hevra kadisha* que se encarga también de la purificación ritual del cadáver (*tahora*) y de vestir el cuerpo con sudarios (*tachrichim*). El cadáver es tratado con sumo respeto, y es envuelto en unos sencillos sudarios de lino sin ser embalsamado, pues la Ley prohíbe cualquier tratamiento que impida la descomposición natural del cuerpo; el cuerpo que debe volver de forma natural a la tierra. El enterramiento debe ser en tierra, sin nada que impida el contacto directo de esta con el cadáver, aunque en muchos países esta práctica no se lleva a cabo por motivos sanitarios.

Los familiares directos del difunto son recibidos por los asistentes al funeral con deferencia y se les ayuda, si así lo desean, a desgarrar (*kriah*) parte de una prenda superior como pueda ser la camisa en señal de duelo. No existe un modelo único de funeral y las tradiciones en torno a este pueden variar según el país, la familia y la comunidad, aunque en general todos ellos incluyen la lectura o cántico de salmos, discursos en honor del difunto (*hesped*) y el canto de *El Maleh Rajamim*, una oración que ensalza la misericordia divina. El funeral puede tener lugar en un tanatorio, en una sinagoga o junto a la tumba en el cementerio. En el momento de efectuar el enterramiento, la familia directa y todos aquellos que lo deseen participan arrojando tierra sobre el cuerpo envuelto en el sudario o sobre el ataúd. Justo después, los familiares directos recitan el *kadish* de los dolientes, una oración que ensalza la santidad del Nombre divino. Al finalizar la ceremonia, la familia cercana abandona primero el lugar mientras son consolados por los asistentes con fórmulas tradicionales tales como «Que Dios te consuele entre todos los dolientes de Sion y Jerusalén».

Una vez que se efectúa el enterramiento comienza formalmente el periodo de duelo. Es concebido como un periodo en el que se honra la memoria del difunto y, al mismo tiempo, se acompaña y consuela a la familia. Un periodo de transición hacia una nueva realidad en la que el ser querido deja un vacío imposible de llenar. Este periodo se divide en diferentes etapas de diversa intensidad. El primero es la Shiva: siete días durante los cuales los dolientes son visitados en el hogar por la familia y la comunidad, y participan en la oración que se llevan a cabo en el hogar. Le sigue los Sheloshim: primeros treinta días de duelo, durante los cuales los dolientes vuelven progresivamente a su rutina normal, pero se abstienen de ciertas actividades placenteras como asistir a fiestas, al teatro, etc. A este primer mes de duelo le siguen otros diez, hasta hacer un total de once desde el enterramiento. Durante este periodo, *aveilut*, se recita diariamente el *Kadish* en memoria del difunto. El periodo de duelo es de gran ayuda para aceptar la muerte y así volver con plenitud a la vida, una vida que ya no será la misma, pero en la que, gracias a la memoria, el ser querido seguirá presente en los corazones de sus familiares y amigos. Al conmemorar el primer aniversario, se celebra un oficio de *Yizcor*, de recuerdo. Este primer aniversario suele ser el momento escogido para erigir o descubrir la lápida sobre la tumba.

El judaísmo da un inmenso valor a la vida, la vida es tan sagrada que incluso está permitido violar el día santo de *Shabat* para salvarla. El suicidio está prohibido por la Ley. Ha sido considerado la mayor ofensa y por ello se enterraba fuera del cementerio judío a la persona que había cometido suicidio. Recientemente han surgido voces que cuestionan esta tradición y que ven el suicidio como el resultado de la desesperación mental y emocional y, por lo tanto, un acto irracional y no voluntario. Se asume que la persona que se quita la vida padece algún tipo de enfermedad mental y que no está en pleno uso de sus facultades psíquicas.

Tradicionalmente, la cremación está prohibida debido a la santidad del cuerpo; de manera similar, las autopsias, salvo que sean necesarias para determinar la causa de la muerte si lo ordena un juez, no están permitidas. La donación de órganos está permitida para salvar la vida de otra persona. La Ley y la costumbre exigen cementerios especiales para judíos, pero muchos cementerios israelitas contemporáneos se encargarán de enterrar a los cónyuges no judíos. Muchos conversos al judaísmo siguen prácticas tradicionales de duelo, incluido el decir, por sus familiares no judíos. Y aunque la tradición hebrea desaprueba aquellas prácticas que pueden interpretarse como la mutilación del cuerpo, como es el caso de los tatuajes y las perforaciones corporales, ninguna de estas representa una barrera para el entierro, incluso en un cementerio más tradicional.

Si bien el judaísmo ha afirmado históricamente que hay una vida después de la muerte, los detalles sobre esta creencia no están claros y han sido objeto de debate durante mucho tiempo. Tal y como hemos afirmado con anterioridad, la Torá, *Etz haim,* «árbol de la vida», no se centra en la muerte ni en hablar de un más allá, sino que pretende que nuestra existencia aquí y ahora sea plena de significado. El judaísmo enseña que lo importante es cómo una persona vive su vida y lo que sucede después de la muerte debe dejarse en manos de Dios. Las buenas obras deben hacerse sin buscar un premio a cambio. La *Mishná* dice:

> «No sean como los siervos que sirven a su amo para recibir una recompensa» (Pirkei Avot 1:3).

La Torá está tan enraizada en la vida que no hace mención alguna a un más allá. En los tiempos bíblicos, sin embargo, muchos judíos creían que al morir, todas las personas sin distinción descenderían a un lugar oscuro llamado *Sheol.* A medida que los judíos entraron en contacto con otras culturas, se desarrollaron enseñanzas más complejas sobre el mundo *post mortem.* Estas incluían la idea de un *Gan Eden* o paraíso y el *Gehena,* algo parecido al infierno en otras tradiciones. Una vez fue desarrollada esta dicotomía paraíso-infierno, el *Sheol* pasó a ser un lugar de purificación, o de espera, antes de que el individuo fuera enviado a *Gan Eden* o, por el contrario, destruido por completo.

Fue en la época de los fariseos y los primeros rabinos cuando las teorías sobre la vida después de la muerte fueron desarrolladas con mayor precisión. Los primeros rabinos enseñaron que aquellos que vivieran de acuerdo con la *halajá,* la Ley judía, serían recompensados en un mundo futuro, llamado *Olam Ha-Ba* en hebreo.

Las enseñanzas posteriores sobre la vida después de la muerte incluyeron la idea de que un juicio final tendría lugar con la llegada del *Mashíaj*. En este punto, algunos enseñaron que el alma y el cuerpo se reunirían en la resurrección del cuerpo, mientras que otros creían que el alma siempre sería eterna, una creencia conocida como la inmortalidad del alma. Entonces, habría castigo o recompensa por la forma en la que cada sujeto había vivido, pero no había una enseñanza clara sobre la naturaleza exacta del cielo o el infierno.

Las ideas sobre la vida después de la muerte, así como sobre la resurrección, han sido muy diversas en el judaísmo. Las creencias en la otra vida son tan diversas como el judaísmo mismo, desde la visión tradicional, que espera la unidad de la carne y el espíritu en un cuerpo resucitado, hasta las ideas más contemporáneas que ven en nuestros hijos, y en las generaciones futuras, y en lo bueno que le hemos dejado, una manera de seguir presentes tras fallecer. El libro de oraciones judío reformista expresa esta idea a través de la metáfora de una hoja y un árbol. Una hoja cae al suelo, pero nutre el suelo para que broten más plantas y árboles. Lo mismo ocurre con nuestras vidas. Alimentamos el futuro a través de la influencia que nuestras buenas acciones tienen en quienes nos siguen. La visión predominante sigue siendo la que en el siglo XII recogió Maimónides en sus *Trece Principios de la Fe*: La resurrección de los muertos (Aunque incluso esto es objeto de debate, ¿a qué se refería Maimónides con «resurrección»?).

Este libro se terminó de imprimir, por encomienda de la editorial Almuzara, el 27 de marzo de 2023. Tal día, de 1572, en España, la Inquisición encarcela a Fray Luis de León bajo acusación de sostener que la *Biblia Vulgata* contenía errores de traducción.